行政管理工作手册

Administration Work Manual

人力资源工作网　编著

·北京·

本书从行政部的实际工作出发，将行政部工作细化分类，系统介绍了来访接待管理、文书印章管理、会议会务管理、企业公关管理、安全保密管理、总务后勤管理6大工作事项和75个工作小项。本书不仅通过图表结合的方式提炼工作中的要点和标准，而且为行政部开展工作提供各类实用的操作工具，还通过“工作笔记”为新员工提供可靠经验。本书具有很强的操作性和可读性。

本书不仅适用于企业经营管理者、行政管理人员及其从业人员使用，也适合企业培训师、咨询师、高校师生以及其他有志于从事企业行政管理工作的广大读者阅读和使用。

图书在版编目（CIP）数据

行政管理工作手册/人力资源工作网编著. —北京：化学工业出版社，2018.1（2023.4重印）
（人力资源实务系列）
ISBN 978-7-122-30983-9

Ⅰ.①行… Ⅱ.①人… Ⅲ.①行政管理-工作-手册
Ⅳ.①D035-52

中国版本图书馆CIP数据核字（2017）第276581号

责任编辑：王淑燕　　装帧设计：史利平
责任校对：王　静

出版发行：化学工业出版社（北京市东城区青年湖南街13号　邮政编码100011）
印　　装：涿州市般润文化传播有限公司
710mm×1000mm　1/16　印张14½　字数271千字　2023年4月北京第1版第3次印刷

购书咨询：010-64518888　　售后服务：010-64518899
网　　址：http://www.cip.com.cn
凡购买本书，如有缺损质量问题，本社销售中心负责调换。

定　　价：49.80元

前言 PREFACE

在智能时代，企业在变得简洁的同时也在不断复杂化。这种简洁体现在人工智能将帮助人们从占大部分时间、精力的琐碎事务中解放出来，而将更多精力集中于处理工作中的关键环节；其复杂化在于人们的工作将更多地直面复杂的人性本身。行政部工作同样也面临着这个问题的考验。

那么如何让行政部工作适应时代的发展？如何将行政部工作变得清晰有效，使每一位行政部员工能明确工作目标；抓住工作中的关键点；掌握正确处理工作事项的技巧方法；并在最短时间内找到提升自我的路径，最终在行政部繁琐工作中找到自己的简易工作法；等等。

为解决上述问题，《行政管理工作手册》从行政部工作实际出发，以行政部的来访接待管理、文书印章管理、会议会务管理、企业公关管理、安全保密管理、总务后勤管理6大工作事项为中心，在明确行政部工作事项及其扮演角色的基础上，分章讲述每个大事项所包含的工作小项。提供精细化、实务化的解决方案，讲述每个小项时，主要对各小项的关键环节、操作流程、执行标准、制度体系建设以及可使用的工具等进行讲解。在每一章的结尾，本书还增添了“工作笔记”，为读者提供开展工作的技巧。

本书内容结构具有以下四大特点。

1. 细化事项，全面讲解，易于落实的工作指导

本书将行政部所要处理的各项工作事项细化成各个小项，在各个小项中针对岗位任职人员的实际工作情况，明确工作标准，提供相关知识和指导，使行政部各岗位的工作目标能落实到位。达到了工作事项与行政人员、岗位得以紧密结合的效果。

2. 以实际为路，用图表说明，清晰明了的工作思路

本书的内容按照行政部各工作事项开展的顺序逐步讲解工作内各项事项的目标、标准并为实际操作提供技巧和工具；同时运用图表的形式，归纳提炼工作要点，使原本繁琐的行政工作变得清晰有序，为行政部工作人员如何开展工作提供了简单有效的工作思路。

3. 用模板学习，以工具执行，简单有效的提升技巧

为了使读者能通过阅读本书，快速提升工作技巧，本书在各章节中根据各类工

作事项的实际应用情况，增加了制度、方案、表格等模板和工具。读者既可以将书中工具直接用于实际工作中；也可以通过学习模仿和改造各类工作模板，不断提升工作技巧。

4. 有例为证，心得指导，直指问题的工作笔记

在每章结尾，本书通过增添“工作笔记”，向读者讲述发生在行政岗位各工作事项中的真实案例，为读者提高工作能力、迅速缩短与其他同事之间的差距提供经验。

在本书编写过程中，孙立宏、孙宗坤、贾月、程富建、董连香负责资料的收集和整理以及图表编排，王淑敏、刘伟参与编写了本书的第 1 章，程淑丽、王楠、韩燕参与编写了本书的第 2 章，李作学、齐艳霞、王海燕参与编写了本书的第 3 章，权锡哲、金丹仙、刘俊敏参与编写了本书的第 4 章，班克武、李艳、孙佩红参与编写了本书的第 5 章，李相兰、关俊强、唐丽颖参与编写了本书的第 6 章，王鹤鹏、王瑞永、李亚慧参与编写了本书的第 7 章，全书由人力资源工作网王楠统撰定稿。

编者

2017 年 12 月

目录 CONTENTS

行政部职责与角色

1.1 行政部做什么

行政部作为企业的综合事务管理部门，其主要职能是为整个企业的运转提供支持和后勤保障，充分发挥其组织、协调、管理及服务的功能，促进企业日常经营管理工作高效运行。行政部的具体工作主要体现在来访接待管理、文书印信管理、会议会务管理、企业公关管理、安全保密管理、总务后勤管理6个方面。

1.1.1 来访接待管理

来访接待管理主要是针对来宾情况进行接待的规划，实施来宾的接送和宴请，并做好来宾接待过程中的沟通、安保等工作。来宾接待的具体事务如下所示。

① 了解来宾信息，根据来宾的个人情况、来访目的等，制定来宾接待方针、接待规格，选择接待形式。

② 编制来宾接待日程，准备接待物品，安排接待人员及招待期间的安全保卫工作。

③ 准备相应的接待物品以及宴请期间的安排。

④ 明确来宾离别的时间、离别的方式，组织安排来宾送别仪式，并注意遵守来宾送别期间的基本礼节。

1.1.2 文书印信管理

文书印信管理主要包括文书管理和印信管理两部分内容。

文书管理是指按照一定程序处理文书的全部活动。行政部文书管理的具体内容如图1-1所示。

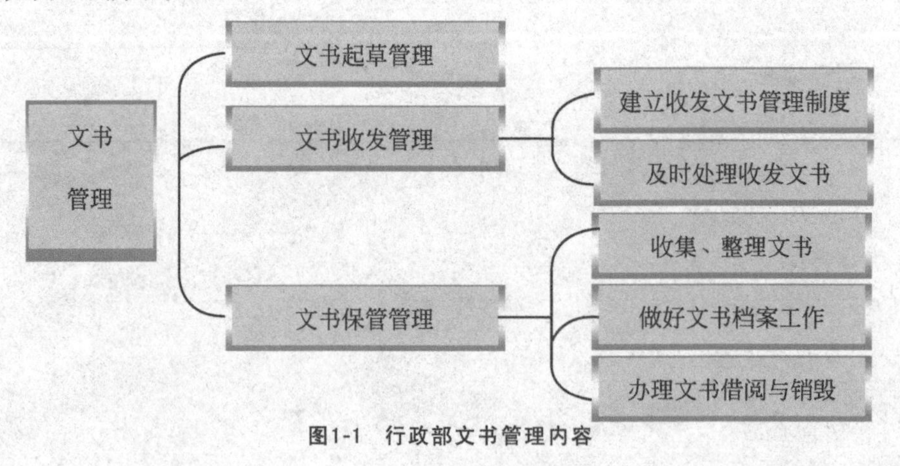

图1-1　行政部文书管理内容

印信管理是指对企业印章的管理，主要包括印信刻制、保管、使用等。行政部印信管理的具体内容如图1-2所示。

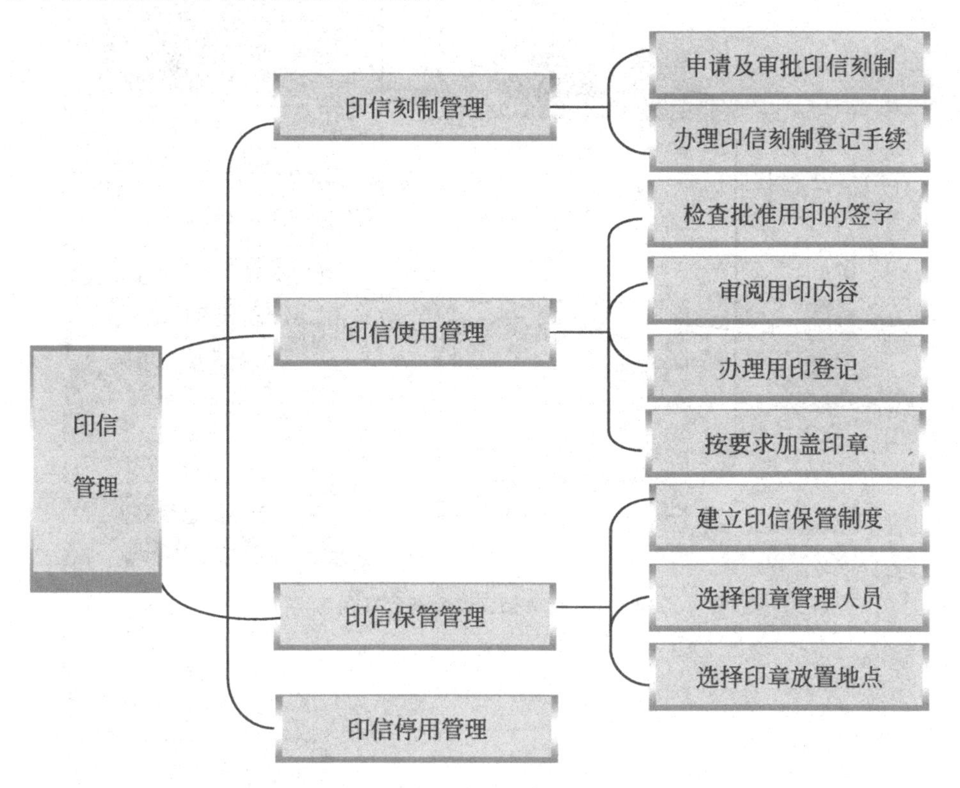

图1-2　行政部印信管理内容

1.1.3　会议会务管理

会议会务管理包括会议从筹备到善后的一系列管理工作。行政部会议会务管理的主要内容如图1-3所示。

1.1.4　企业公关管理

企业公关管理是指通过协调企业与媒体的需求与价值取向，使企业宣传目标与媒体信息需求相符合，确保双方利益达到最大化。行政部企业公关管理内容如图1-4所示。

1.1.5　安全保密管理

安全保密管理主要是对企业的治安、消防、生产以及文件资料进行安全管理，同时做好员工的安全教育培训等工作。安全保密管理的具体内容如下所示。

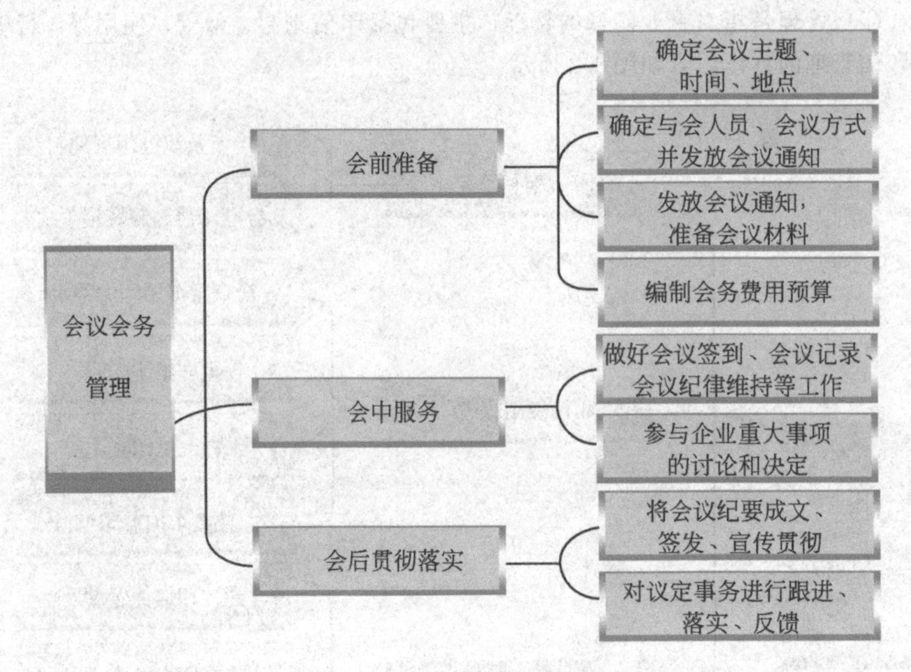

图1-3 行政部会议会务管理内容

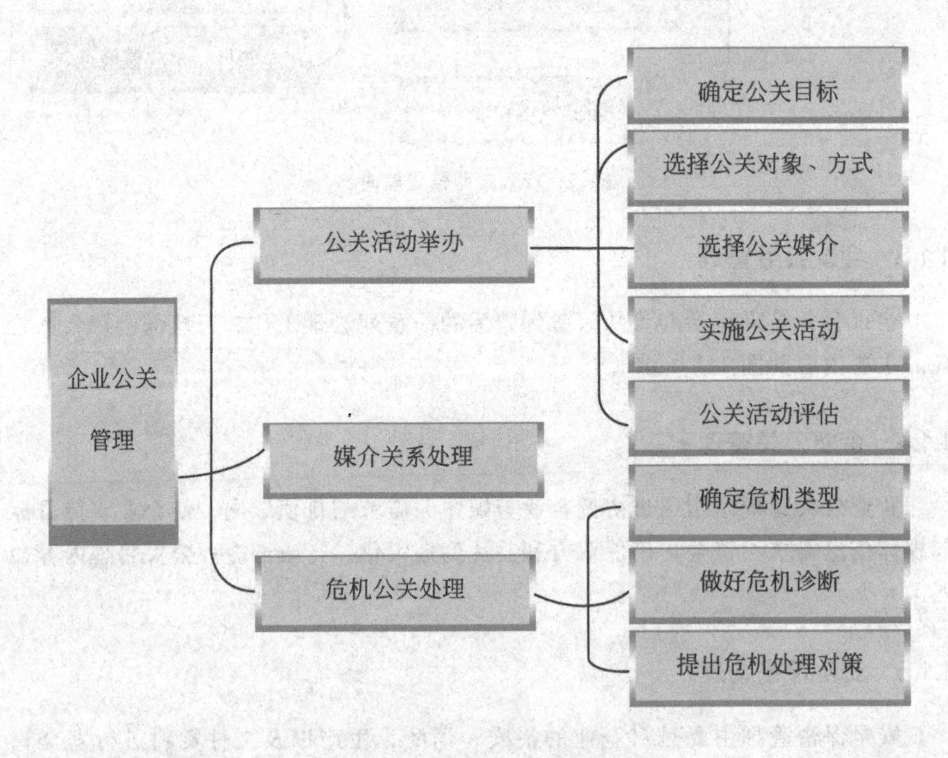

图1-4 行政部企业公关管理内容

① 企业内部人员打架、酗酒、偷盗管理，人员进出管理，日常安全隐患巡查、排查等。

② 建立健全消防安全管理制度，定期组织人员参与消防演练与消防知识培训，科学管理消防设备、设施，及时、有效地处理消防事故。

③ 监督员工日常安全生产及安全操作各种设备设施，及时为员工发放劳动保护用品，在企业内部组织开展安全生产月活动，为员工灌输安全生产知识。

④ 做好企业各种合同协议、经营管理类文件、技术资料的安全保密工作，正确处理废旧设备设施，确保企业安全保密管理工作科学、有效。

1.1.6 总务后勤管理

总务后勤管理是指行政部相关工作人员通过科学的方法和手段，通过有目标的组织协调，搞好后勤各项工作。行政部总务后勤事务管理内容如图 1-5 所示。

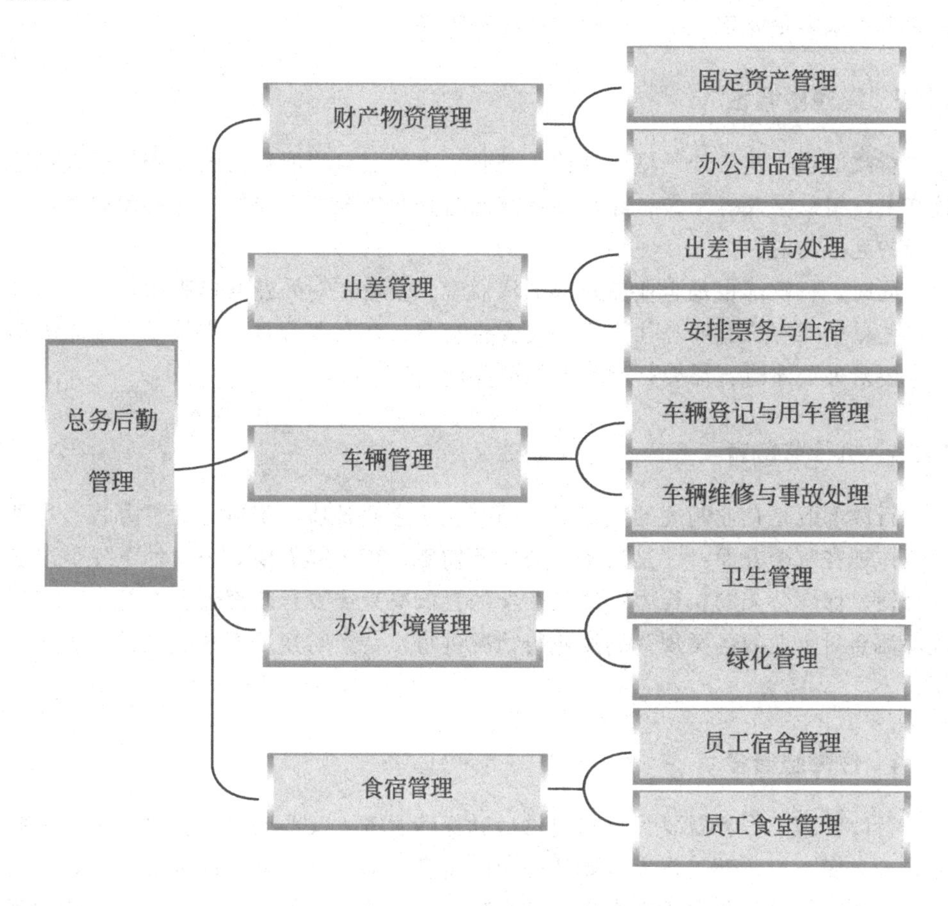

图1-5 行政部总务后勤事务管理内容

1.2 行政部扮演何种角色

行政部主要负责协助领导开展日常工作、协调各部门之间的工作配合、监督制度决策的执行、提供后勤保障服务、塑造企业文化等工作。归结起来，行政部所扮演的角色有以下 5 种角色。

1.2.1 企业高级参谋

这是行政部在企业中扮演的基本角色之一。作为上层领导的“参谋”，行政部应协助配合上层领导开展日常工作，如协助领导进行信息汇总、决策监督、调查研究、联系接待、管理文档以及处理其他交办的事项等。

行政部不仅应在日常事务方面做好上级领导的“参谋”和“助手”，更应在企业经营理念、管理策略、企业精神、企业文化等重大事项方面有自己的见解，从而真正成为企业领导不可或缺的“高级参谋”。

1.2.2 沟通协调者

行政部在企业中处于枢纽地位，是联系决策层与职能部门的纽带。行政部通过文书、组织会议等工作，除加强行政部与企业领导的沟通外，还要做好各部门之间的充分沟通。

同时，行政部也是企业与外部的沟通者。企业在对外经营过程中，需要与外部一些单位或客户有业务往来，需要安排接待；在企业有重大决策或发生重大事件需要对外公布时，需要行政部开展公关活动。

1.2.3 执行监督者

行政部既是企业制度的监督者，同时也是企业各项决策执行的督办者。这种监督体现在三个方面：一是当企业公文下发后，行政部需要对公文的下发情况进行督促，保障公文的执行力；二是企业的会议决策需要行政部督促执行；三是行政部需要对企业的各类规章制度执行情况进行监督，对违反规章制度的行为予以惩罚。

1.2.4 保障服务者

行政管理工作者既要为公司提供后勤保障服务，又要为员工提供后勤保障服务。一方面，行政部工作人员要从公司的角度考虑，如何在有限的成本内，为公司的各项工作的开展提供有力的后勤保障，使工作能有效开展，如保障会议顺利

召开以及督促会议决策的推行，保障接待工作顺利，通过公关活动推进企业宣传等；另一方面，行政部工作人员应站在员工的角度考虑，以员工的需求考虑问题，最大限度地满足员工的需求，使员工在工作中顺利开展工作，在工作之余能放松自我，从而将全身心投入工作中，如为员工出差提供保障服务、为员工的食宿提供保障服务、为员工提供医疗服务等。通过为两者提供保障服务，使企业运作效率得到提高。

1.2.5 灵魂塑造者

企业文化是企业经营管理的核心，是一个企业的灵魂。没有企业组织文化的企业是没有"灵魂"的机器，将无法在不断变革的今天坚守自我，突破极限，超越历史，成就未来。行政部通过规划、建设、改进企业组织文化使企业始终保持活力，从而不断推动企业、员工的成长与发展。

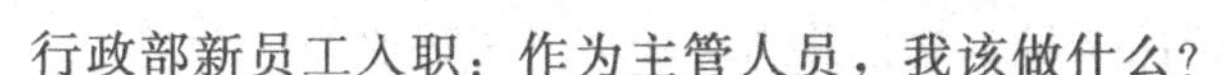

工作笔记

行政部新员工入职：作为主管人员，我该做什么？

(1) 落地篇——了解公司，熟悉流程

① 时间：试用期。

② 目的：让新员工在最短时间内融入企业，明确自身定位。

③ 内容。为了让新员工尽快融入企业，行政部主管人员应主动安排工作，为新员工了解公司，熟悉流程创造条件。一般可以从以下几个方面开展工作。

- 为新员工安排好工位、办公桌椅以及必要的办公用品，新员工的位置最好安排在老员工附近。
- 简单介绍公司环境，介绍公司办公区域分布情况，简短介绍所在工位周围同事与新员工相互认识。
- 利用召开欢迎会或聚餐的方式，向新员工介绍行政部里的每一个员工，让其相互认识沟通。
- 请人力资源主管与新员工进行沟通，告知新员工所在岗位的工作职责以及新员工可以在该岗位上获得什么发展。
- 由直接岗位主管进行单独沟通，并安排入职第一周工作计划和任务。主要让其了解公司文化、发展战略以及行政部的现状和未来发展等，并了解新人专业能力、家庭背景、职业规划与兴趣爱好等。在安排第一周

工作任务时，应细致地将每天需要完成的工作任务是什么，如何完成任务和与该项工作任务相关的其他部门负责人一并告知新员工。在完成任务过程中，应及时反馈信息。及时发现新员工存在的问题并给予纠正，对其表现好的方面应及时给予肯定和表扬。下班前检查工作量及工作难点。

• 让老员工极可能多地跟新人接触，消除新人陌生感，如可以邀请新员工一起吃午饭，平时多聊一些工作外的事情。

（2）过渡篇——巩固基础，掌握业务

① 时间：试用期。

② 目的：为了使新员工彻底完成角色过渡，真正适应企业整体氛围，逐渐能独立开展日常工作。

③ 内容。为了完成转变，管理者应将各方面工作细节和工作经验传授给新员工，让新员工彻底摆脱未入职前的状态，适应目前的新企业工作环境。具体可以从以下几个方面进行。

• 主管人员进一步向新员工讲解行政部相关业务的具体操作规范以及行政部整体工作方法。

• 安排新员工附近的老员工观察并指导新员工的日常工作。

• 主管人员应通过观察其情绪状态、询问新员工等方式，发现其是否存在压力。若发现问题应及时介入调整。

• 管理人员应在新员工工作过程中适时给予经验传授，让新员工在一边实践的过程中一边学习，通过学习与实践相结合，巩固工作效果。

（3）挑战篇——压力前行，提升能力

① 时间：试用期。

② 目的：提升新员工工作能力，激发工作潜力。

③ 内容。在新员工过渡完成后，主管人员应适当加大新员工的工作任务和工作难度，通过适当的施压方式激发新员工的工作潜力。具体方式做法如下面所示。

• 通过开展团队活动，观察平时工作情况，了解新员工的长处及掌握的技能。

• 向新员工进一步明确工作的具体要求以及考核的指标要求。

• 在新员工犯错误时，给予其改善的机会，同时观察新员工在犯错误后的行为，了解其在逆境中的心态，评估新员工是否具有培养潜力。

• 多给新员工机会。当新员工无法胜任当前岗位，应先考虑是否可将其调换到其他合适的岗位或部门。

（4）激励篇——鼓励支持，互信开放

① 时间：试用期。

② 目的：进一步提升新员工的工作积极性。

③ 内容。在经过一段时间的过渡、加压以后，新员工会存在一定的压力，此时，不应一味地加压，应在加压的同时，不断激励新员工，让新员工产生成就感。在肯定表扬新员工时应遵循以下原则。

• 及时表扬。当新员工完成具有挑战性的任务或取得进步时，应及时给予表扬和奖励。

• 采用多种形式进行激励。

• 公开激励。在公开场合向行政部其他同事展示其成绩，并邀请新员工分享成功的经验。

（5）融合篇——融入团队，主动工作

① 时间：试用期后期。

② 目的：让新员工学会团队合作，融入团队工作中。

③ 内容。新员工进入行政部后，在其业务模块内的团队合作还需要一段时间的磨合，在这个阶段，作为主管人员要耐心指导其如何进行团队合作。具体可采用以下几种措施。

• 鼓励新员工积极踊跃在团队会议上发言，并在其发言后给出相应的鼓励。

• 应多召集部门人员探讨关于团队建设、激励机制建设、业务开展优化等方面问题。当新员工在这些探讨中有好的建议时，应给予肯定。

• 要及时发现新旧同事之间的罅隙，及时处理新旧同事间的矛盾。

（6）授权篇——使命担当，适度授权

① 时间：转正期初期。

② 目的：重新定位，正式担当起一个公司员工应有的使命。

③ 内容。试用期结束，新员工转正成为正式员工后，作为主管应帮助员工重新定位，应帮助新员工重新定位，让下属以正式员工的视角重新认识当前工作的价值、意义、使命、责任和未来，找到自己的方向。同时，以正式员工的工作标准要求新转正员工进行工作。最终实现从心理和行为上告别试用期。

（7）总结篇——评估规划，继往开来

① 时间：入职半年。

② 目的：评估新员工绩效情况，做好下一步发展规划。

③ 内容。入职半年后，作为主管人员应针对新员工半年的发展情况做一次正式的评估，找出长处和不足，根据情况做好下一步的员工发展规划。具体工作有如下几个方式。

• 作为主管，应对新员工的表现作出阶段性评价，评价内容包括新员工的工作成果、能力情况、日常表现情况等内容，肯定在前不足在后，以具体事实说明。

• 根据人力资源部的绩效考核情况结合评价，与员工进行面谈，总结半年工作情况。协助下属制定下一步目标和实现目标的措施，并实时监督目标完成进度，协助下属达成目标。

(8) 日常篇——新芽初成，持续关怀

① 时间：正式期。

② 目的：新员工持续成长，部门健康运作。

③ 内容。新员工转正后，作为主管人员应持续关怀下属。关注下属生活，多沟通、多关心、多帮助。同时，多给予下属培训提升的机会，鼓励其多学习，协助新员工做好职业生涯规划。

来访接待管理实操

2.1 来访接待方案如何做

来访接待是行政部一项重要的对外活动，是对外宣传公司的渠道。因此，行政部应做好接待工作，保证接待质量。为了提高接待质量，行政部应对接待规格进行严格的规定。在制定接待规格时，既要针对不同的客户采取针对性的安排，同时也要对来访客户做到“一视同仁”。

2.1.1 确定接待规格

（1）如何确定接待规格

为了提高接待的效率，提高来访来宾的满意度，树立良好的企业形象，提高企业美誉度，应根据来访对象的级别安排相应的接待规格。具体规格的确定要求可参照图 2-1 进行。

- ◆ 根据来访性质，确定对口接待部门
- ◆ 一般可根据对口接待部门的建议，确定接待规格
- ◆ 若由多个部门参与的接待，由行政部对接待规格提出建议，参与接待部门经理审批后确定接待规格
- ◆ 接待人员不得私自设定接待级别，不得超支进行接待，否则给予相应处罚

图2-1　接待规格确定要求

（2）接待规格分级标准

一般可按对象、目的及场合将接待工作分为以下三档。具体如图 2-2 所示。

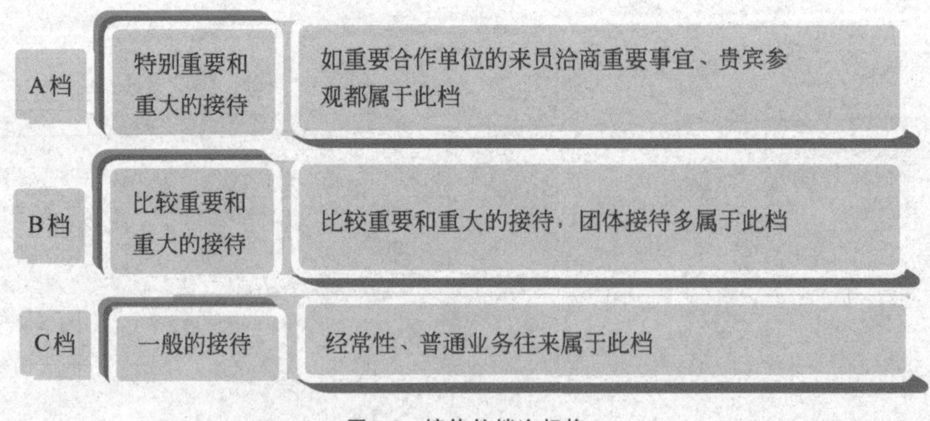

图2-2　接待的档次规格

行政部应根据接待档次，确定接待过程中所涉及要素的档次标准，其中包括接待人员、接待用餐场所、餐饮消费、住宿以及礼品馈赠等要素的档次标准。每项要素都可分为“高”“中”“低”三类。具体内容如表 2-1 所示。

表2-1　接待标准各要素档次标准

要素	档次	标准
陪同人员标准	高(适用 A 档接待规格)	主要指陪同人员职务略高于来客
	中(适用 B 档接待规格)	主要指陪同人员与来客的职务对等或同级
	低(适用 C 档接待规格)	主要指陪同人员比来宾职务低一些
接待用餐场所标准	高(适用 A 档接待规格)	主要指高级的饭店、餐馆、美食中心
	中(适用 B 档接待规格)	略低于高档水平的中、高档餐馆
	低(适用 C 档接待规格)	主要指中、低档大众用餐场所
住宿标准	高(适用 A 档接待规格)	主要指高级星级的酒店、宾馆或招待所
	中(适用 B 档接待规格)	略低于高档水平的中、高档酒店、宾馆或招待所
	低(适用 C 档接待规格)	主要指中、低档大众酒店、宾馆或招待所，或由来客自行安排住宿
餐饮消费标准	高(适用 A 档接待规格)	主要指人均餐饮消费标准最高的餐饮消费级别
	中(适用 B 档接待规格)	主要指人均餐饮消费标准略低于高档的餐饮消费级别
	低(适用 C 档接待规格)	主要指人均用餐饮消费标准在中、低水平的餐饮消费级别
礼节性礼品标准	高(适用 A 档接待规格)	主要指价值高且具有纪念意义的礼品
	中(适用 B 档接待规格)	略低于高档水平的礼品，接待人员依照情况选择馈赠与否
	低(适用 C 档接待规格)	主要指不需要馈赠礼品，若有特殊情况，可酌情考虑馈赠与否

2.1.2　选择接待形式

接待工作要根据接待的对象、任务和要求的不同，大致可分为下列几种接待形式，如图 2-3 所示。

2.1.3　编制接待方案

接待方案，即接待期间各项工作和活动的具体内容安排，包括安排接待人员、安排生活和保卫工作、接待费用预算 3 项内容。

引见式	行政接待人员负责将客户介绍给有关部门或有关领导
会见式	行政接待人员直接接待来宾，并与对方会谈有关事宜
座谈式	行政接待人员单独或与领导一起和来宾座谈，商洽有关事项
陪同式	行政接待人员在来宾访问期间负责陪同参观、旅游或协办有关事宜
迎接式	行政接待人员负责迎接来宾，并送走客户
协办式	接待工作由外事部门或其他有关部门负责，行政接待人员只协助办理相关事项

图2-3　行政接待人员安排接待来宾的6种方式

(1) 安排接待人员

接待人员主要包括陪同人员和组织工作人员，其中陪同人员包括主要陪同领导、相关的职能部门领导和有关的技术或其他人员，组织工作人员包括行政接待人员和后勤保障人员。

(2) 安排生活与保卫工作

① 饮食安排。行政接待人员在制定接待计划时，对来宾的饮食问题千万不可等闲视之。如果在这些具体细节问题上稍有闪失，便会直接影响来宾的情绪，导致整个接待工作前功尽弃。行政接待人员在具体安排来宾食宿时，应注意三点：一是遵守有关规定；二是尊重来宾习俗；三是尽量满足来宾需求。

② 住宿安排。行政接待人员要根据来宾的人数、性别、身份以及来宾的要求预订房间，如果对方是代表团，也可将住房平面图交给对方，由来宾自行安排；如果对方短期来访，并且费用自理，则要根据对方的要求订好房间。

③ 交通工具安排。出于方便来宾的考虑，对其往来、停留期间所使用的交通工具，行政接待人员也须予以必要的协助。当来宾需要联络交通工具时，行政接待人员应尽力而为；当来宾需要提供交通工具时，应努力满足；而当来宾自备交通工具时，行政接待人员则应尽可能提供一切便利。

④ 安全保卫方面。行政接待人员一定要“谨小慎微”，不但需要制定预案，思想上高度重视，而且还需要注重细节，从严要求。

⑤ 宣传报道方面。行政接待人员应注意统一口径，掌握分寸，并报经上级有关部门批准。有关的图文报道资料，行政接待人员一般应向接待对象提供，并自己存档备案。

（3）接待经费预算

接待方案应当对接待经费的来源和接待经费的列支项目做出具体的说明，从企业接待讲，接待费用一般由企业内部相关部门承担。

接待经费的列支项目主要有8类，如表2-2所示。

表2-2 接待经费的列支项目

项目名称	主要内容
食宿费	来宾和工作人员的餐饮、宴请费用以及来宾的住宿费用
劳务费	工作人员的加班费、专家的讲课和演讲费等
工作经费	租借场所、办公用品、各种资料的准备费用等
交通费	访问期间的交通费用
纪念品费用	工作人员为来宾购买的纪念品费用
宣传和公关费用	活动费用（包括制作费、摄影费）、人工费用、日常费用（差旅费、住宿费、编辑费）、印刷费、捐款等
参观、旅游和娱乐的费用	访问期间来宾和工作人员进行参观、旅游和娱乐时产生的费用
其他费用	访问期间除了以上费用外产生的其他费用

接待人员可根据接待费用情况编制接待费用预算表，并将预算表呈报相关人员和部门审批。预算表的制作可参考表2-3。

表2-3 接待费用预算表

预算项目	金额	预算项目	金额
住宿费预算	住宿费标准×____人	会议费预算	元
餐费预算	餐费标准×____人	劳务费预算	元
纪念品费用预算	纪念品费用标准×____人	宣传公关费用预算	元
其他费用预算	元		
预算合计	元		
备注：			

接待方案可以简化落实到接待日程安排表中。接待日程，即接待期间各项工作和活动的时间安排。行政接待人员应通过电话、网络、面谈等方式与来宾、来宾方工作人员、企业相关工作人员充分沟通，并根据来宾的时间安排编制接待日程。

行政接待人员根据来宾接待日程涉及的相关内容要求，编写来宾接待日程表，以便接待工作按接待日程顺利实施。表2-4为接待日程表示例，供读者参考。

表2-4 接待日程表示例

序号	日期	接待事项	地点	接待人员	活动安排	备注

2.2 日常接待工作怎么做

在日常接待中，行政部应根据不同类型的接待任务，编制接待方案，做好接待准备与接待过程的管理，并对接待费用进行严格控制。行政部日常接待任务主要包括预约接待、参观接待、临时接待三种类型。行政部应对每一种接待任务的流程、标准进行规范，确保接待工作顺利地展开。

2.2.1 布置接待环境

来宾到来前，行政接待人员应对洽谈或接待场所的环境进行布置，以使接待室整洁、雅致，给来宾舒适、温馨的感觉。接待环境布置的具体内容如图 2-4 所示。

电源及照明设施	行政接待人员要仔细检查接待室和接待地点的电源是否接通、照明设施是否齐全完好、电源插座是否可安全使用以及照明效果是否良好等，如有问题，应及时安排维修
空调	如需使用空调，行政接待人员应检查空调是否完好，电源是否接通，遥控器是否可用，提前对空调进行试用并调试到最佳状态
音响和视频设备	如在接待中需使用音响、视频设备，行政接待人员应提前接通电源，将音响和投影设备调试到最佳位置，准备好话筒、投影仪、电脑、屏幕等设备
桌椅	行政接待人员应针对所接待的来宾人数，结合陪同人员数量，计划桌椅数量，保证人人都有座位。同时要检查桌椅的质量，如有坏的桌椅应及时更换
座签	接待中需安排座次时，行政接待人员应根据需要，提前将人员名字制作成座签，摆放到相应位置，座签通常应打印并用制式座签夹固定，放置于座位正前方的桌面上
清洁卫生	行政接待人员应及时打扫接待室，做到每次接待前半小时完成各项清洁工作，确保接待室干净整洁

图2-4 接待环境布置工作内容

2.2.2 准备接待用品

接待用品是指接待工作必不可少的餐饮用品或文件资料等常规用品和礼品，行政人员应在接待前准备好接待用品。

（1）准备常规接待用品

在办公室或有接待任务要求时，行政接待人员需准备的接待用品包括茶点、文件资料、报纸杂志等，具体准备如表2-5所示。

表2-5 接待用品准备说明

准备项目	主要内容
茶点	◆杯子应整齐摆放于每个座位右前侧适当的位置，茶叶应使用茶叶盒并摆放于固定的位置 ◆如需使用饮水机，行政人员应提前半小时将饮水机打开；如使用水壶，行政接待人员应在接待前半小时将开水灌足并整齐摆放 ◆接待中需放置饮料的，行政人员应将饮料整齐摆放于每个座位右前侧的桌面上 ◆需准备点心、水果接待的，行政人员应把点心分装，水果洗干净分切好，以便于取用 ◆点心、水果放置于桌面中央不影响翻阅文件和记录的部位 ◆如果是长方形桌子，行政人员应将各类点心和水果混合摆放，分盘放置；如果是茶几等分散桌子，则行政人员应将点心和水果分为小盘，每桌放置
文件资料	◆接待中如需准备相关文件资料，行政人员应提前备好，最好是装袋，放置于座位正前方、座签外侧的桌面上，文件封面向上，文件下部对向座位
报纸杂志	◆行政人员应在接待室内准备一些报纸杂志或介绍本企业历史、宗旨及服务范围方面的资料，供来宾等待时阅读 ◆杂志最好是最近出版的，不要摆放破旧且过时的报刊
其他物品	◆根据接待安排提前准备、妥善摆放其他各种物品

（2）准备礼品

送礼是一门艺术，有其约定俗成的规矩，送给谁、送什么、怎么送都有讲究，行政接待人员在准备礼品时应做到礼物轻重得当、送礼间隔适宜、了解风俗禁忌、礼品要有意义四点，具体注意事项如图2-5所示。

2.2.3 接待来宾来访

（1）了解来访者需求

了解来访者需求、明确来访者的目的和意图，是行政接待人员做好接待工作

的前提。根据获得的信息进一步确定来访者的需求，如果有特殊要求，行政接待人员须上报领导。

了解来访者需求过程的注意事项如图 2-6 所示。

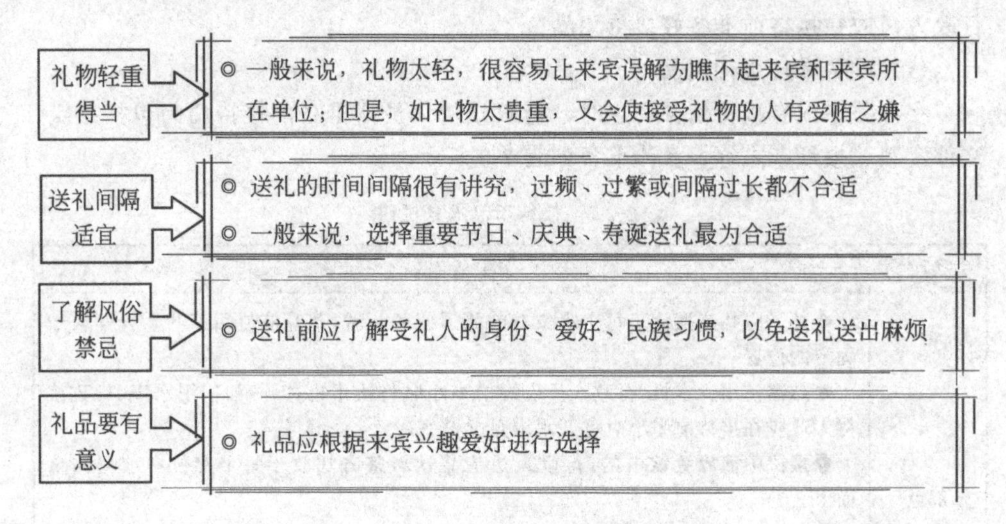

图2-5 准备礼品的注意事项

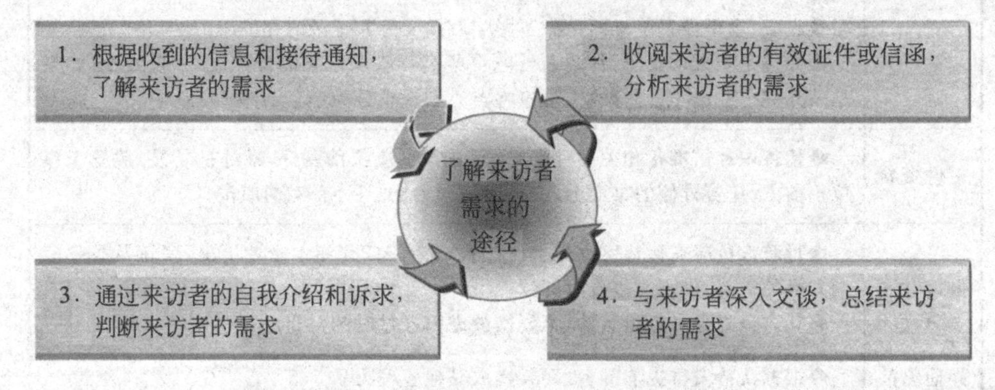

图2-6 了解来访者需求的四个途径

(2) 处理来访者意见

正确归纳总结并及时处理来访者意见，是行政接待人员的一项日常工作，来访者意见处理工作可以按以下流程操作，具体如图 2-7 所示。

掌握处理来访者意见的技巧，对行政接待人员工作的创新与提高有很大的帮助，具体如图 2-8 所示。

当有客人来访时，应请来访客人填写来访登记表，在来访登记表上填写姓名、所在单位、是否预约、被访人姓名、被访人部门、来访事由以及到达离开的时间等信息。具体来访登记表可参照表 2-6。

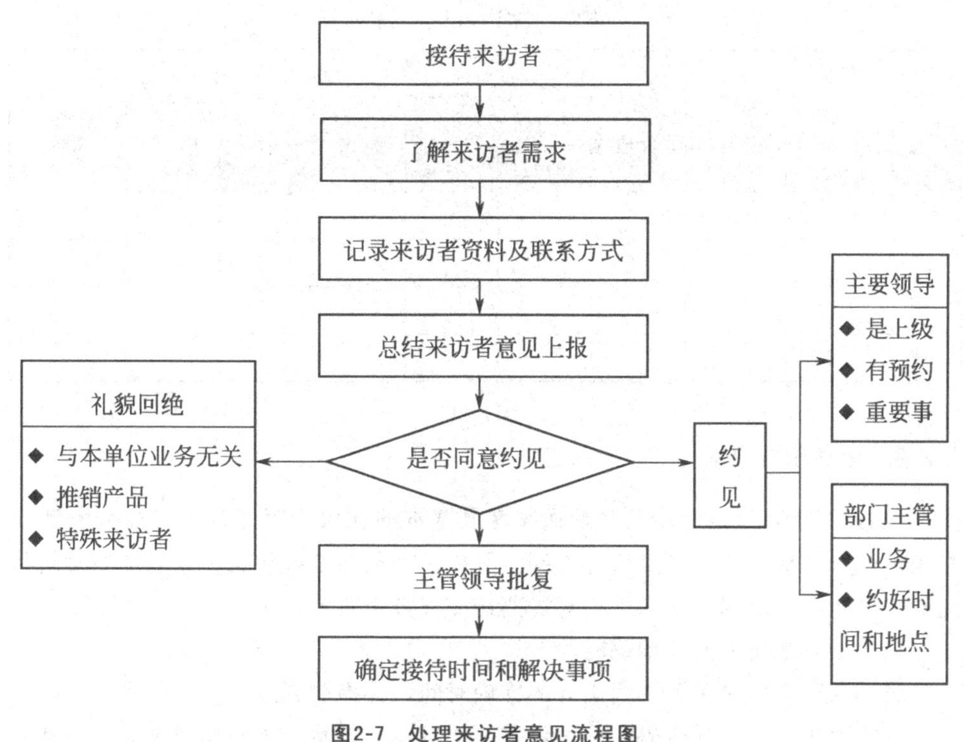

图2-7　处理来访者意见流程图

了解来访者的目的和意图	◎如来访者拒说来访目的，而上司对此有明确要求，文秘人员可以说："某先生，恐怕我不得不告诉上司您要谈的事情，这样我才方便安排您和他的会谈"或说"说说您想见他的理由，我相信他会很高兴与您会面的"
给领导留下回旋余地	◎不能告知来访者领导在不在，用电话通报时要说"某某办公室吗？"不要直呼"某某您好"，并说明有客人来访，给领导留下选择的余地
领导不在时的处理	◎应向来访者说明领导外出的原因、返回的时间，但不可说出地点，可告知来访者："抱歉，他恰巧外出，预定某时间回来，由我转告可以吗？"
巧妙回绝来访者	◎如果领导不愿接见，但不能直说，应留下名片，待领导回来时"告知" ◎回绝请求赞助的，可以说："我们的捐助预算有一定的金额，不能超过，您留下资料，我想领导很乐意在下一年度捐款预算中将你们列入考虑。"

图2-8　处理特殊来访者的技巧

表2-6　来访客人登记表

日期									
序号	姓名	所在单位	是否预约	被访人		事由	时间		备注
				姓名	部门		到达	离开	
1									
2									
3									
…									

2.2.4　送别来宾来访

“出迎三步，身送七步”是迎送宾客最基本的礼仪，因此，来宾的公务活动结束后，行政接待人员要安排好送别。具体送别包括了解来宾离开的准确时间和组织人员在大门口列队欢送，如有需要还需安排交通工具送别。

（1）了解来宾离开的准确时间

秘书人员应事先了解来宾离开的准确时间，并提前到达其住宿的宾馆，陪同其一同前往机场、车站或码头；也可直接在机场、车站、码头等候来宾，与其道别。在来宾离开之前，秘书人员应安排送行人员按一定顺序同来宾一一握手话别。

（2）组织人员在大门口列队欢送

对重要会议和友好访问，秘书人员应在大门口安排列队欢送，欢送队伍要整齐，工作人员姿态要端庄、态度要和蔼、气氛要热烈。

在送别来宾时，需注意以下送别事项，做到善始善终。

① 如来宾提出告辞时，秘书人员要等来宾起身后再站起来相送，切忌没等来宾起身，自己先于来宾起立相送，这是很不礼貌的。

② 若来宾提出告辞，秘书人员仍端坐办公桌前，嘴里说再见，而手中却还忙着自己的事，甚至连眼神也没有转到来宾身上，更是不礼貌的行为。

③ 通常当来宾起身告辞时，秘书人员应马上站起来，主动为来宾取下衣帽，帮他穿上，与来宾握手告别，同时选择最合适的言词送别，如“希望下次再来”等礼貌用语。

④ 如来宾带有较多或较重的物品，秘书人员送客时应帮来宾提重物。

⑤ 与来宾在门口、电梯口或汽车旁告别时，秘书人员要与来宾握手，目送来宾上车或离开，要以恭敬真诚的态度，笑容可掬地送客，不要急于返回，应鞠躬挥手致意，待来宾移出视线后，才可结束告别仪式。

⑥ 送别来宾的过程中，秘书人员应目视来宾，不要东张西望。

⑦ 秘书人员要根据接待规格和以往惯例确定欢送客人。

⑧ 如果是远方的来宾，秘书人员应为来宾预订好返程票，并安排好交通工具，陪同前往机场或车站、码头。

⑨ 注意乘车的座次次序。乘小轿车送来访者时通常后座右位为首位，左位次之，中间位再次之，前座右位最后。

2.2.5 掌握接待礼仪

（1）行政接待人员的基本形象

行政接待人员在接待工作中的表现，将直接影响外界对于公司形象的认知。因此，不管来访的来宾是何人，行政接待人员都应保持基本的职业素养，严禁戴“有色眼镜”看人。

为此，接待人员在接待中，应注意自身形象，做到言行举止得体。总体要求如图 2-9 所示。

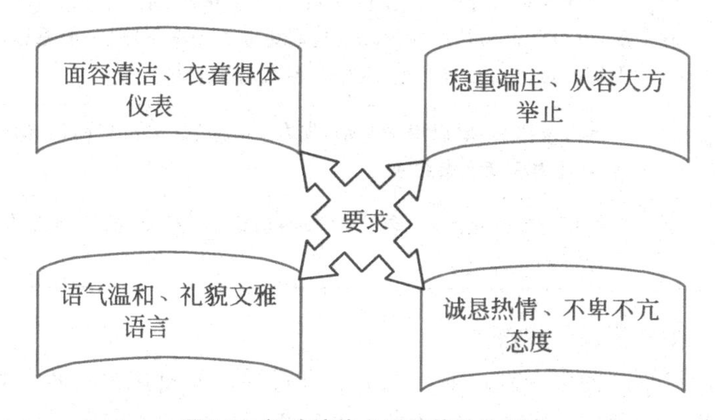

图2-9 行政接待人员接待总体要求

（2）不同情境的接待礼仪

招待人员应根据不同的时机，采取不同的方式礼貌得体地接待客人，为客人留下良好的印象，具体可参照表 2-7。

表2-7 不同情境的接待礼仪

序号	接待时机	礼仪标准
1	迎接来宾时	要注意把握迎候时间，到公司门口或车站进场提前等候，接待人员引见介绍主宾时，要注意顺序。若是外地客人前来访问、洽谈业务，应首先了解对方达到的车次、航班，安排与客人身份、职务相当的人员前去迎接。提前到达车站或机场迎接客人。若因某种原因，相应身份的接待人员不能前往时，前去迎接的人应向客人做出礼貌解释。但绝对不能迟到

续表

序号	接待时机	礼仪标准
2	交换名片时	当与人交换名片时，应双手递上，身体可略微前倾，说一句“请多关照”。如想得到对方名片时，可用请求的口吻请求其留名片，以便联系。如说“如果您方便的话，能否留张名片给我?” 在接受对方名片时，要以恭敬的态度双手接受，默读一下后郑重放入口袋中
3	过走廊时	通常走在客人的右前方，不时左侧回身，配合客人脚步，转弯处伸右手示意，并说“这边请”
4	进电梯时	接待人员先进入电梯，等客人进入电梯后关闭电梯门，告知来宾到达几楼，到达时，接待人员按住打开按钮，让到访者先走出电梯
5	在楼梯时	上下楼梯时，接待人员应该注意客人的安全。引导客人上楼时，应该让客人走在前面，接待人员走在后面；引导客人下楼时，应该由接待人员走在前面，客人在后面
6	进入客厅时	当客人走入客厅后，接待人员应用手指示，请客人坐下。当客人坐下后，方可行点头礼后离开。尽量避免客人坐在下座(一般靠近门的一方为下座)，若客人错坐下座，应礼请客人改坐上座
7	奉茶时	客人落座后，要以双手奉茶，先客人，后主人，先领导，后同事，每隔15～20分钟为座谈人员续水
8	送客时	根据身份确定规格，若送至公司门口、汽车旁，招手待客人远去，方可离开

(3) 前台接待礼仪的规范

前台是接待管理的第一线，前台人员的言行举止将直接影响客人对公司的第一印象，因此行政部应对前台接待的礼仪进行更为严格的规范。以下是某公司的前台接待礼仪规范，供读者参考。

前台接待礼仪管理规范

第1章 总则

第1条 目的

为规范前台接待人员的职业形象，充分发挥前台接待工作的窗口作用，维护良好的公司形象，特制定本规范。

第2条 适用范围

公司前台接待人员均应遵守本规范。

第2章 前台接待仪态规范

第3条 前台接待仪表要求

前台接待人员应注重仪表，工作期间一律着职业装，具体要求如下表所示。

续表

前台接待人员仪表要求表

总体要求	1. 协调性：服装、修饰要与容貌、体型、年龄、个人气质相符合 2. 整体性：各部位的修饰要与整体协调一致 3. 适度性：在修饰程度、饰品数量、修饰技巧上，要自然适度，注意分寸
男士着装要求	1. 西装：款式简洁，单色为宜，西裤的长度应正好触及鞋面，并注意与其他配件搭配 2. 领带：颜色必须与西装和衬衫协调，干净，平整不起皱；长度合适，领带尖应恰好触及皮带扣，领带宽度应该与西装翻领宽度协调 3. 衬衫：领型、质地、款式都要与外套和领带协调，注意领口和袖口要干净 4. 鞋：最好穿黑色或深棕色的皮鞋，并注意保持鞋子的光亮、整洁 5. 袜子：宁长勿短，以坐下后不露出小腿为宜；袜子颜色要和西装颜色协调
女士着装要求	1. 保持衣服平整，职业装质地要好，但不要过于华丽 2. 袜子的颜色以透明近似肤色或与服装搭配得当为宜 3. 佩戴饰品要适量，应尽量选择同一色系，注意与整体的服饰搭配协调

第4条　前台接待仪容要求

前台接待人员的仪容应整洁，并能够通过恰到好处的修饰突出个人修养及自信心，具体要求如下表所示。

前台接待人员仪容要求表

总体要求	大方整洁，凸显职业性
细节要求	1. 勤洗头发，并梳理整齐 2. 勤剪指甲，不要过长，不留污垢 3. 香水味不宜过于浓烈 4. 不要戴墨镜或变色镜

第5条　前台接待仪态要求

前台接待人员应举止文明、殷勤有礼、尊重他人，并善于控制自己的情绪，塑造完美仪态，具体要求主要有以下几点。

1. 站姿要求

男士站姿应体现出阳刚之美，头正、颈直、收下颌、挺胸、收腹、收臀，双脚大约与肩膀同宽，重心自然落于脚中间，肩膀放松，两眼平视前方，表情自然，面带微笑；女士站姿则主要体现出柔和与轻盈，丁字步站立。

2. 坐姿要求

①肩部放松，双手自然下垂，交握于膝上，五指并拢，或一只手放在沙发或椅子扶手上，另一只手放在膝盖上。

②双腿、双膝并拢，脚自然着地，一般不要跷腿，两脚踝内侧互相并拢，两足尖距离10厘米左右。

续表

③坐下后上半身应与桌子保持一拳左右的距离，坐在椅子的2/3处，不要只坐一个边或深陷椅中。

④坐姿应尽量保持端正，身子不要前倾或后仰，双肩齐平。

⑤移动位置时，应先把椅子搬到相应位置，然后坐下。身体不能在座位上来回晃动。

⑥与人交谈时，双眼应平视对方，但时间不宜过长或过短；也可使用手势，但手势不可过多或幅度过大。

3. 走姿要求

①走路时头正颈直，上身挺直，挺胸收腹，两臂收紧，前后自然摆动，前摆稍向里折约35度，后摆向后约15度。

②身体重心在脚掌前部，尽量走在一条直线上。

③靠道路的右侧行走，遇到同事要主动问好；上下楼梯时，应让长者、女士先行。

④在行走的过程中，应避免吸烟、吃东西、吹口哨、整理衣服等行为。

4. 手势要求

前台接待人员可通过手势，表达介绍、引领、请、再见等含义。这些手势也有一定的规范要求，具体规定如下表所示。

前台接待人员手势礼仪要求表

手势礼仪要求	详细说明
大小适度	手势的上界一般不超过对方的视线，下界不低于自己的胸区，左右摆的范围应在人的胸前或右方。一般场合，手势动作的幅度不宜过大，次数不宜过多和重复
自然亲切	多用柔和的手势，少用生硬的手势，以求拉近双方的心理距离
避免不良手势	①在与人交谈的过程中，讲到自己时不要用手指自己的鼻尖，而应用手按在胸口 ②谈到别人时，不可用手指别人，更忌讳背后指指点点等不礼貌的手势 ③避免交谈时指手画脚或手势动作过多过大 ④不可在接待客人时出现抓头发、玩饰物和剔牙齿等行为
指向目标	在指引方向时，手指应自然并拢，手掌以肘关节为轴指向目标，同时要看目标

5. 传递物品要求

接待人员在递物时须使用双手，以示对对方的尊重，并要考虑接物人员是否方便；在接物时，身体应向前倾，用双手接住，并表达谢意。

第3章　违纪处理

第6条　前台接待人员如违反本规范，公司将视情节提出批评，或处以______～______元的罚款。

第7条　经多次批评、罚款仍屡教不改者，公司可视情节严重程度给予降级、辞退处理。

第4章　附则

第8条　行政部对本规范拥有解释权。

第9条　本规范自颁布之日起实行。

2.3 如何做好涉外接待

与国际接轨是目前企业经营的一个重要方向。为了开拓海外业务，提高企业的国际知名度，行政部应做好涉外接待管理。

2.3.1 做好接待前期准备

由于各国之间的文化差异，各国之间的商务习惯也存在着细微的差别。为了避免涉外接待中出现尴尬的局面，企业在安排涉外接待前应熟悉掌握外宾的各项信息，并根据所掌握的信息，有针对性地安排接待活动。行政接待人员应该熟悉掌握的外宾信息如图 2-10 所示。

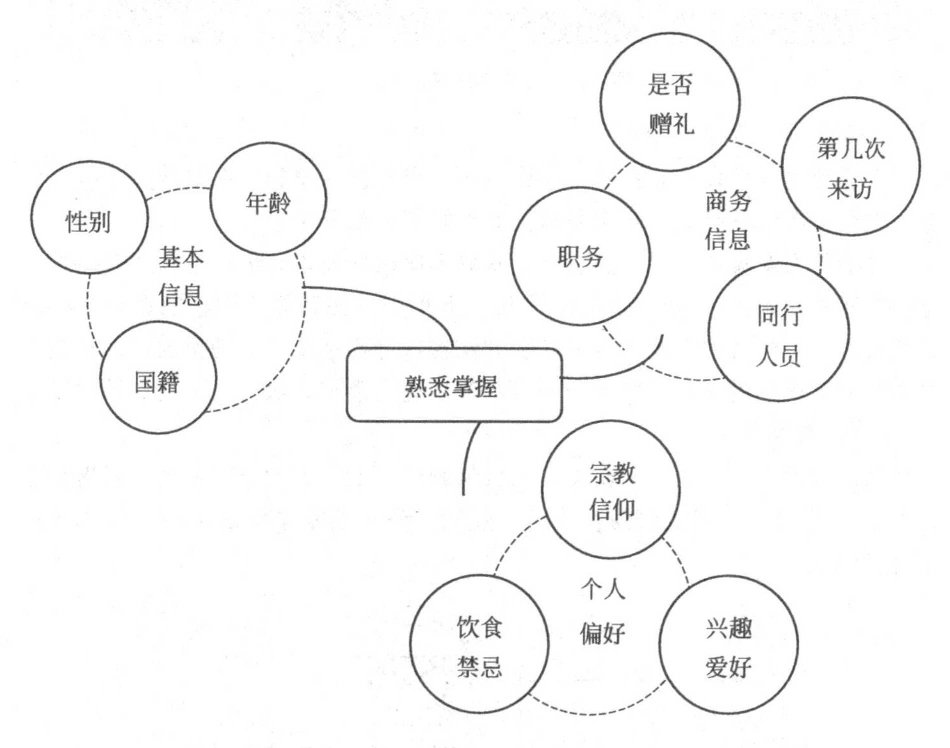

图2-10 行政接待人员应熟悉掌握的外宾信息

2.3.2 合理安排礼宾次序

（1）礼宾次序基本原则

在涉外接待中，对出席活动的团体、人士的位次按照国际惯例排列先后次序，是东道主对宾客所应给予的礼遇。其基本原则如图 2-11 所示。

基本原则

① 女士优先

② 与国内以"左"为尊的惯例不同，国际上以"右"为尊

③ 按身份和职务的高低排列礼宾次序

④ 座谈时按照人员所在国名或人名的字母顺序排列次序

⑤ 按通知的代表团到达日期的先后排列次序

图2-11 礼宾次序基本原则

(2) 乘车礼宾次序

对于远道而来的外宾，免不了要到机场、车站接送贵宾。在接送贵宾时，应注意对乘车座次的安排，体现出东道主对外宾应有的尊重。

在迎接外宾安排座次时，虽然有一些尊卑座次的要求，但仍应以"突出重要人士，方便重要人士""以座位的舒适和上下车的方便"为原则，根据宾客的意愿灵活安排。当外宾先上车并坐上了主方位置，可不必让外宾调换位置。不能强行要求宾客更改，避免出现尴尬局面。一般来说，乘车座次的上下座安排原则是"后上前下，右尊左卑"。

按照国际惯例，当轿车是由专职司机驾驶时，女士通常不应就坐于副驾驶座位。图 2-12 是由专职司机驾驶轿车时一些约定俗成的乘车座次安排（按主次排序），仅供参考。

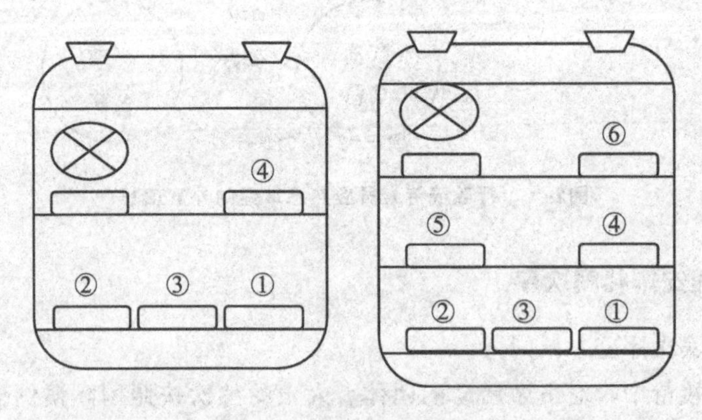

图2-12 由专职司机驾驶轿车时的乘车座次尊卑示例

除了可以安排专职司机迎接外宾外，主要接待方也可自行接送外宾。当作为主人驾驶车辆接送外宾时，其座次的尊卑情况与指派专职司机有所区别，具体的座次安排可以参照图 2-13 所示。

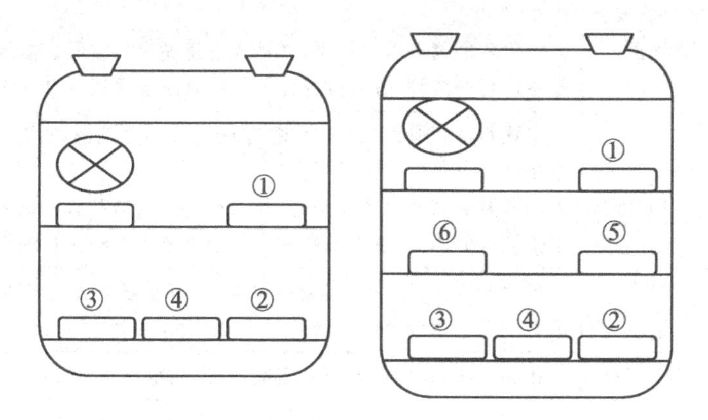

图2-13 主要招待人员自行驾车时的乘车座次尊卑示例

乘车的礼宾次序除了体现在座位上，还应注意上下车顺序。表 2-8 是乘车上下顺序的说明。

表2-8 上下车顺序礼仪

车辆类型	顺序说明
轿车	地位较高者先上后下，地位较低者后上先下
公共汽车、火车或地铁	地位较高者后上后下

(3) 涉外座谈座次安排

涉外招待涉及会见、谈判、签字仪式、合影等环节时，行政部应按照惯例做好现场座次的安排，使座谈能有序有效地开展。表 2-9 为各类涉外座谈座次的安排。

表2-9 各类涉外座谈座次的安排

座谈类型	布置方式	具体说明
会见	相对式	宾主双方会见时面对面而坐，面对正门的一方为上，应请来宾就座；背对正门的一方为东道主
	并列式	双方会见时面对正门并排而坐，主人在左，主宾在右。宾主双方的其他人员按照具体身份的高低，依次在主人、主宾的一侧排开
	自由式	在多边会见时，宾主双方自由就座

续表

座谈类型	布置方式	具体说明
谈判	相对式（谈判桌横放）	①谈判桌就座的一面面对正门，客方面对正门而坐，主方背对正门而坐 ②主要谈判者居中而坐，其他人员遵循右高左低的惯例，分别就座于主谈者的两侧，各方的翻译人员应就座于主谈者右侧相邻的位置
	相对式（谈判桌竖方）	①谈判桌两头面对门口，进门右侧请客方就座，进门左侧请主方就座 ②主要谈判者居中而坐，其他人员遵循右高左低的惯例，分别就座于主谈者的两侧，各方的翻译人员应就座于主谈者右侧相邻的位置
	主席台式	多边谈判时，面对正门设置主席台，其他各方人员背对正门，分片区就座于主席台对面。谈判时，各方依次走上主席台面对各方发言
	圆桌式	在多边谈判时，各方不分座次，自由就座
签字仪式	—	东道主签字人座位位于签字桌的左侧，客方签字人的座位位于签字桌的右侧，双方助签人员分别站立于各方签字人的外侧
合影	—	以右为尊，一般主人居中间位置，主宾居于主人右侧，其他双方人员分“主左宾右”依次排开

2.3.3 掌握悬挂国旗礼仪

大型涉外接待活动中，一般都会悬挂双方的国旗，行政接待人员在涉外接待过程中要遵循悬挂国旗礼仪。悬挂国旗礼仪如表2-10所示。

表2-10 悬挂国旗礼仪说明

事项	礼仪及要求
悬挂国旗的场合	①按国际关系准则，接待来访的外国元首和政府首脑时，应在其下榻的宾馆、乘坐的汽车上悬挂对方或双方的国旗
	②在国际会议上，除会场悬挂与会国国旗外，各国政府代表团团长也可以按照会议组织者制定的有关规定在一些场所或车辆上悬挂本国国旗
	③展览会、体育比赛等国际活动，也要悬挂有关国家的国旗
悬挂国旗的惯例	①按国际惯例，悬挂国旗以右为上、左为下
	②两国国旗并挂，以旗身面向为准，左手为主方，右手为客方
	③汽车上插国旗，以汽车前行方向为准，驾驶员左手为主方，右手为客方
	④切忌倒挂国旗，有些国家的国旗由于文字和图案的原因，不可竖挂或反挂
	⑤不同国家的国旗比例不同，同尺寸制作时，两面旗放在一起，将其中一面略放大或缩小

2.3.4 掌握礼品馈赠技巧

涉外接待时，适当馈赠礼节性的礼品能有效巩固双方业务关系。因此，在选择礼品类型和选择送礼时机时，要避开外宾所在国的禁忌，按其国度的礼品馈赠惯例馈赠礼品。各国的馈赠惯例可参照表2-11进行。

表2-11 各国商务礼品馈赠习惯

国家	项目	惯例
日本	内容	注重礼品的外在包装和知名度，不注重其实用度，越不实用越好
	禁忌	①包装纸颜色以花色为宜，避免送白色、玄色、红色、绿色等颜色包装的礼物 ②忌送梳子 ③避免装饰中出现狐狸和獾的图案 ④避开数字“4”和“9”，防止送4和4的倍数的礼物数
	送礼时机	一般在会面结束后送礼；向个人赠礼，不宜当众送出，应在私下里赠送，拿出礼物之前应委婉告知对方要送礼的想法
韩国	内容	注重礼品的实用价值，包装应精美、简约，不过分奢华
	禁忌	忌讳数字“4”，避免赠送双数礼品
英国	内容	①送较轻的小礼品，避免送过于贵重的礼品，以避免被误会成贿赂 ②可选具有民族特色的民间工艺美术品，或高级巧克力、酒、鲜花等作为礼品
	禁忌	避免送标有公司标记的礼品
	送礼时机	可选择在晚餐或者活动结束后送礼
法国	内容	可送体现文化艺术修养的礼品，如画片、艺术相册或小工艺品等
	禁忌	忌送刀、剑、餐具等，避免送带有仙鹤图案的礼物
	送礼时机	适宜在重逢时送礼，一般初次见面时送礼不恰当
德国	内容	可送经济实用的礼品，如书籍、家庭装饰品等
	禁忌	①注重包装，切勿使用黑色、白色或棕色的包装纸或丝带包扎 ②避免送外表尖锐的礼物
美国	内容	可送实用价值高或奇特的礼品，如具有独特风格或民族特色的小礼品
	禁忌	切忌使用黑色作为包装颜色
	送礼时机	可选在生意交谈结束时馈赠

工作笔记

接待工作：细节决定成败

接待工作是否做到细致入微是决定行政部接待工作成败的关键因素。作为接待人员，必须在每个接待环节中都把握好细节的处理。一个成功的接待，能在客户心中留下深刻的印象，从而促进双方的合作，为企业带来商机，无形中创造了财富。

美国一家跨国集团的总裁，在日本有好几个合作企业，几乎每周至少要去日本2次。但他发现一个奇怪现象，每次乘机去其中一家公司出差时，都能坐在靠窗的位置，而且通过飞机的窗口还能看见美丽的富士山。而去另外几家企业时，座位就很随机。为此，他询问了集团内负责出差事务的工作人员。得到的答案让他出乎意料。

原来，工作人员在对方确定出差行程后，这家公司负责接待的人员都会向出差安排人员推荐航班和座次，甚至帮助集团工作人员预订机票。

于是总裁迫不及待地去问了这家公司负责接待的人员为什么这么做。接待人员回答道："据我观察，外国人一般都很喜欢富士山的魅力景色，但是忙于公务无暇去亲身接触。为了弥补这个遗憾，我在机票的位置上做了特殊的安排，使你可以在往返日本的途中都能看见富士山。在乘机去大阪时，富士山在您的右边，所以我会预订右边的座位；而当您返回东京时，富士山却在您的左边，所以，只有在左边的窗口位置才能更好地观看富士山。"接待员的回答让他忍不住称赞。

第二天，这位总裁将与这家企业的合作贸易额从500万美元增加到2000万美元。他在董事会上给出的理由是："一件微不足道的小事贵公司的员工都能尽心尽力，对于更加庞大的合作计划，将会更加鞠躬尽瘁，我还有什么放心不下的呢？"

从这一个案例可以看出，接待工作不是简单地订车票、拉横幅、倒茶水、引路，而是要真正深入了解客户的需求，针对客户的需求，对接待工作作出针对性的安排。使客户接受企业，认同企业文化，从而加深双方的关系。一般可以从以下几个方面的细节入手，提高企业接待工作质量。

（1）细节1：细致了解来访者需求

为了做好接待工作，行政接待人员要了解来访者的需求，如果来访者的需求比较特殊，应上报领导。作为接待人员，应从多方面去了解来访者

的需求，不断印证自己判断的来访者需求是否正确。从以下几个途径可以更细致地了解来访者的需求。

① 根据收到的信息和接待通知，了解来访者的需求。

② 收阅来访者的有效证件或介绍信函，分析来访者的需求。

③ 根据来访者的自我介绍和诉求，判断来访者的需求。

④ 与来访者深入交谈，总结来访者的需求。

⑤ 深入来访者的背景，挖掘来访者业务以外潜在的需求。

（2）细节2：接待相关事务要安排细致

接待人员从收到接待通知后，要根据接待规格，结合来访者的需求，在最低成本内，安排接待，如来访者接待车辆安排、住宿安排、道路指引、茶水使用安排、接待场所布置、礼品馈赠安排等接待相关事务。在安排各项相关事务时，应根据客户需求，结合现场情况，确认每一个物件的安排都符合要求，在预定成本内，使来访者获得细致入微的关照。以茶水使用为例。接待人员要细致安排以下工作。

① 选择合适的茶水类型。接待人员在选择茶水类型前，应明确来访者的喜好，根据来访者的喜好，安排茶水类型。如有些客户偏好红茶、有些偏好绿茶，有些只喝速溶咖啡等。

② 适量地安排茶水。接待人员要根据来访者的喜好，适量安排茶水。如有些来访者偏好浓茶，有些偏好淡茶，有些喝咖啡偏好原味，有些习惯加糖等。

③ 配套的茶水用具的选择。接待人员要根据不同的茶水种类以及会见的场所选择合适的茶水用具。

（3）细节3：接待过程中跨部门跨岗位协调沟通要做细

虽然行政部接待人员主要负责接待工作，但并非接待工作全部都是由接待人员自己独立完成，而是需要行政部各个岗位的通力合作以及跨部门的协调才能完成接待工作。一般来说要接待人员应做好以下几个方面的沟通工作。

① 行政部内部沟通。

主动预见，提前请各岗位配合完成接待任务。从迎接客人到最后客人离开，需要行政部各个岗位之间的协调，包括车辆管理人员对车辆的使用进行安排，安保人员做好治安的维护，卫生管理人员需要对接待场所进行卫生清理，文书岗位需要起草相关文件，接待中涉及使用印章时，还需要印章保管人员安排印章使用等。这些细节都需要接待人员根据现场观察，提前预测，而后及时告知相关岗位进行准备。

② 与受访部门的沟通。

由于来访者所要拜访部门的不同，作为接待人员应做好与受访部门的对接工作，告知受访部门和受访人员，来访者的基本信息和需求，并于受访部门就接待方案进行探讨，保证接待过程的一致性，避免“自立山头”的情况。

③ 跨部门联动过程沟通。

接待过程中需要跨部门协调时，要做好沟通工作。如与财务部门做好接待费用的沟通，与受访部门做好接待过程的安排和事后总结，与接待所需酒店餐厅做好沟通等。

④ 来访者与各部门之间的沟通。

接待过程需要接待人员对来访者的意见做出及时的反馈，特别是涉及其他岗位、部门时，若来访者的意见合情合理，作为接待人员应及时告知相关人员和部门来访者的意见，告知意见时应实事求是，不能改变意见的原意。同时，要将相关人员和部门的反馈意见及时与来访者进行沟通。在与来访者沟通反馈意见时，应注意语言，给相关人员和部门留有回旋的余地。

(4) 细节 4：处理来访者意见时要注意细节

来访者的意见处理好坏会影响来访者对于公司的印象。所以在与来访者进行沟通时要学会“瞻前顾后”，运用巧力，通过细节处理好来访者的意见。表 2-12 是日常接待中常出现的几种情况及其解决经验。

表2-12 不同情况下来访者意见的处理经验

情况	经验
来访者拒绝说明来访目的	接待人员可以采取以下两种说辞： ①×先生，恐怕我不得不告诉领导您要谈的事情，这样我才方便安排他和您会谈 ②如果您能告知我们您想见他的理由，我相信他会很高兴与您会面的
在向领导通报有来访者来访时	当访客需要拜访领导时，不能直接告知来访者领导在不在。应首先向领导通报。在向领导报告时，要给领导留下回旋的余地。电话通报时不能直呼“×××您好”，而是说“××办公室吗？”
来访者所要拜访的领导不在时	向来访者说明领导外出的原因、返回时间，但不能向来访者透露具体地点。可采用以下说辞。“×先生（女士），十分抱歉，他恰巧外出，预计×时能回来，有什么需要我帮您转告的吗？”
领导不愿接见来访者时	不能直接回绝来访者，应留下来访者的名片，告知其，待领导回来时可帮助转告意见

（5）细节 5：收尾工作要细致入微

在送走访客后，并不意味着接待工作的结束。接待人员还要做好后续的收尾工作。收尾工作需要注意的细节包括以下几个方面。

① 接待费用的统计，接待费用统计时应以票据为依据进行，若某些费用实在没有票据，应说明费用的具体使用情况。费用统计时可使用接待费用报批表进行统计，具体如表 2-13 所示。

② 对剩余接待物资进行回收整理，提高物资的利用率。

③ 总结接待工作得失，接待主管应召开会议，总结经验得失，特别对接待过程中存在的细节处理问题，要进行探讨，提出改进意见。

表2-13　接待费用报批表

<table>
<tr><th colspan="7">基本信息</th></tr>
<tr><td>申请人</td><td></td><td>申请部门</td><td></td><td>申请日期</td><td colspan="2"></td></tr>
<tr><td>接待事由</td><td colspan="6"></td></tr>
<tr><td>客户单位</td><td colspan="6"></td></tr>
<tr><td>客户姓名</td><td colspan="2"></td><td>职务</td><td colspan="3"></td></tr>
<tr><td>来访人数</td><td colspan="6"></td></tr>
<tr><td>来访目的</td><td colspan="6"></td></tr>
<tr><td>来访时间</td><td colspan="6"></td></tr>
<tr><td>接待规格</td><td colspan="6"></td></tr>
<tr><th colspan="7">接待费用</th></tr>
<tr><td rowspan="6">住宿费用</td><td>招待所住宿</td><td colspan="5">□VIP 客房　□普通客房</td></tr>
<tr><td rowspan="4">宾馆住宿</td><td>宾馆名称</td><td></td><td>地址</td><td colspan="2"></td></tr>
<tr><td>房间使用</td><td colspan="4">单间____间，标间____间，共____间</td></tr>
<tr><td>花销费用</td><td colspan="4">____元</td></tr>
<tr><td>是否有发票</td><td>□有　□无</td><td colspan="3">后附发票或收据　金额____元</td></tr>
<tr><td>是否超标</td><td>□是　□否</td><td>申请金额</td><td></td><td>实报金额</td><td></td></tr>
<tr><td rowspan="6">用餐费用</td><td>公司用餐</td><td colspan="5">□普通　□3 级　□2 级　□1 级</td></tr>
<tr><td rowspan="4">酒店用餐</td><td>酒店名称</td><td colspan="4"></td></tr>
<tr><td>用餐次数</td><td></td><td>人均消费</td><td colspan="2"></td></tr>
<tr><td>用餐人数</td><td></td><td>费用</td><td colspan="2">____元</td></tr>
<tr><td>是否有发票</td><td>□有　□无</td><td colspan="3">后附发票或收据　金额____元</td></tr>
<tr><td>是否超标</td><td>□是　□否</td><td>申请金额</td><td></td><td>实报金额</td><td></td></tr>
<tr><td>其他费用</td><td>费用名称</td><td></td><td>申请金额</td><td></td><td>实报金额</td><td></td></tr>
<tr><td>合计</td><td>总申请</td><td></td><td>总报销</td><td colspan="3"></td></tr>
</table>

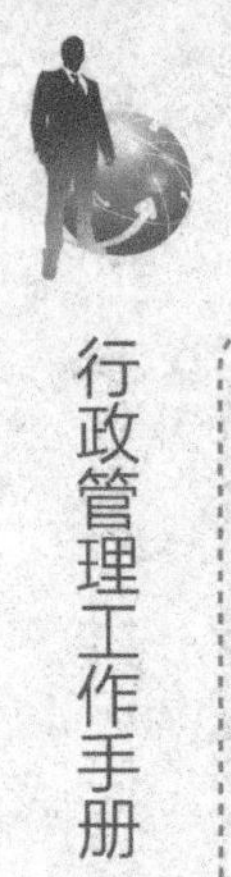

续表

申请人解释说明			
签字：________ 日期：____年____月____日			
直接领导意见			
签字：________ 日期：____年____月____日			
总经理意见			
签字：________ 日期：____年____月____日			
财务审核			
会计审核		审核日期	
主管签字		签字日期	
领取人签字		签字日期	
备注			

文书印章管理实操

3.1 文书如何管理

通过公文的方式传达企业内外部重要信息是企业行政管理中重要的一部分。为了保证企业公文能准确传达信息，使公文内容能最大限度地发挥作用，行政部应做好文书管理工作。

3.1.1 明确文书撰写标准

(1) 文书主旨确立标准

行政部文书人员在进行文书撰写工作前，应明确文书撰写的目的，了解为什么撰写文书，使确定的文书主旨正确、集中、鲜明，防止文不对题的现象出现。具体标准如图 3-1 所示。

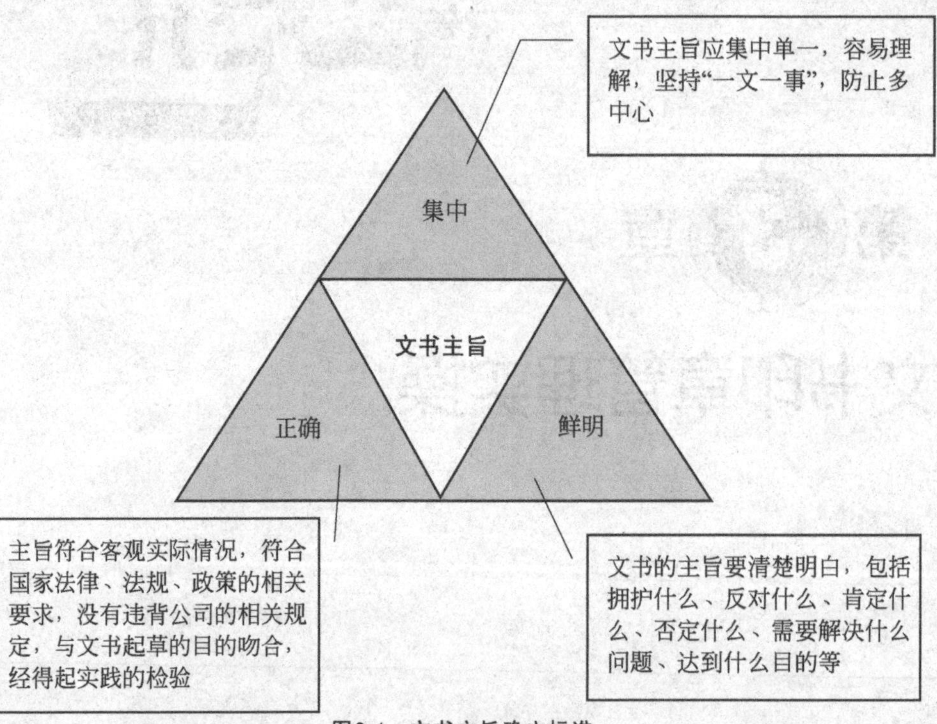

图3-1　文书主旨确立标准

对于文书主旨的明确，可从 3 个方面进行，具体如表 3-1 所示。

(2) 材料的选取和使用标准

撰写文书使用的材料越多，在进行文书撰写时越游刃有余。但选材并非来者不拒，应保证所选取和使用的材料要真实、准确、典型、新颖。具体如图 3-2 所示。

表3-1 明确文书主旨的路径

路径	说明
上一级文件	上一级文件是指对本次文书内容具有强烈相关的指导性、方向性的文件。在进行文书撰写前，应认真学习、深刻领会和全面掌握上一级文件的精神、所提出的规定、需要解决的问题等
领导意图	文书往往是企业决策层的决策表现，拟稿人在接受文书起草任务后，要准确领会领导的意图
工作实践	文书的编写是为了解决实际工作中的问题。因此文书撰写人员应深入实际工作中，收集整理大量资料，并结合不同时期的发展特点，把握文书的主旨

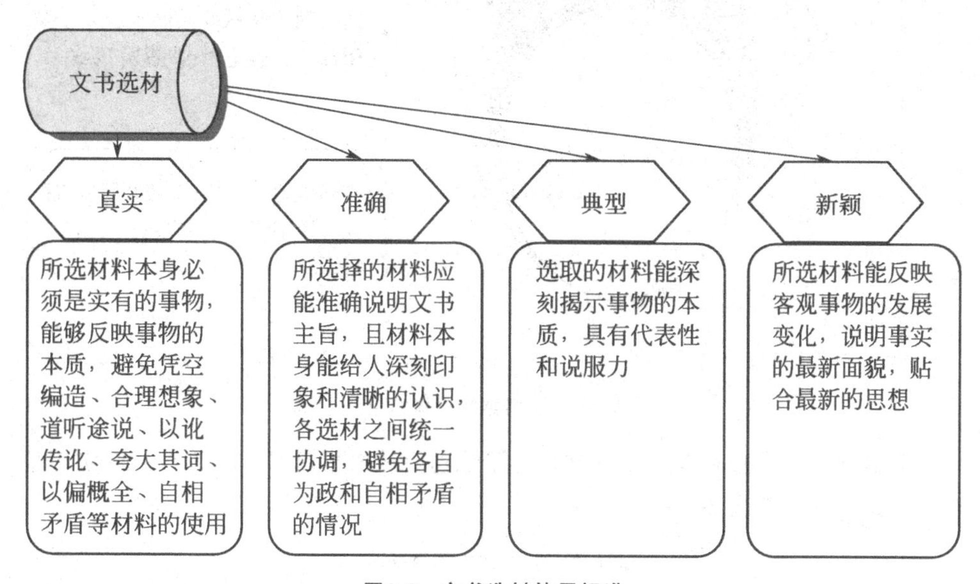

图3-2 文书选材使用标准

为了更好地收集文书撰写材料，文书撰写人员可以从不同的角度去寻找合适的材料，具体可参考图3-3。

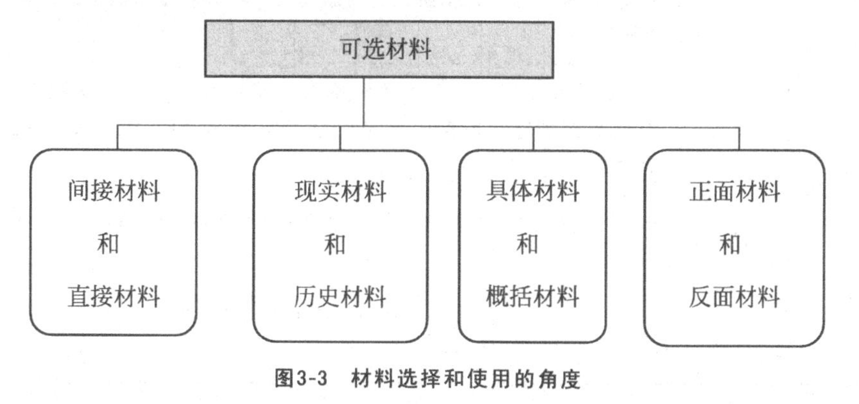

图3-3 材料选择和使用的角度

(3) 文书结构安排标准

文章内部的组织构造是否完整，各部分的衔接是否严密，将会影响文书主旨表达的清晰度和准确度。因此，文书结构必须遵循图 3-4 中的标准。

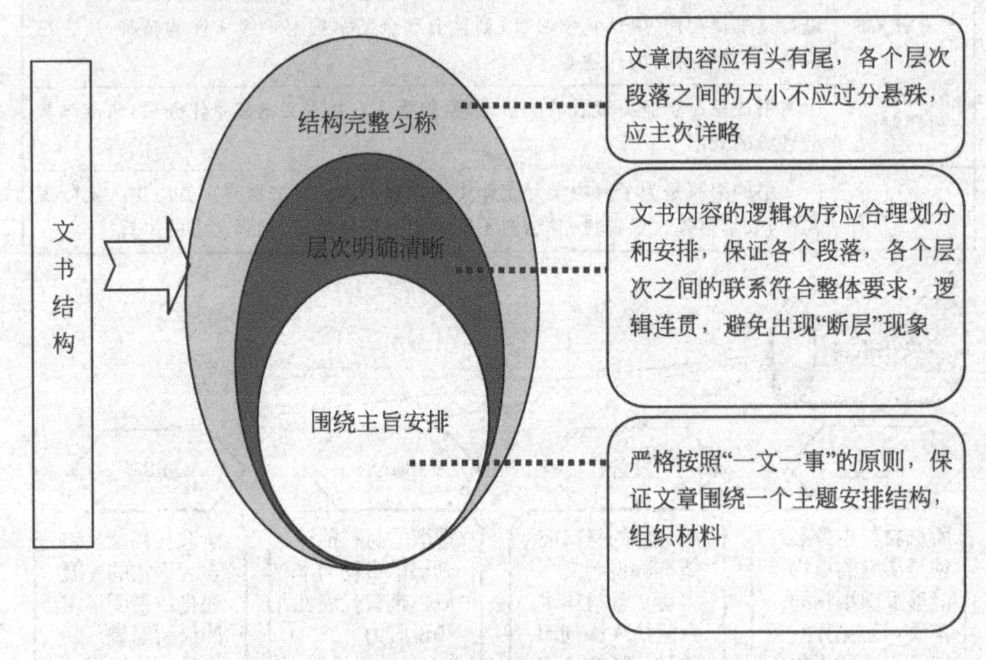

图3-4　文书结构安排标准

文书结构的安排有其规律可循，为了快速完成文书撰写，可以套用固定模板进行，具体可参考表 3-2。

表3-2　文书结构使用参考

结构		说明
纵向结构	直叙式	结构上按照事物发展顺序，如按照时间先后顺序，或以事情发生变化过程顺序，将事件分成几个阶段进行叙事，内容单纯、叙事性强的文种常用此类结构
	递进式	对事物事理采用逐层深入进行剖析，如采用由表及里，由点到面，由浅入深，由性感到理性等结构，围绕中心主题，摆出论据，步步深入，最终突出结论
横向结构	并列式	作者在安排层次时，材料与材料之间为并列关系，都是同一个问题中不同的方面
	总分式	文章结构通过总结归纳和分项说明的方式安排，一般有“总—分—总”“总—分”“分—总”等结构

续表

结构	说明
纵横交叉结构	当文书内容丰富、篇幅较长、信息量较大时，可采用交叉结构。交叉结构的文书中既有纵向结构，又有横向结构，但整体主从有序。一般交叉结构中同一层次材料采用同一种组合结构

(4) 语言使用标准

文书撰写应采用规范化的语言，在一些规定的位置和表达中，应使用固定的语言，具体如图3-5所示。

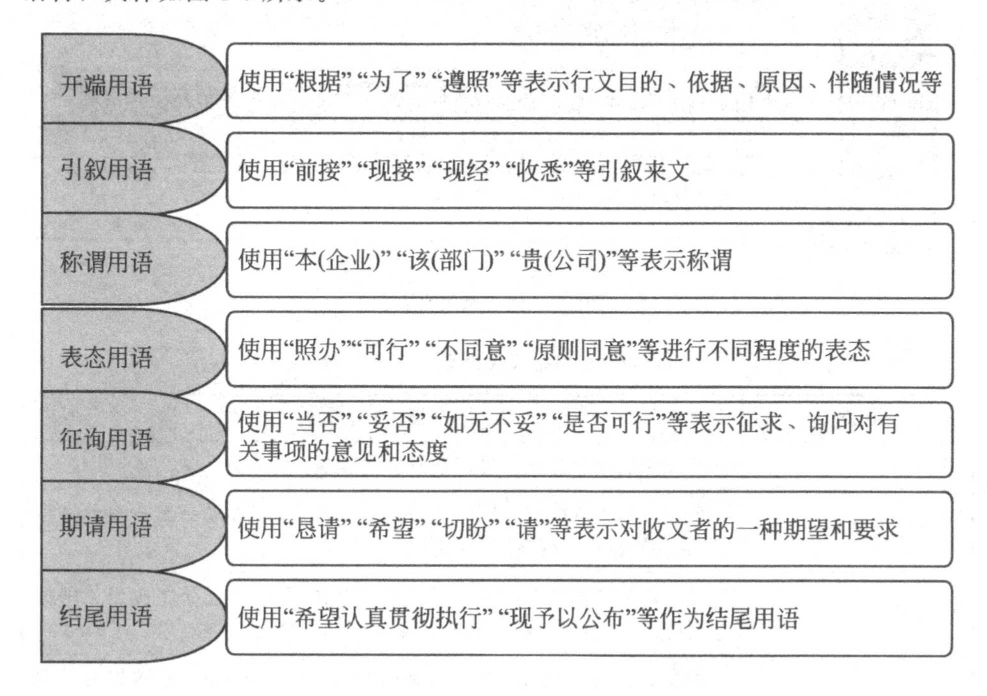

图3-5 固定语言使用

(5) 文书修改标准

从起草文书到最终定稿，往往要经历多次修改，“一稿成文”的可能性几乎为零，根据经验来说，好文章都是改出来的。对于文章的修改需要有的放矢，避免盲目修改。具体修改的范围可参考图3-6所示。

(6) 文书格式关键要素

文书格式组成要素包括份号、密级和保密期限、紧急程度、发文机关标志、发文字号、签发人、标题、主送机关、正文、附件说明、发文机关署名、成文日期、印章、附注、附件、抄送机关、印发机关和印发日期、页码等组成。关键要素的书写标准如表3-3所示。

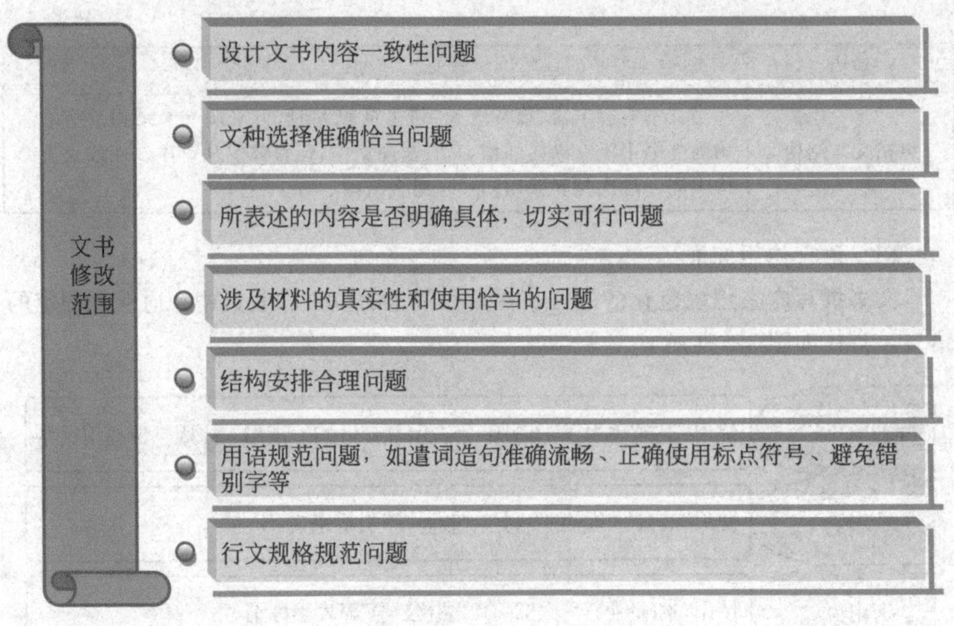

图3-6　文书修改范围

表3-3　文书格式关键要素书写标准

要素	解　　释
份号	公文印制份数的顺序号。涉密公文应当标注份号
密级和保密期限	公文的秘密等级和保密的期限。涉密公文应当根据涉密程度分别标注“绝密”“机密”“秘密”和保密期限
紧急程度	公文送达和办理的时限要求。根据紧急程度，紧急公文应当分别标注“特急”“加急”，电报应当分别标注“特急”“加急”“平急”
发文机关标志	由发文机关全称或者规范化简称加“文件”二字组成，也可以使用发文机关全称或者规范化简称。联合行文时，发文机关标志可以并用联合发文机关名称，也可以单独用主办机关名称
发文字号	由发文机关代字、年份、发文顺序号组成。联合行文时，使用主办机关的发文字号
签发人	上行文应当标注签发人姓名
标题	由发文机关名称、事由和文种组成
主送机关	公文的主要受理机关，应当使用机关全称、规范化简称或者同类型机关统称
正文	公文的主体，用来表述公文的内容
附件说明	公文附件的顺序号和名称

续表

要素	解　释
发文机关署名	署发文机关全称或者规范化简称
成文日期	署会议通过或者发文机关负责人签发的日期。联合行文时，署最后签发机关负责人签发的日期
印章	公文中有发文机关署名的，应当加盖发文机关印章，并与署名机关相符。有特定发文机关标志的普发性公文和电报可以不加盖印章
附注	公文印发传达范围等需要说明的事项
附件	公文正文的说明、补充或者参考资料
抄送机关	除主送机关外需要执行或者知晓公文内容的其他机关，应当使用机关全称、规范化简称或者同类型机关统称
印发机关和印发日期	公文的送印机关和送印日期

(7) 公文格式的排版和用纸

对于排版和用纸有统一的要求，作为文书必须清楚知道用纸、汉字排列、版面划分、版面排列的规格。规格清单如表 3-4 所示。

表3-4　公文格式的排版和用纸规格

要素	规格
汉字排列	公文排列汉字要依照从左到右的原则，排列少数民族文字时，要按其书写习惯进行排列
用纸	采用标准 A4 型(成品尺寸 210mm×297mm)纸型
版面划分	版面划分为眉首、主体和版记三个部分
版面排列	天头(上白边):37mm±1mm
	订口(左白边):28mm±1mm
	版心尺寸:156mm×225mm
	文字格式:3 号仿宋字体，每页排 22 行，每行 28 个字

(8) 各类文书写作格式要求

文书写作不是创作，其书写有其规定的书写格式和要求。因此，文书写作应在规定格式内展现。表 3-5～表 3-20 为各文类的写作格式要求。

表3-5　计划

组成		内容及撰写要求
标题	单位名称	计划单位名称应采用要用正式、规范的称呼
	计划时限	时限要具体写明，以便于实施和对过程控制

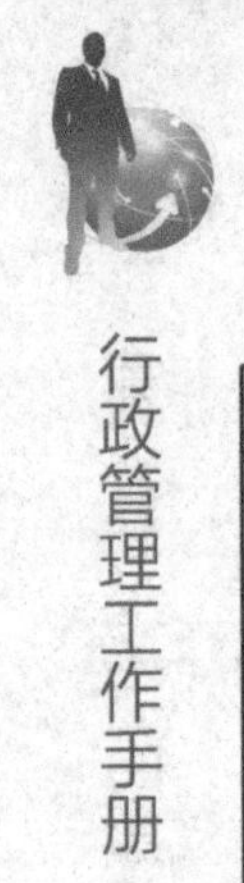

续表

组成		内容及撰写要求
标题	计划内容	在计划标题部分应标明本计划所针对的问题
	计划名称	提炼计划主要内容，准确精练地对计划命名
正文	计划内容	通过分析、阐述现状，表明计划制订的根据
	计划目标、任务和要求	内容应具体明确、并落实责任
	方法、步骤和措施	提出计划实施的指导性意见和方向

表3-6 简报

组成		内容及撰写要求
报头	名称	为了醒目起见，字号宜大，尽可能用套红印刷
	期号	一般按年度依次排列期号，有的还可以标出累计的总期号
	编印单位	应标明编印单位的全称
	印发日期	以领导签发日期为准，应标明具体的年、月、日
报核	标题	标题直接揭示主题，简短醒目
	导语	用简明的一句话或一段话概括全文的主旨
	主体	用典型的、有说服力的材料，把导语内容具体化
	结果	结尾指明事情发展趋势，或提出希望及今后打算
	背景	交代事件发生的背景
报尾		在简报最后一页下部，用一横线与报核隔开，横线下左边写明发送范围，在平行的右侧写明印刷份数

表3-7 贺信

组成	内容及撰写要求
标题	一般以“祝贺信”三字为标题，或在前边添加事由
称呼	收文单位或个人的名称或称谓
正文	撰写当前形势或发展概况以及对方付出的努力和获得的成绩
结束	热烈表达对收文者的祝贺之情以及未来期望
落款	祝贺信作者的名称和写信时间

表3-8 慰问信

组成	内容及撰写要求
标题	一般以“慰问信”三字为标题，或“致××（单位或个人）”的慰问信
称呼	收文单位或个人的名称
正文	包括慰问的背景、事件、原由及事实依据
结束	提出希望或给予慰勉、祝愿等以表达慰问之情
落款	慰问信作者的名称和写信时间

表3-9 感谢信

组成	内容及撰写要求
标题	一般以“感谢信”三字为标题，字体较大以明示
称呼	被感谢者名称，可以是个人或单位
正文	简单描述感谢事项过程或内容，说明感谢原因，表达感谢之情
礼貌用语	一般使用“此致”“敬礼”等用语
落款	感谢者的名称和时间

表3-10 表扬信

组成	内容及撰写要求
标题	一般以“表扬信”三字为标题，字体较大可明示
称呼	对被表扬单位或个人的称呼
正文	撰写表扬的原因、事迹的过程，最后表达对被表扬者行为的感受
礼貌用语	一般使用“此致敬礼”或“谨表感谢”等用语
落款	表扬信作者的名称和写信时间

表3-11 建议书

组成		内容及撰写要求
标题		标题一般在第一行写上“建议书”字样，或是“关于××的建议书”
称呼		称呼要求注明受文单位的名称或个人的姓名
正文	建议原因	先阐明提出建议的原因、理由以及自己的目的
	具体建议	一般建议内容要分条列出，力求做到清晰醒目
	表明心情	表明自己希望采纳的想法，同时也应谨慎虚心
礼貌用语		结尾一般是表示敬意或祝愿的话语
落款		落款为提建议的单位或个人的称呼姓名，并署上成文日期

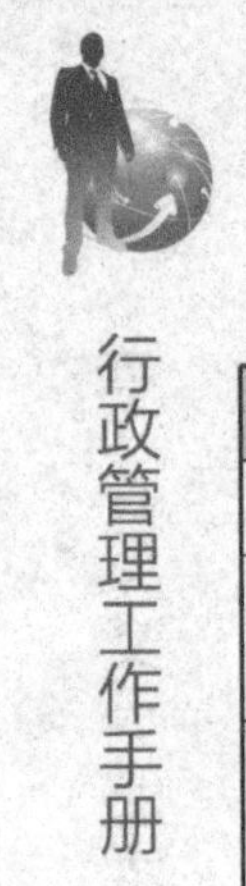

表3-12　申请书

组成		内容及撰写要求
标题		标题一般写申请书的名称，如“入党申请书”
称呼		也称为“抬头”，在标题下空一行顶格写称呼，后加冒号，如“××经理”
正文	阐明理由	阐明提出申请的原因、理由
	提出请求	请求明确、具体、合情合理
	表明态度	表明希望批准的意愿
结尾		表示感谢或祝颂
署名		在结尾下一行靠右写上申请单位或个人的称呼，并署上成文日期

表3-13　总结

组成		内容及撰写要求
标题		总结的标题一般由总结单位名称、总结时间、总结内容或种类 4 部分组成
前言		即写在正文前的概述语言，目的是让读者对总结的全貌有一个整体了解
正文	经验和成绩	即表述成绩、做法之后分析成功的原因，并结合主客观条件总结得出经验
	存在的问题	坚持一分为二的两点论，既看到成绩又看到存在的问题，分清主流和枝节
	主要的教训	写教训时应态度诚恳、用语恰当、实事求是，坦诚面对过失，勇于承担责任
结尾		一般表明今后努力的方向，或是今后的打算，该部分内容应精炼、简洁
落款		包括署名和日期，如把单位名称已写在标题下方，则落款只写日期即可

表3-14　报告

组成	内容及撰写要求
标题	可直接使用“请示”二字，也可加入相关事项
称呼	上级的称谓
正文	包括请示的缘由，具体事项说明、提出的建议等内容

续表

组成	内容及撰写要求
结束	用简洁的文字概括所请示的事项和目的
落款	如使用带有红头文件的纸张，可直接写日期，普通纸张应写出请示者

表3-15 请示

组成	内容及撰写要求
标题	可直接使用“请示”二字，也可加入相关事项
称呼	上级的称谓
正文	包括请示的缘由，具体事项说明，提出的建议等内容
结束	用简洁的文字概括所请示的事项和目的
落款	如使用带有红头文件的纸张，可直接写日期，普通纸张应写出请示者

表3-16 贺电

组成		内容及撰写要求
首部	标题	即文种的名称“贺电”
	称谓	即对受贺单位或个人的称呼，如是单位写全称，如是个人加上“先生”“女士”等
正文	开头	说明祝贺的前提和背景，常用的句式“在……之际”“欣闻你在……取得了优异成绩，为此向你表示祝贺”
	主体	不同类型的贺电，主体内容稍有不同。其分为会议贺电、荣誉贺电、祝寿类的等
	结尾	给予鼓励和支持，或者提出希望
尾部		有署名和日期内容

表3-17 请柬

组成	内容及撰写要求
标题	可直接使用“请柬”二字做标题，也可加入相关事项，如“庆祝×××活动的请柬”
称呼	被邀请者的姓名，一般加上尊称“先生”“女士”等
正文	只有一句话，写明活动的名称、地点、时间。时间、地点一定要明确、具体
结语	表礼貌和尊重。常用“敬请光临”等
落款	在右下方写上邀请单位名称或个人姓名，注明日期

表3-18 欢迎词

组成		内容及撰写要求
首部	标题	一般用“欢迎词”做标题，也可写“×××同志在×××会上的欢迎词”
	称呼	集体称呼时采用“各位来宾”或“女士们”“先生们”等；对个人称呼为“姓名＋职务”
正文	主体	是核心部分，表达对来宾欢迎之意，阐明来宾到达的意义，以及交往的友情
	结语	再一次表达对来宾欢迎之意，也表祝愿或感谢，如“为了×××干杯”等
结尾		由署名和时间组成

表3-19 答谢词

组成		内容及撰写要求
标题	完全性标题	由致词人＋事由＋文种构成
	省略性标题	事由＋文种构成
	简单性标题	只写文种《答谢词》
称谓		对答谢对象的称谓，要把所有要答谢的人都包括进去
正文	开头	表达感谢之意，倾吐心声
	主体	叙述交往，强调支持和帮助，提出进一步发展友谊或合作的期望
	结尾	再次表示感谢和祝愿

表3-20 会议开幕词

组成	内容及撰写要求
标题	一般以会议的名称加上“开幕词”组成，也可以主副标题的形式表现
时间	写在标题下方，并加上括号，表示发言人致开幕词的时间
署名	即开幕词致词人的名字，写在时间下方
称呼	对与会者的称呼
正文	具体阐述会议目的和任务，应做到语言简洁、短小精炼、振奋人心

3.1.2 规范文书收发管理

借助办公自动化系统（OA）管理文书收发工作已经成为目前提高企业文书

收发管理效率的主要方式。但企业在使用OA系统前，需要对文书收发工作进行规范化，保证文书收发工作真正准确合理有效。

（1）文书收文管理

当行政部收到相关文件后，需要第一时间对文件进行签收和登记，而后将文件分送至相关部门批示和传阅，并明确承办部门。具体内容如表3-21所示。

表3-21 文书收文内容

序号	项目	具体内容
1	签收登记	◆行政人员收到文件时，清点、检查无误后填写送件回单，并注明收件的具体时间 ◆清点无误后，按照来文机关或部门进行分类、整理、编号，将文件登记在收文登记簿上 ◆填写公文处理单，提出拟办意见，并将与文件有关的文件资料附在文件之后，供总经理参考
2	分送文件	◆行政人员将所收到的各种文件，按照总经理批办意见和固定的分发办法分别送达各部门 ◆对于分送的文件，行政人员一般应在文件眉头右上方加盖文戳记，填明编号、收文日期等，对于不需要登记的一般文件、简报等，也应在文件右上角写明领导的姓名和部门名称，以示区别 ◆由各部门办理的文件，要附上具有总经理批办意见的来文承办卡；涉及几个承办部门的文件，要将来文承办卡复印后分别附在文件上 ◆要求退回归档的文件，要在文件上标明“阅后请退回归档”字样，以便及时收回，防止散失 ◆需要请领导批示的文件，要附上收文承办卡。需要同时分送几位领导并请各位领导表明意见的文件，为避免领导互相批阅，分送时要附上领导批示卡
3	传阅文件	◆各部门根据分发意见传阅文件 ◆传阅文件应严格遵守传阅制度和保密规定 ◆阅读文件应抓紧时间，在规定时间范围内阅读完毕
4	明确承办	◆承办部门接到文件，应及时办理 ◆对相关领导的批文意见，如发现意见不具体、授权不清楚或有疏漏之处，应及时进行明确 ◆对于上级下发的阅知文件，各部门应根据领导批示意见及时执行 ◆涉及两个部门以上联合承办的事项，应协调好工作

接收公文时所使用的收文登记簿如表3-22所示。

表3-22　收文登记簿

收文		发文单位	联系人	公文类型	主题	有无附件	密级	速级	签收	备注
日期	文号									

为规范化管理文书收文工作，行政部可制定相应的管理制度对收文实施进行管理。下面为一公司的行政文书收文管理实施办法，仅供读者参考。

行政文书收文管理实施办法

第1条　为提高本公司的工作效率，切实规范行政文书收文的工作流程，特制定本实施办法。

第2条　本公司所有发文由行政部负责管理。

第3条　凡送到公司的公启文件均由行政部登记签收后分别交各部门相关人员拆封。在签收和拆封时，行政人员需注意检查封口和邮戳。对开口或邮票撕毁函件应查明原因，对密件开口和国外信函邮票被撕应拒绝签收。

第4条　对上级发来的文件，行政人员要进行信封、文件、文号、机密编号“四对口”检查，发现问题，应立即报告上级相关部门，并登记差错文件的文号。

第5条　行政人员对上级来文拆封后应及时附上“文件处理传阅单”，并分类登记、编号、保管。

第6条　本公司外出人员开会带回的文件及资料应及时送交行政部进行登记编号保管，不得个人保存。

第7条　凡正式文件均需经行政部经理根据文件内容和性质阅签后，由行政人员分送承办部门阅办，重要文件应呈送总经理亲自阅批后分送承办部门阅办。为避免文件积压误事，一般应在当天阅签完毕，紧急文件要即阅即办。

第8条　一般函、电等公文，分别由前台秘书直接或分转处理。

第9条　为加速文件运转，秘书应在当天或第二天将文件送到承办部门，如果关系到两个以上的业务部门，应按批示次序依次传阅，最迟不得超过两天(特殊情况除外)。

第10条　传阅文件应严格遵守传阅范围和保密规定，任何人不得将有密级的文件带回家、宿舍和公共场所，也不得将文件转借其他人阅看。对尚未传达的文件不得向外泄露内容。

续表

第11条 阅读文件应抓紧时间，当天阅完后应在下班前将文件交行政部，阅批文件一般不得超过两天，阅后应签名以示负责。如有领导“批示”“拟办意见”的，应责成有关部门和人员按文件所提要求和领导批示办理有关事宜。 第12条 阅文时不得抄录全文，不得任意取走文件夹内任何文件及附件，如确系工作需要，要办理借阅手续，以防止丢失泄密。 第13条 行政秘书对文件负有催办、检查、督促的责任，承办部门接到文件、函、电应立即指定专人办理，不得将文件压放、分散。如需备查，应按照有关保密规定，并征得行政经理同意后，予以复印或摘抄，原件应及时归档、周转。 第14条 行政部对本制度具有解释权和修改权。 第15条 本制度经行政经理审核后，自颁布之日起施行。

(2) 文书发文管理

行政部根据不同的工作需要，向各部门发文，一般来说，在公司中涉及的发文类型包括10种。具体如表3-23所示。

表3-23 行政文书发文类型

序号	文件类型	适用范围
1	请示	请上级指示和批准
2	报告	向上级机关汇报工作，反映情况
3	指示	向下级机关布置工作，阐明工作、活动的指导原则
4	布告、通告、公告	①对公众公布应当遵守或周知的事项，用“布告” ②在一定范围内公布应当遵守或周知的事件，用“通告” ③向员工宣布重大事件，用“公告”
5	批复	答复请示事项
6	通知	传达上级的指示，即要求下级办理或者需要知道的事项；批转下级的公文或转发上级、同级和不相隶属单位的公文
7	通报	表扬好人好事，批评错误行为，传达重要情况以及需要所属各单位知道的事项
8	决定、决议	①对某些问题或者重大行动作出安排，用“决定” ②经过会议讨论通过，要求贯彻执行的事项，用“决议”
9	函件	平行的或不相隶属的单位之间互相商洽工作，向有关主管部门请示批准等询问和答复问题
10	会议纪要	传达会议议定事项和主要精神，要求有关单位共同遵照执行

规范化行政部文书发文操作能有效保证发文有迹可循，避免出现不必要的失误。下面为一公司的行政文书发文操作管理规范，仅供读者参考。

行政文书发文操作管理规范

第 1 条　为提高本公司的工作效率，切实规范行政文书发放的流程，特制定本操作规范。

第 2 条　本公司所有发文由行政部负责管理。

第 3 条　本公司上报下发正式文件的工作集中在行政部，各部门一律不得自行向上、向下发送正式文件。

第 4 条　凡是以行政部名义发出的文件、通告、决定、决议、请示、报告、会议纪要和会议简报，均属发文范围。

第 5 条　行政部下发文件主要用于以下六个方面。

1. 公布全公司的规章制度。

2. 转发上级文件或根据上级文件精神制定的公司文件。

3. 公布公司体制机构变动或干部任免事项。

4. 公布全公司性的重大生产、技术、经营管理、政治工作、生活福利等工作的决定。

5. 发布有关奖惩的决定和通报。

6. 其他有关全公司的重大事项。

第 6 条　发文必须按照公司文书管理制度，统一格式、统一编号、统一校稿、统一发布和统一登记存档。

第 7 条　各部门职责范围内的公文，需按公司统一的发文格式自行拟稿，由部门经理审核后交给行政部审查修改。

第 8 条　所有发文的纸质文本必须有拟稿人、核稿人、批准人和抄送人的签字，发送的纸质文本和电子文本应同时送达接收单位。

第 9 条　涉及公司法规制度和重大事项的，如经济活动相关的文件，必须由总经理和相关部门共同制定，讨论修订，协商一致，经有关负责人 2/3 以上人员签字后，由总经理批准签发。

第 10 条　发文程序

1. 各部门需要发文时，应事先向行政部提出申请。

2. 行政部同意发文后，各部门要草拟文件初稿，并由部门经理审核后交到行政部。

(1)草拟文件必须从公司的角度出发，做到情况属实、观点鲜明、层次清楚、文理通顺、文字简练、书写工整，其中所用的数字、计量单位、人名、地点、时间和引文等要认真核实，做到规范划一、准确无误。草稿应使用蓝墨水笔或碳素笔进行书写，严禁使用铅笔、圆珠笔、红墨水笔和彩笔。

(2)文稿拟好后，拟稿人应详细写明发送范围、份数和密级。

3. 行政部对各部门所交的文稿进行审查和修改。

(1)行政部对文稿的内容、格式、逻辑进行审查，对严重不符合要求的应退回重新拟稿。

(2)经审查修改后，呈送行政总监审批稿件。

4. 会签和签发。

需会签的文稿，应由行政部组织相关部门进行会签；会签结果必须由行政经理进行审批签发。

5. 印发。

行政部对批准签发后的文稿进行统一编号、打印，按文件发送范围进行分发。

第 11 条　发文注意事项

1. 电子文件不需要落款，成文时间必须要用中文格式，如“二〇一二年七月十二日”。

续表

2. 公文如有附件，应当在正文之后空一行再空两格，成文时间之前注明附件顺序和名称，并把附件放在附件栏中。如“附件：1. ×× 2. ×× 3. ××”。

3. 签批人应当明确签署意见，并写上姓名。

4. 抄送多个单位，中间用逗号隔开，结尾用句号。如“抄送：××，××，××。”

5. 印发前，应再次检查文件的正确性和完整性，查看是否注明文件的发送范围、份数和密级。

第12条 行政部对本操作规范具有解释权和修改权。

第13条 本操作规范经行政经理审核后，自颁布之日起施行。

公文发放后，应填写公文发放记录表存档，以方便公文执行催办。具体表单如表3-24所示。

表3-24 公文发放记录表

发文		收文单位	联系人	公文类型	主题	有无附件	密级	速级	签收	备注
日期	文号									

3.1.3 加强公文执行督办

（1）公文执行催办检查

催办检查指对公文承办过程所实施的督促与检查的活动，促进公文效用尽快而有效地实现。催办工作应包括对收文拟办、批办及承办等各个环节的督促检查，催办工作通常是由本机关的文秘人员负责催办。

催办不仅仅指公文承办环节的催办，而是作为一项监督检查机制而设立的控

制环节。具体的公文催办范围如图 3-7 所示。

①上级领导、本机关领导交办的事项或需办复的公文

②同级或其他不相隶属机关要求答复和办理的事项

③下级机关的请示

④会议决议中需要办理落实的重要事项

⑤人大代表的议案和政协委员的提案

⑥重要事故、事件、人物等专案的处理

⑦群众来信来访要求答复与处理的重要事项

图3-7　公文催办范围

根据其内容、对象、手段的不同，催办的形式可以多样，具体内容如图 3-8 所示。

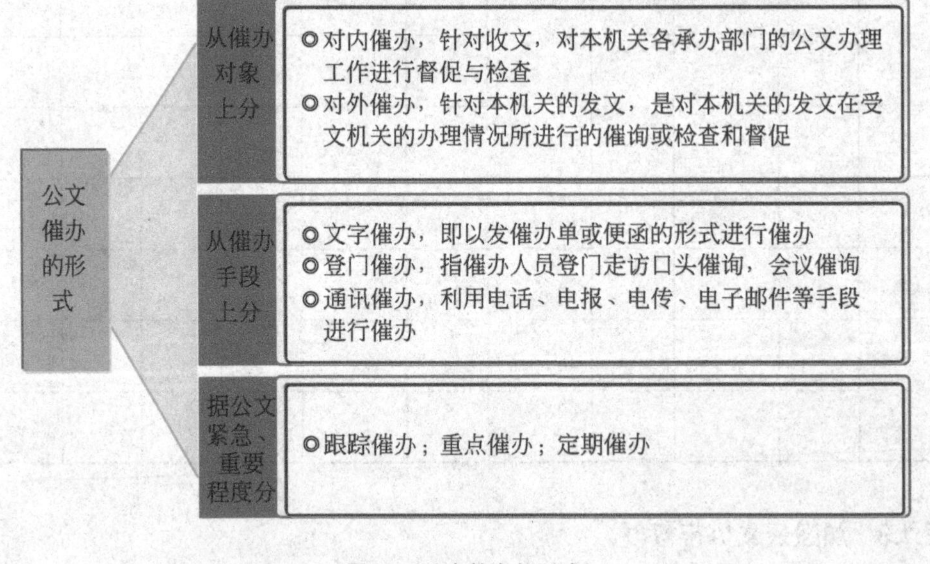

图3-8　公文催办的形式

(2) 催办检查的工作事项

文秘人员要做好公文执行督办检查工作，具体内容如图 3-9 所示。

在进行文件督办时，可使用文件督办通知单，向相关责任人发出催办要求，具体表单如表 3-25 所示。

◎上报审批的各类文件和统计资料，均应按照审批程序和局领导分工负责的原则办理

◎文件批办实行归口管理，审批的文件和办理的公文，均按收文程序分送分办

◎据密级程度标明"绝密""机密""秘密"；密级公文应在公文首页右上方标明秘密等级，"绝密""机密"文件在左上角标注份数序号；紧急公文标明"特急""急件"

◎控制文件数量，包括统计年报和定期报表制度等重要工作等内容，由主要领导签发

◎向新闻媒介、网站和社会各界提供的重要宣传稿件及重大信息，一般由科室负责人审核，总经理或分管副总经理签发

◎凡是上级党政机关和业务部门发来的文件、资料，应由机要室进行登记，文秘部门批办，送主要领导阅读、批示，并按批示内容办理

◎阅读文件必须严格限制在办公室或保密室内进行，不准外带，阅后及时收回分类立卷

◎办文后，应根椐《档案法》和有关规定，及时将公文定稿、正本等材料整理立卷

◎公文归档，据其相互联系、特征和保存价值分类整理立卷，保证齐全，利于管理

◎公文案卷应明确专人保管，定期向档案部门移交

图3-9　公文执行督办检查事项

表3-25　文件督办通知单

<table>
<tr><td colspan="2">密级：(2017)第________号

承办单位名称：____________________
现将
督办单位名称：____________________

（印鉴）
____年__月__日</td></tr>
<tr><td>要求</td><td>1. ____年____月____日以前文字回告
2. 回告件一式五份，经送
联系电话：________________</td></tr>
</table>

3.2 印章如何管控

印章是国家、社会机构、组织、个人的特定标记，它更是企业必不可少的标记。任何一个企业或领导的印章、签名手迹都有一定的权威性。在其职权范围内所发布的命令、指示、规定、制度等，加盖印章后，就会发生效力。所属部门和人员就要服从、执行、照办。除此以外，各种各样的文凭证据，只有加盖印章后才能生效，才能表明某个部门或领导对此负有责任，人们才会相信它的效力。

3.2.1 明确刻制要求

(1) 应该刻制什么印章

企业的印章包括公章、法人章、财务专用章、合同专用章、发票专用章以及其他印章等。企业印章代表着企业全部或某方面的意志，不正确使用可能会给企业带来巨大的损失。各种印章在企业管理中的作用如表 3-26 所示。

表3-26 印章种类及作用表

印章种类	各类印章的适用范围
公章	在所有印章中具有最高的效力，是法人权利的象征，除法律有特殊规定外(如发票的盖章)，均可以用公章代表法人意志，凡是以公司名义发出的信函、公文、合同、介绍信、证明或其他公司材料均可使用公章
法人章	在规定的有限用途内使用，如税务申报，开支票等
财务专用章	其用途为办理单位会计核算和银行结算业务等
发票专用章	其是企业用于开具发票使用的印章
合同专用章	企业对外签订合同时使用，可以在签约的范围内代表单位，企业需承受由此导致的权利义务；公章可以代替合同专用章使用
其他业务章	①包括物资进出库专用章、档案专用章、招标业务专用章、投标专用章等，还有企业隶属各级职能部门、基层单位的公章等 ②这些印章主要是在企业内部使用的，或者是在企业集团内部、上下级对口业务部门之间使用的。一般来说，不能在企业的外部使用。这些内部章的加盖仅是该事实的确认

印章刻制要求因为企业性质的不同而不同，但由于印章具有法定性、权威性和效用性的特点，所以，印章刻制必须满足合法、标准的要求。两项要求的具体说明如图 3-10 所示。

(2) 印章刻制申请与许可

行政人员应根据印章管理规定及印章种类，填写印章刻制申请，并将其报相

关主管领导审核审批。印章刻制申请应写明申请人、申请日期、申请章类、刻章状况、印章内容、印章形状、印章材质、印章尺寸、印章刻制原因、相关领导意见等信息。

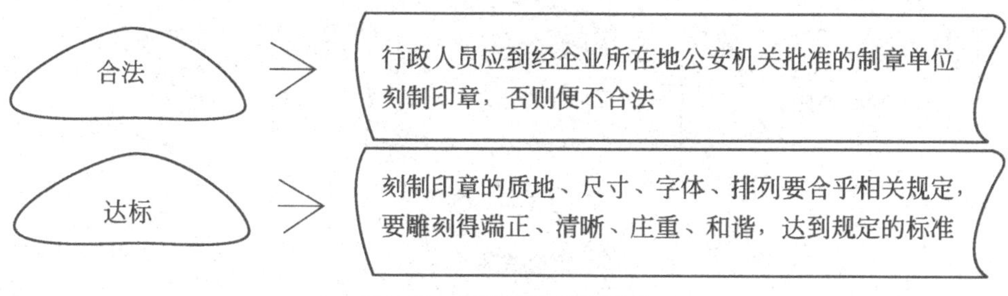

图3-10　明确印章刻制要求

表 3-27 为某公司“印章刻制申请表”示例，供读者参考。

表3-27　印章刻制申请表

申请刻章部门		申请人		申请日期	
申请章类	□公司公章　□财务专用章　□人事专用章 □合同专用章　□部门专用章　□其他，请注明				
刻章状况	□初次 □第　次	印章内容		印章形状	
印章字体		印章制造材料		印章尺寸	
申请刻制原因	□新刻制，原因： □原章损坏，损坏原因： □其他：				
部门主管意见	签名：　日期：　年　月　日				
行政部意见	签名：　日期：　年　月　日				
主管副总意见	签名：　日期：　年　月　日				
总经理意见	签名：　日期：　年　月　日				

（3）印章刻制与验收备案

行政人员在企业所在地公安机关办理印章刻制许可证后，应持有效手续到公安机关指定的印章刻制单位刻制印章。刻制印章时，行政人员应主动向刻制单位出具图 3-11 所示的四项资料。

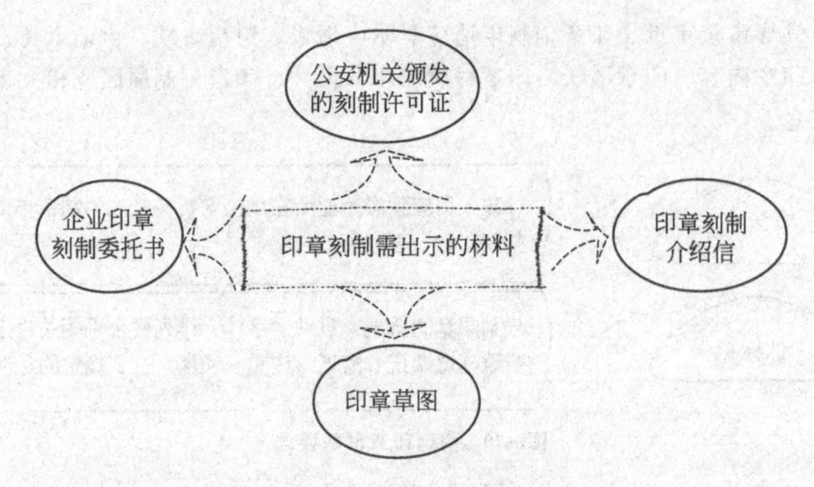

图3-11　印章刻制手续

行政人员应根据印章的种类明确印章刻制的具体规格、材质标准，并填写“印章样式规定表”一般而言，“印章样式规定表”格式及涉及的内容如表3-28所示。

表3-28　印章样式规定表

印章种类	印模	文字	字体	图案	形状及尺寸	材质
公司印章、董事会印章、监事会印章			宋体	带五角星	圆形，外直径为　mm	塑质
公司专用章（除财务专用章外）和分公司印章			宋体	带五角星	圆形，外直径为　mm	塑质
分公司人事专用印章			宋体	带五角星	圆形，外直径为　mm	塑质

印章刻制完毕后，行政人员应到刻制单位将印章取回。取回时，行政人员要仔细地对刻制好的印章进行检查、验收，确保印章的文字、材质、规格、形状、数量等符合本企业的刻制要求。另外，行政人员要对新印章进行登记，然后按照公司规定的手续移交给专门的人员负责保管，并做好移交登记。

印章刻制完毕后，印章刻制申请单位及印章刻制单位均应留下印模，以备后查。另外，行政人员还应该将印模交公安机关备案，同时，做好印章刻制戳记，留样保存，以便备查。

3.2.2　加强印章保管

（1）保管要求

印章的保管分为两部分：一是对印章本身的保管；二是对印鉴簿的保管，具

体保管规定如表 3-29 所示。

表3-29　印章保管要求

类型	具体要求
印章	①公司印章的保管，实行印章专人保管、负责人印章与财务专用章分管制度，并严格执行保管人交接制度 ②正式印章、人事专用印章启用前，有关部门应将印章保管人员名单报公司主管部门备案。印章使用过程中，保管人员如有变动，应在变动当日内通知公司主管部门 ③印章保管人因故临时请假，须更换印章保管人。单位领导应指定临时保管人，并做好交接记录 ④印章颁发单位和使用单位均须把已启用的各类印章印痕，批准启用的有关文件立卷归档，永久保存 ⑤印章应存放在配锁的办公抽屉里。节假日放在安全处，并贴封条。重新使用时，先验锁和封条。未经领导批准不得交给他人保管 ⑥二枚印章必须分开保管，不可一人同时保管使用，如财务负责人和会计应各自保管一枚印鉴章
印鉴簿	公司的重要印章和一般交易印章都代表着公司的权利和义务。因此，应将公司印章的印模制成印鉴簿交由行政部保存

（2）印章遗失和废止

当印章保管过程中出现遗失、损毁、被盗、内容变更或机构终止等情况时，应按照相关的规定进行处理，对于公司内发生变更或撤销的部门，行政部负责收缴该部门所用印章及用印记录，并组织有关法律人员将收缴的印章进行销毁，同时用印记录应按档案管理规定存档。具体可参考表 3-30 所示。

表3-30　印章保管特殊情况处理

情况	处理方法
印章遗失、损毁、被盗时	①印章保管人员应立即向上级汇报，并依照相关法规进行公告，使遗失的印章作废 ②各管理者应迅速向公司递交说明原因的报告书，行政部经理则根据情况依本章各条规定的手续办理
印章内容变更或机构终止时	①停止使用有关印章并交由行政部予以封存或销毁 ②印章管理部门在印章停用 5 日内，由保管人写出印章停用说明，经部门领导签字后上报行政部

印章销毁前，应填写销毁申请单，将销毁申请表存档。具体表单如表 3-31 所示。

表3-31 印章销毁申请表

<table>
<tr><td>印章种类</td><td colspan="3">□公章 □职衔印鉴章 □财务章 □职衔签字章 □部门章 □法人章
□合同章 □人事章 □校对章</td></tr>
<tr><td>印章文字</td><td colspan="3"></td></tr>
<tr><td>销毁理由</td><td colspan="3"></td></tr>
<tr><td>刻制日期</td><td></td><td>销毁日期</td><td></td></tr>
<tr><td>管理部门</td><td></td><td>销毁部门</td><td></td></tr>
<tr><td>申请人</td><td colspan="3"></td></tr>
<tr><td>申请部门意见</td><td colspan="3"></td></tr>
<tr><td>行政部意见</td><td colspan="3"></td></tr>
<tr><td>总经理意见</td><td colspan="3"></td></tr>
</table>

（3）保管人员要求

印章保管人员虽无独立使用权利，但具有监督和允许使用印章的权利。因此，企业必须挑选有责任心、敬业、忠诚的人员作为印章保管人。

3.2.3 规范印章使用

（1）使用范围

印章使用应在其规定的范围内使用，具体如图 3-12 所示。

（2）各类型印章使用规范

各类印章的使用应依照相应的手续进行。具体如表 3-32 所示。

①发送正式公文、电函、传真件等。

②报送或下达各类业务计划、业务报表等。

③签订授权委托书、人事任免等。

④签订重要业务合同、协议等。

⑤领取上岗证、先进集体和个人荣誉证书等。

⑥需要代表本企业加盖印章的其他批件、文本、凭证、材料等。

图3-12 印章使用范围

表3-32 各类印章使用规范

类型	使用规范
重要印章	①需要盖章时，申请人持需盖章文件及填写了使用目的、盖印期限、日期和盖印数量等规定内容的“重要用印申请书”，经所属部门的负责人批准，报行政部秘书室 ②接到申请的秘书室主管，确认手续完备和申请单填写无误后，将其与文件一起交行政部主管批复 ③行政部主管对文件的效用进行审查，对有关疑点进行质询后注明意见，呈报总经理。总经理在对上述过程及文件审查后，直接在文件上盖印 ④盖过印的文件及“重要用印申请书”由行政部经理返还秘书室，文件发还申请人。“重要用印申请书”的“处理结果”一栏由总经理填写，由秘书室统一保存 ⑤总经理若认为文件有不完善之处，要由行政部主管、秘书室主管依次向申请者反馈
一般交易印章	①将文件及登记了文件名称、盖印日期、文件内容等规定事项的“交易印章施印登记表”交行政部秘书室 ②接收上述文件及表格的行政部秘书室主管要亲自处理用印事务 ③行政部主管作为秘书室主管的上级，负有管理用印的责任

(3) 代行施印规范

用印时须由印章保管人员亲自用印，不能让他人代为用印，若印章保管人员为总经理，且因不得已的原因而不能自行用印时，要预先征得同意，方可委托常务董事代行用印。

(4) 办理时间

办理用印事宜应在正常工作时间之内。

（5）印章使用的权限

原则上不允许将印章带出公司。对确需将印章带出使用的，应填写“印章使用申请单”，写明外携用章事项，经部门经理签字和总经理审批通过后，方可由两人以上携带印章外出办理事项。

不允许在空白单证、纸张上加盖印章。如确因业务需要，须在“印章使用登记表”（见表3-33）上写明文件数，并经总经理批准后方能盖章。在文件内容实施后，应再次进行核准登记。

已经不能使用的加盖印章文件，必须交回财务部销毁。

表3-33 印章使用登记表

盖章时间	文件名称	发文号	公章类别	盖章次数	使用人	批准人	备注

3.3 信件/快递如何管理

企业与外部单位往来的各种信件/快递，需要行政部进行统一处理。为有效地处理往来信件/快递，行政部必须把握信件/快递处理规律，有效完成信件/快递处理工作。

3.3.1 规范分类与登记

（1）分类

信件/快递到达时，行政部人员应依据信件/快递的重要性对其分别归类。归类的次序一般为：重要信件/快递（限时信件或附有重要文件的信件）、函件、报刊/杂志、广告宣传材料、包裹。

① 亲启信函。未经允许，行政部人员一般不予拆封，尤其是写明领导或员工个人“亲启”的信件/快递，如误拆应立即封妥，并注明误拆字样。

② 报刊/杂志、广告宣传材料。此类一般数量较大，一般由行政部人员处

理，但需要部门经理或其他主管负责人做重点报告。

③ 拆包信件/快递。行政部人员在分类时，有些常规公司信件/快递需要拆包，在拆包时应注意以下事项，如图3-13所示。

1 应保留信封/快递单，当信内所提到的地址与写明的地址不一致时，以写明地址为准

2 从邮戳及信上日期，对信件是否延误做出准确判断

3 查看信内所提到附件是否附上，如果未附上，需要在信封/快递单上注明“缺附件”

4 核对信内所附支票或汇票金额，如核对无误，需在信封上注明“核对无误”字样；如有差错，则要在信封上注明差异之处

图3-13 拆信要求

拆包裹时需注意包裹内是否有附件或其他文件，如果是订购物品的包裹，需要取出订单核对物品名称、规格、数量等。

（2）登记

行政部应设立信件接收记录，以备查询，防止丢失。表3-34是信件接收记录表，供读者参考。

表3-34 信件接收记录表

日期	信件种类	接收人	收信人	所属单位/职位	分发日期	签收人

3.3.2 做好分发与回复

（1）分发

行政部人员在做好信件登记后，应根据信件类别及时分信。

① 个人信件：可直接交收件人。

② 企业信件：根据信件类别，交企业相关部门接收。

③ 需要回复或需要上级指示的信件：应提交主管负责人裁决。

（2）回复

行政部在对信函进行回复时，通常按以下程序处理，如图3-14所示。

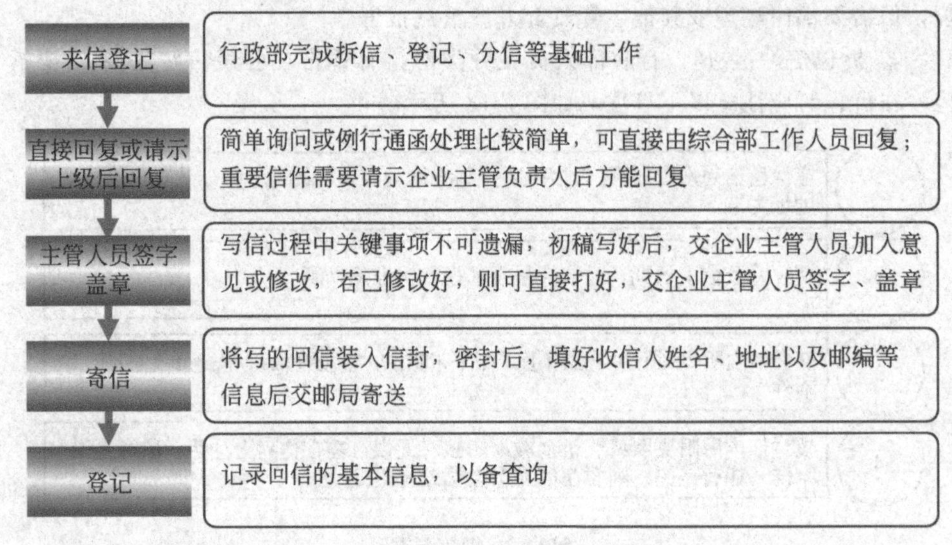

图3-14 回信程序

3.4 文档如何管理

对于企业的各类文档资料，行政部需要安排专门人员规范化管理其归档、整理、保管、使用、订阅、清理等方面的工作，保证文档资料的完整性，保证文档资料在被需要时能迅速查阅使用。

3.4.1 规范文书归档

（1）档案收集

① 档案收集范围。企业在业务活动中形成或使用的具有查考利用价值的文字、图表、簿册、声像、光盘和磁盘等各种载体的文件材料均应列入档案收集范围。具体档案收集范围如图 3-15 所示。

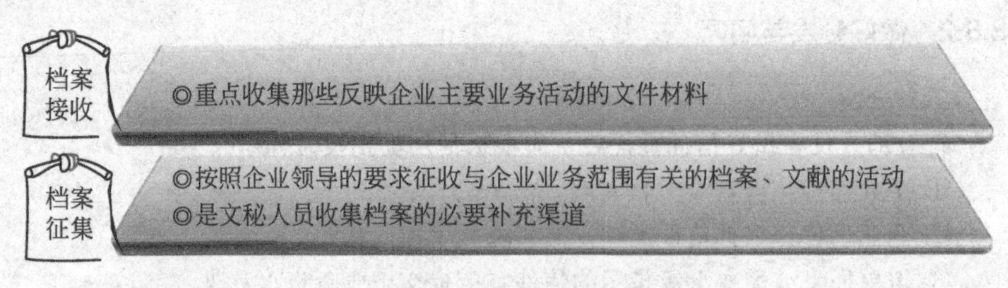

图3-15 档案收集范围

② 档案收集方式。具体档案收集方式如图 3-16 所示。

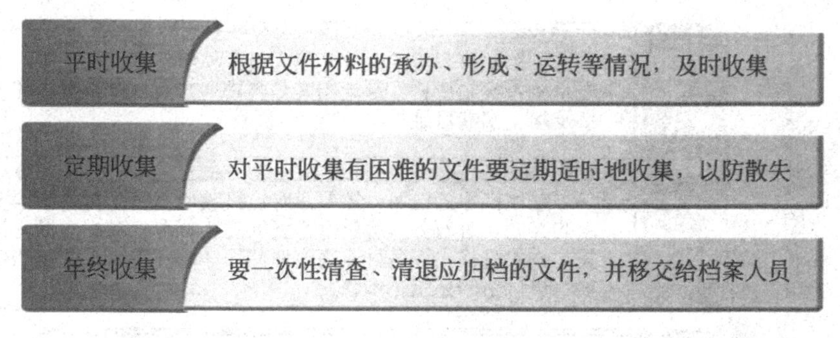

图3-16 档案收集方式

③ 档案收集途径。档案收集途径主要有7种，具体如图3-17所示。

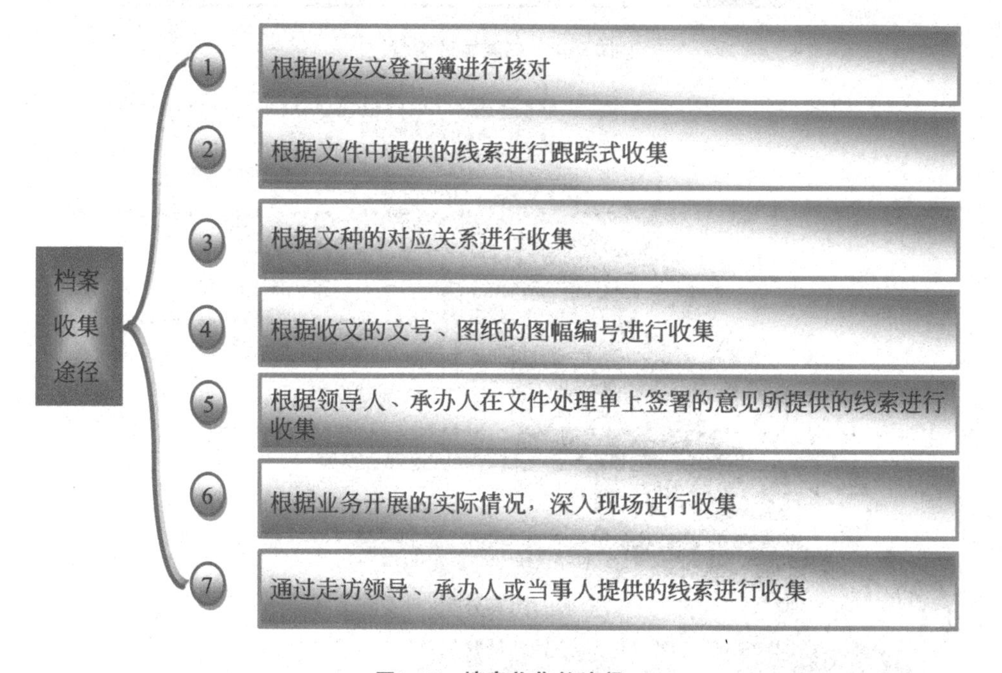

图3-17 档案收集的途径

其中最有效的是根据收发文登记簿进行核对，并根据文件中提供的线索进行跟踪式收集。

（2）档案整理

档案整理是把零散的和需要进一步条理化的档案，进行分类、组合和编目，使之系统化。

① 档案整理的类型。档案整理的类型，具体如图3-18所示。

② 档案整理工作步骤。档案整理的工作步骤如图3-19所示。

档案整理工作实施每一项步骤的具体说明如表3-35所示。

档案整理三个类型

系统排列编目：◎在这种档案整理类型中，文秘人员参与整理档案的任务，主要是检查案卷质量，制定档案分类排列方案，进行案卷和全宗及加工案卷目录

局部整理：◎参与整理档案的任务，主要是对已接收但不完全符合整理要求的案卷，对部分内容进行必要的加工整理，对由于遭受损失、销毁与移出等各种原因致使整理体系发生重大变化的档案，进行新的系统化调整

全过程整理：◎对接收和征集的零散档案，进行档案整理、编目，使全部工作系统化

图3-18　档案整理类型

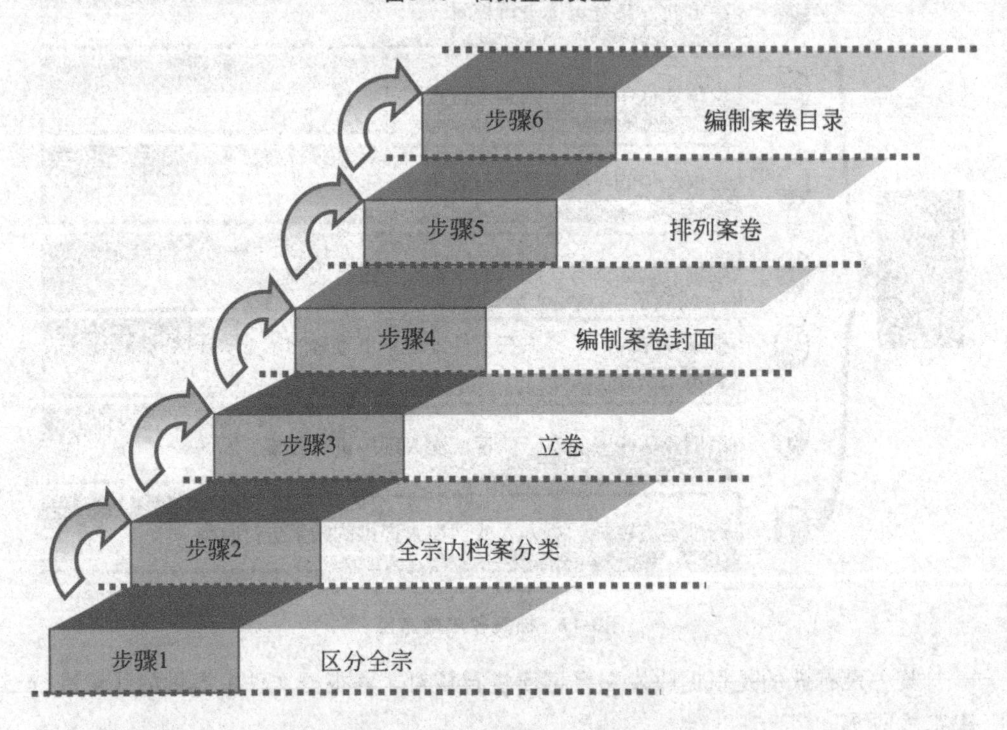

图3-19　档案整理的工作步骤

表3-35　档案整理工作实施细分

序号	步骤	实施细分
1	区分全宗	全宗是一个机关、组织或著名人物在社会活动中形成的全部档案的有机整体。区分全宗一般是特指对容易引起混乱或歧义的较复杂的全宗界限问题的具体处理

续表

序号	步骤	实施细分
2	全宗内档案分类	全宗内档案的分类，就是把立档单位所形成的档案，按其来源、时间、内容和形式的异同，分成若干层次和类别，使全宗内档案构成一套有机的体系
3	立卷	在档案整理过程中，文秘人员参与立卷的具体做法如下。 ①绝密文电单独立卷，与之有联系的少数普通文电，可随同立卷 ②不同年度的文件不得放在一起立卷，但跨年度请示与批复应与回复批文共同立卷 ③应将每份文件的正件与附件、印件与定稿、请示与批复、转发文件与原件、多种文字形成的同一文件，不得分开，立卷时应文电合一 ④跨年度的会议文件放在会议开幕年，其他文件的立卷按照有关规定执行
4	编制案卷封面	编制案卷封面时，文秘人员应逐项按规定用毛笔或钢笔书写，字迹要工整、清晰。案卷封面可采用案卷外封面和案卷内封面两种形式。外封面印制在卷皮的正表面，内封面排列在卷内目录之前
5	排列案卷	①同一事由内归档文件的排列，按文件形成时间先后顺序或按文件重要程度排列。 ②不同事由间的归档文件的排列，一般选择下列三种方法。 • 按不同事由形成时间的先后顺序排列 • 按事由的重要程度排列 • 按事由具有的共同属性分别集中排列
6	编制案卷目录	案卷目录的结构包括以下内容 ①封面和扉页 ②目次 ③序言或说明 ④简称表 ⑤案卷目录表 ⑥备考表

3.4.2 加强档案鉴定

鉴定档案主要是指判定档案价值的大小以及档案是否具有继续保存的价值。

（1）鉴定档案保存价值

① 原有价值指按档案本质及特性所具有的原始价值。

② 行政价值指供行政机关作为执行业务的参考价值。

③ 法律价值指供法律机关作为执行业务的参考价值。

④ 稽凭价值指作为稽核凭证的价值。

⑤ 资讯价值指作为研究发展参考或满足民众的需求价值。

⑥ 历史价值指保存典章制度或作为史籍资料的价值。

⑦ 管理成本指典藏及维护档案的成本效益。

(2) 鉴定档案保存价值操作步骤

鉴定档案保存价值的操作步骤如图 3-20 所示。

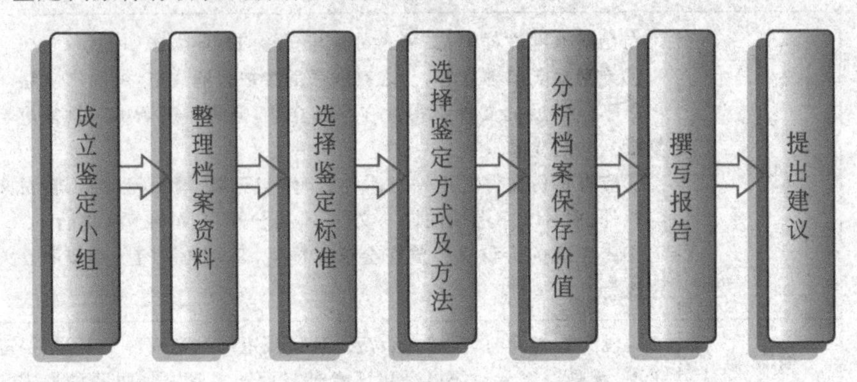

图3-20 鉴定档案保存价值的步骤

档案鉴定报告主要包含以下的 4 项内容。

① 档案原有机关（构）的基本资料。

② 鉴定背景资料：包括鉴定原因、鉴定标准、鉴定方式及方法、鉴定遭遇的困难及处理情形和鉴定小组成员。

③ 档案描述：包括档案号、文件产生起讫日期、数量、原件或复制品、媒体形式、保存状况、档案名、档案内容、产生原因及目的、档案特色、限制应用的原因、与其他档案的关系及相关鉴定案例等事项。

④ 鉴定结果：包括档案销毁，典藏或移转等处置事项的建议。

3.4.3 做好档案保管

保管档案工作的任务就是努力消灭与限制损毁档案的各种因素（包括自然的和人为的因素），维护档案齐全与完整，不断提高档案的科学管理水平，最大限度地延长档案的寿命以及维护档案的安全。

(1) 确定保管档案期限

保管档案期限，如表 3-36 所示。

表3-36 保管档案期限表

项目	保存期限	内　　容
永久保存	无限期永远保存	凡是反映本企业主要职能活动和基本历史面貌的，在本企业工作和国家经济、文化建设、政治斗争、科学研究中需要长远利用的档案，都应列为永久保管

续表

项目	保存期限	内容
长期保存	16年至50年	凡是反映本企业一般工作活动，在相当长时间内本企业需要考查的档案，应列为长期保存
短期保存	15年（含15年）以下	凡是在较短时间内本企业需要考查的各种文件材料，均应列为短期保存

（2）档案保管措施

文档保管是指对企业内部各种有保存价值、归档集中保存的文件资料所进行的管理。行政部应该建立良好的企业文档库藏秩序。

① 营造保护文档的条件和环境，保证室内合适的温度和湿度，根据档案的成分和制作材料，做好档案柜的防火、防潮、防蛀工作。

② 提高安全防范意识，如档案柜要上锁、档案不准擅自带离规定的使用场所等。

③ 确定档案使用权限，如规定可以接触相关档案的人员、不同的使用者未经允许不准私自交换使用档案等。

④ 建立档案借阅制度，即借阅档案资料要做好登记制度。

3.4.4 明确档案使用

（1）做好档案检索

档案检索是指对档案信息进行加工和存储，并根据需要进行查找。为了适应使用者对档案的多种类、多角度的需求，需要使用多种类型的档案检索工具。

检索工具的分类具体如表3-37所示。

表3-37 检索工具的分类

检索工具的分类方法		具体说明及工作事项
按编制方法分类	目录	系统地揭示档案内容和成分以及档案号的一种检索工具，如卷内文件目录、案卷目录、全宗文件目录、专题目录和分类目录等
	索引	以一定的排列顺序揭示某些文件或其组合单位中某一部分、某一项目，并指明其档案号或存放位置的一种检索工具，如文号索引、人名索引和地名索引等
	指南	是以叙述方式综合介绍档案情况的一种工具，如全宗指南、专题指南和档案馆指南等

续表

检索工具的分类方法		具体说明及工作事项
按检索范围分类	以一个全宗或其部分为对象	有案卷目录、卷内文件目录汇集、全宗文件卡片或目录、文号卡片、全宗指南等
	以档案室全部或主要部分档案为对象	如分类卡片、分类目录、主题卡片、主题目录或索引、档案馆指南等
	以一定专题为对象	如专题卡片、专题目录、人名卡片或索引、地名卡片或索引、专题指南等
按形式分类	卡片式	将文件或案卷的内容和形式特征著录在卡片上，并按照一定的规则将卡片组织成有机体系，用以检索
	书本式	当卡片式积累到一定数量后，文秘人员可以编排、印刷成书本式检索工具；书本式检索工具可通过剪贴使之成为卡片式检索工具

(2) 规范档案使用

为充分发挥纸质档案的价值，行政部应通过各种形式，为企业员工使用档案提供便利服务。图 3-21 介绍了几种常见的档案使用方式，供读者学习和参考。

档案阅览

①经常被利用，机密程度不高的纸质档案，可实行开架阅览
②超出阅览允许密级范围的纸质档案，则实行有条件的闭架阅览(限于有查阅秘密档案资格的人员)
③对于脆化、易损的纸质档案，一般只提供复印件的使用

档案外借

①纸质档案外借一般适用于企业内部使用者
②纸质档案外借时要注意，在同一时间内，对同一用户出借档案的数量应予以适当控制，不宜过多，不向用户提供与其职能无关的档案

制发复印本

①制发档案复印本可根据需要，选择副本和摘录两种
②制发复印本可以有效保护档案原件的安全，提高档案的使用效率，节约企业资源的再投入

咨询服务

咨询服务是指行政部以档案信息为依据，以口头、书面形式，为用户解答相关问题或有关企业生产技术、管理状况的服务

图3-21　纸质档案使用方式

3.4.5 搞好文档清理

档案管理人员应定期对文档进行清理，对于已到保存期限的档案，应当销毁。在销毁档案资料的过程中，企业相关工作人员必须要严格按规定程序执行，以防泄密。

图 3-22 为某公司档案销毁步骤图，供读者参考。

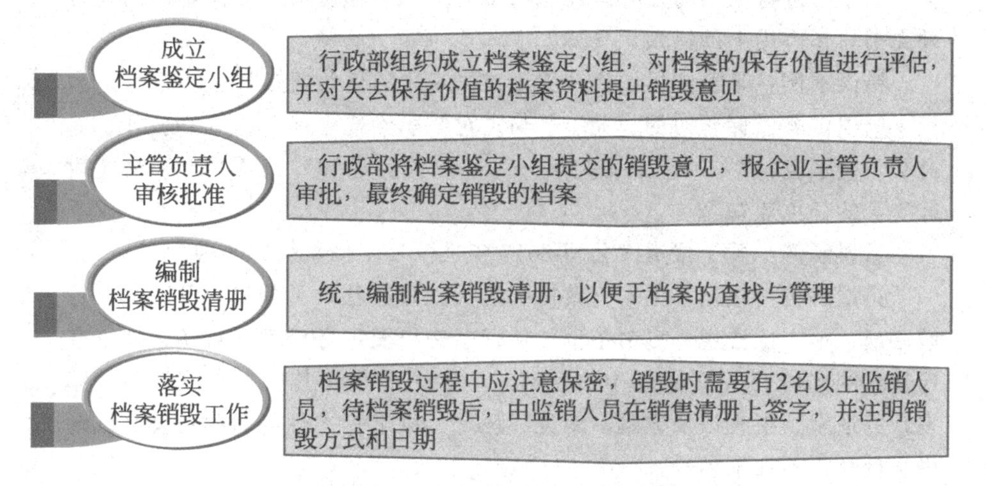

图3-22　某公司档案销毁步骤图

档案管理人员在进行档案清理工作时，应填具作废档案销毁单，行政部汇总信息，并呈报主管人员审批，具体表单如表 3-38 所示。

表3-38　作废档案销毁单

编号：　　　　　　　　　　　　　　　　　　　　　　　日期：　　年　月　日

<table>
<tr><th colspan="2">存档号</th><th colspan="2">收文号</th><th>发文号</th><th>简由</th><th>档案起讫年月</th></tr>
<tr><td colspan="2"></td><td colspan="2"></td><td></td><td></td><td></td></tr>
<tr><td colspan="2"></td><td colspan="2"></td><td></td><td></td><td></td></tr>
<tr><td colspan="2"></td><td colspan="2"></td><td></td><td></td><td></td></tr>
<tr><td colspan="2"></td><td colspan="2"></td><td></td><td></td><td></td></tr>
<tr><td colspan="7">焚毁责任人</td></tr>
<tr><td>核准</td><td></td><td>监焚</td><td></td><td>焚毁执行人</td><td colspan="2"></td></tr>
</table>

工作笔记

文书写作应用常见问题

新手在进行文书写作时，往往由于对文书各项标准不熟悉，而出现各种文书写作应用上的错误，具体如下。

错误示例：某通知标题为“关于对×××的任免通知”。

错误讲解：标题中的“关于”与“对”职能选用其一，不可连用。

正确示范：“×××公司关于×××的任免通知”或“×××公司对×××的任免通知”。

错误示例：关于报送《公司2017年×××工作总结》的函。

错误解析：根据《国家行政机关公文处理办法》的规定，凡法律、行政法规、地方性法规、自治条例、单行条例以及国务院部门规章、地方政府规章的名称在公文标题中出现时，应加书名号；凡被批转（转发、印发）的请示、报告以及方案、意见、规定、决定等文件的名称在公文标题中出现时，不加书名号。

正确示范：×××关于报送公司2017年×××工作总结的函。

错误示例：×××关于报送2017年×
××部门主要任务
实施进展情况的函。

错误解析：文书中标题转行时不能将词语折断，多行标题排列一般为梯形或菱形，不能排列成长方形或上下长、中间短的沙漏型。

错误示例：××例行报告，一向董事会汇报年度工作，二在报告中请示了某件事项，三建议董事会增加某个工程的。

错误解析：报告中不能夹带请示，应遵守“一文一事”，讲清楚一件事即可。

正确示范：××例行报告，向董事会汇报年度工作。

错误示例：×××集团调整×××分公司领导班子，向集团董事会提出请示，并将该请示抄送与该分公司办公室。

错误解析：请示不能抄送下级机关。

错误示例：公文中提到人物时使用“姓氏＋职务”的形式。

错误解析：若一个企业中可能出现两个以上同姓的同职务人员，会引

起不必要的麻烦。

正确示范：公文中提到的人物应使用全名。

错误示例：在请示文书结尾使用“此致敬礼”字样。

错误解析：结尾不当，“此致敬礼”一般用于私人信件中，公文有自己的结尾用词。

正确示范：请示一般用“以上请示，请予批复”结尾。

错误示例：发文日期“2017年9月1日”，正文中描述日期“二〇一七年九月一日”。

错误解析：发文日期不能用阿拉伯数字，正文应使用阿拉伯数字。

正确示范：发文日期“二〇一七年九月一日”；正文中描述日期“2017年9月1日”。

第4章 会议会务管理实操

4.1 会前筹备需做什么

会议是公司开展活动的一种主要形式，公司的讨论、决策、谈判等活动都是通过会议的形式进行的。行政部作为主要的后勤保障部门，需要做好会议的各项筹备活动。对行政部来说，不仅要做好长期的筹备，即制订会议计划，还要做好短期筹备，即会前准备。

4.1.1 建立会议制度

制订会议计划能够使会议的筹备更具有目的性，有利于会议顺利开展。会议计划的制订主要包括选择召开会议的形式、确定会议规模、明确会议时间、选择会址等。

（1）选择会议形式

只有确定了会议的召开形式，才能确定会议的规模、时间、会期、会址等具体问题。企业会议形式详情如表4-1所示。

表4-1 企业会议形式

会议类型		说明
常规会议	股东大会	◆股东大会是股份制企业定期召开的例行性会议，一般每年召开一次，且应在每个会计年度终结之后的六个月期限内召开 ◆必要时，也可召开临时股东会议。有股东参加，决定股份公司的最高执行方针 ◆行政部通常要在会前三到四个星期就要将会议通知邮寄给参会人员
	董事会	◆股东会选举或推荐人选组成董事会 ◆股东大会闭会后的执行机构 ◆对股东大会负责
	监事会	◆股东会选举或推荐人选组成监事会 ◆股东会闭会期间的监督机构 ◆对股东大会负责
	总经理（总裁）办公会	◆公司总经理负责主持召开，总经理因特殊原因不能出席时，委托副总经理负责 ◆参会人员包括总经理、副总经理、总经理助理、办公室主任、总工程师、总会计师等，必要时可请董事长或执行董事参加 ◆研究解决公司近期重要的全局性问题

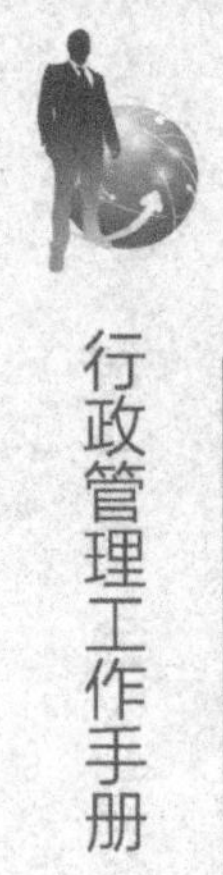

续表

会议类型		说明
常规会议	高层管理人员会议	◆集合企业高管人员召开;集合公司直属部门主管召开;集合分公司经理、部门负责人召开 ◆有总经理或总裁主持召开,或由总经理委托副总经理召开 ◆传达贯彻董事会和总经理办公会的部署和决策,讨论业务上的具体问题
	员工大会或员工代表大会	◆一年或半年召开,定期召开 ◆由公司总经理主持召开 ◆向员工报告一段时期的企业经营状况 ◆传达董事会的重要决策 ◆表彰先进员工 ◆听取员工意见、建议和要求
	公司年会	◆各部门总结一年来的工作,表彰先进个人,确定来年工作计划 ◆一般在年终举行 ◆可举办一系列庆祝活动
	部门员工例会	◆各部门定期召开的由本部门全体员工参加的会议 ◆用于通报近期情况、交流信息、解决问题
特种会议	见面会	◆在正式会议开始之前,双方约见,相互介绍认识 ◆商定正式会议的具体内容
	谈判会	◆主客体双方围绕议题进行谈判讨论,解决实质性问题
	洽谈会	◆非正式协商会议 ◆议题可根据情况进行变动 ◆双方协商处理,不能解决的问题可暂时搁置 ◆可决定临时进行休会
	庆典类会议	庆祝和纪念活动类的会议,如开业典礼、店庆纪念、传统节日等庆典活动,通过开会提高企业和产品的知名度
	会展类会议	利用会议的形式,进行产品展览、展销、洽谈项目、招商引资、技术合作等
	客户咨询会	邀请企业的客户代表、合作单位代表共同听取客户对企业经营管理方面的意见和建议,并就客户提出的问题进行解答
	新闻发布会	向社会就公司某项决定或某一新产品做宣传和介绍
专业会议	企业内部为解决经营、生产、管理等过程中实际问题的会议,如安全生产会议、保卫工作会议、财务分析会议等,会议无固定模式、时间和人数需要根据实际情况临时确定	

(2) 确定会议规模

确定会议规模的主要内容是为了掌握会议出席人员、列席人员、工作人员和服务人员的数量，把握并控制数量规模，避免会议负担过重。在确定会议规模时，应遵循以下原则，具体如图 4-1 所示。

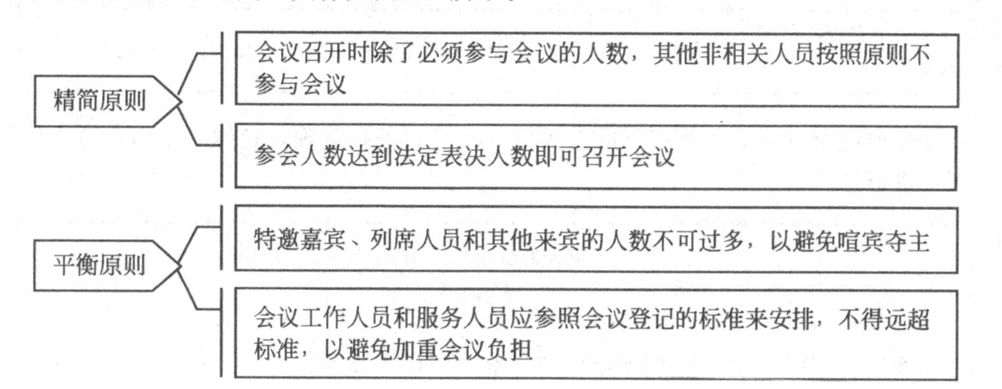

图4-1 确定会议规模应遵循的原则

(3) 明确会议时间

会议时间既包括会议召开的时间、实际进行的时间，也包括在会议进行过程的休会时间。会议时间通常根据会议类型、与会人员的工作情形确定。

通常情况下，日常例会安排时间最好是周二至周四早上或下午，以免与会者受到假日活动影响，不容易集中注意力。临时性会议可以将与会者按照重要程度顺序排列起来，跳过必须参加的与会者不能出席的时间段，再从其中选择大家都具备的共同空闲时间，特殊情况下，可允许缺席者派代表参加。

(4) 选择会议地点

会议地点的选择要结合会议类型、与会人员的人数及会议效果来考虑，方便与会者到会、离会，且能够达到会议目的。

针对不同的会议类型，行政人员应选择与之相适应的会议地点，具体如表 4-2所示。

表4-2 不同会议类型的最佳会议场所

会议类型	最佳的会议场所
培训会议	◆能提供专门工作人员和专门设施的成人教育场所(公司的专业培训中心或旅游胜地的培训点)
研究和开发会议	◆有利于沉思默想、灵感涌现的环境(培训中心或其他宁静场所最为适合)
学会年会	◆一般根据会员的意见来定(一般选在当前最受欢迎的城市,能提供会议服务的酒店)

续表

会议类型	最佳的会议场所
重大的奖励、表彰型会议	◆会议的目的是对人员杰出表现予以奖励，所以会议地点一定要选在有档次，引人入胜的地方
交易会和新产品展示会	◆有展厅的场所，还要求到达会场所在城市的交通必须便利

企业应制订相应的管理制度对年度计划会议进行管理，具体制度内容可参照下面进行。

年度计划会议管理制度

第1章 总则

第1条 目的

为了规范年度计划会议的管理，使年度计划会议执行有据可依，保证年度计划会议的顺利召开，提高年度计划会议效率，依据公司会议管理相关制度，特制定本制度。

第2条 适用范围

本制度适用于公司年度计划会议的准备要求、过程管理、纪律管理及会后落实的工作规范。

第3条 职责

1. 行政部负责年度计划会议准备及过程管理等后勤保障工作。
2. 相关主管领导负责审批年度计划会议方案。
3. 各部门负责人负责制定本部门年度计划，并按会议时间安排逐一阐述本部门计划。
4. 总经理负责对各部门年度计划提出意见和建议，保证下年度公司目标的实现。

第2章 年度计划会议的准备

第4条 会议通知时需注意的事项

1. 通知内容须包括参加人员名单、会期、开始时间、地点、需要准备的事项及要求等。
2. 通知书写须文字明白、清楚，力求不发生误解，做到全面、周到，不要漏项，用电话或其他形式通知时要写出底稿，照稿宣读。
3. 无记名参加的人员，对范围、对象、职位要通知清楚。
4. 会议通知后，一定要跟踪会议准备情况，确保会议能够顺利召开。
5. 反复与会议关键性及决定性人员核实准备情况，征求其对会议准备和召开的意见。

第5条 与会人员在收到通知后，应认真准备发言要点、题案纲要，配合主持人使会议收到预期的效果。

第6条 会议议程由主办部门拟定，包括会议内容、讨论事项、目的、参加人员、时间、地点、大约时长、需要发言的人员和内容、要求等。

1. 重点、重要议题安排在会议前一时间段。
2. 控制会议中各议题的时长。
3. 保证与会人员有备而来。

第7条 行政部及时准备会议场所、会议文件及资料，并进行会场布置、设备调试，确保会议按计划进行。

续表

第 3 章 会议内容及过程管理

第 8 条 会议内容

总经理阐述公司年度经营计划及目标，并将计划及目标有效分解到各业务部门；各业务部门针对公司年度经营计划及目标，分别阐述本部门年度工作计划及目标，总经理对各业务部门年度经营计划及目标进行指导，保证公司年度经营目标的实现。

第 9 条 人员签到管理

会议组织部门或单位应编制“参会人员签到表”，参会人员在预先准备的“签到表”上签名以示到会。

第 10 条 会场服务

会场服务主要包括座位引导、分发文件、维护现场秩序、会议记录、处理会议过程中的突发性问题等内容。

第 11 条 会议记录

会议记录人员应具有良好的文字功底和逻辑思维能力，能独立记录并具有较强的汇总概括能力。会议记录应完整、准确，字迹应清晰可辨。

第 4 章 会议纪律管理

第 12 条 会议注意事项

1. 发言内容是否偏离议题。
2. 发言目的是否出于个人利益。
3. 全体人员是否专心聆听发言。
4. 发言者是否过于集中针对某些人。
5. 某个人的发言是否过于冗长。
6. 发言内容是否朝着结论推进。
7. 在必须延长会议时间时，应在取得大家的同意后再延长会议时间。

第 13 条 召开会议时需遵守如下要求

1. 严格遵守会议时间。
2. 发言时间不可过长(原则上以____分钟为限)。
3. 发言内容不可对他人进行人身攻击。
4. 不可打断他人的发言。
5. 不中途离席。

第 14 条 会议期间，须将一切通讯工具置于关闭或静音状态，不随便走动、不吸烟、不做与会议无关的事情。

第 15 条 所有参会人员不准泄露会议机密，要妥善保管会议材料，不得向无关人员泄露会议内容。

第 5 章 会后落实工作规范

第 16 条 行政部整理会议记录并编制会议纪要

1. 分析、总结、提升会议记录，形成会议结论性材料的提纲，以及要反映的具体事项等。
2. 按提纲和中心议题起草会议结论性材料。
3. 会议纪要包括会议简况(会议时间、地点、参加人员、议题)和会议结果(会议主要精神，这部分是重点，是会议效果的反应，纪要应达到纪实、扼要、精简的目的)。
4. 会议纪要等结论性材料经上级领导审批后，打印、下发到各相关部门。

续表

第 17 条　行政部要对年度计划会议资料进行存档，便于追溯。

第 6 章　附则

第 18 条　本制度由行政部制定，其解释和修订权归行政部所有。

第 19 条　本制度自发布之日起正式实施。

4.1.2 做好会议筹备

会议开始前的组织筹备是开好会议的基本保证。会议前的组织筹备主要包括：拟定会议议题和名称、确定参会人员、安排议事日程、明确人员分工、做好会场布置、发放会议通知等。

(1) 拟定会议议题和名称

① 拟定会议议题。会议议题是会议研究讨论的问题，决策的对象。它主要明确了会议的范围、目的、内容、主题和任务，是保证会议质量的重要因素之一。会议议题的确定流程如图 4-2 所示。

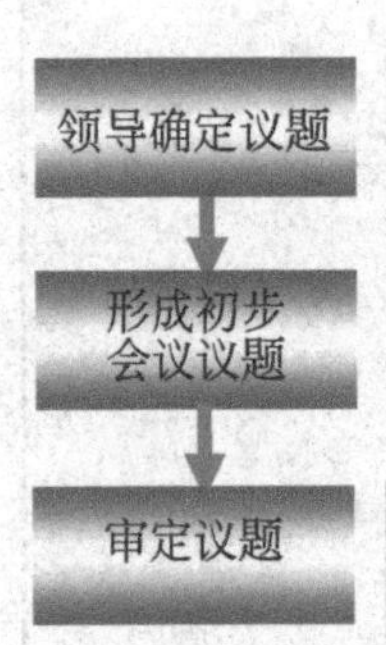

大中型会议的议题都由会议领导机关和领导者确定，行政人员应收集和准备有关会议的各方面资料，用以辅助领导决定会议议题

行政人员在向有关部门征询会议研究问题的基础上，再对各问题加以整理，并形成初步的会议议题，报请领导确定

按照企业有关规定，会议议题经过必要的程序性步骤，由会议确定

图4-2　会议议题的的确定流程

② 确定会议名称。会议名称也就是会议的题目。行政人员要用精炼的文字高度概括出会议的主题，应基于会议的主题、范围和性质来确定，既要名副其实，又要一目了然。

任何会议的名称均应与会议的内容相符，并确保妥帖恰当。在通常情况下，行政部可通过 3 种方式拟定会议名称，如图 4-3 所示。

(2) 确定会议的规模和参会人员

① 确定会议的规模。行政人员确定会议规模时，应以会议的内容和议题为依据。根据与会人员的人数，会议规模可分为大型会议、中型会议和小型会议三种，具体如图 4-4 所示。

② 确定参会人员。合理地选择参会人员，不仅有利于节省企业的人力资源，提高会议效率，还能够降低企业的经济负担，因此，在会议管理过程中，必须慎

重选择参会人员。行政部在选择参会人员时，必须考虑以下因素，如表4-3所示。

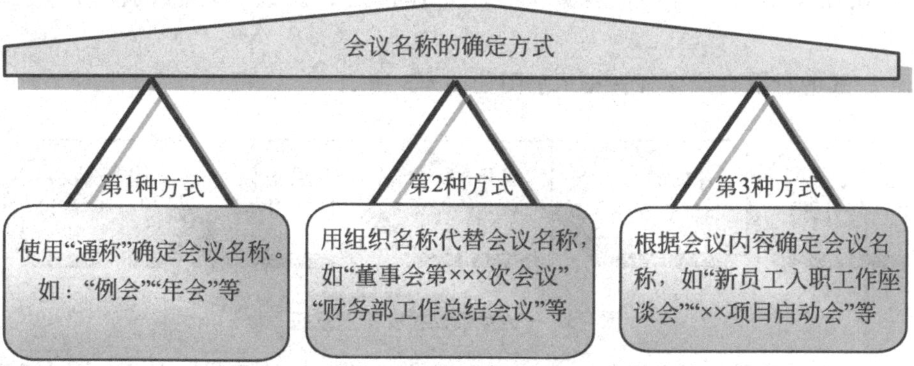

图4-3 会议名称的拟定方式

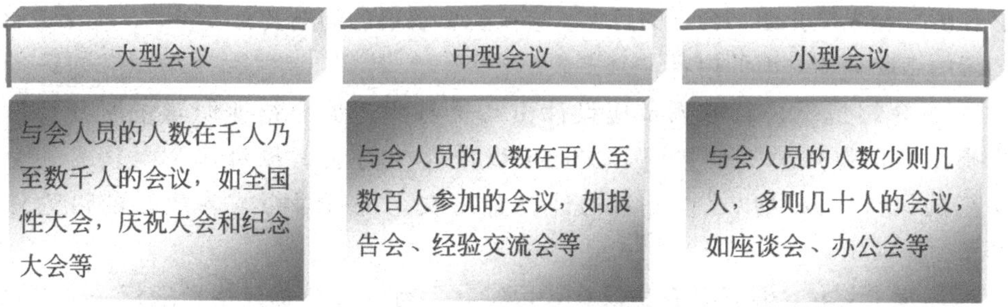

图4-4 会议的三种形式

表4-3 选择参会人员应考虑的因素

考虑因素	相关说明
与会议主题的相关度	◆参会人员是否对会议所要实现的目标有直接或间接的责任 ◆参会人员是否与会后的行动直接相关 ◆参会是否多余或可有可无
参会人员个人素质	◆参会人员在中心议题方面是否具备专门的知识与经验 ◆参会人员是否有能力或有权利达成一项决议 ◆参会人员是否会对他人造成心理压力，进而影响他人的发言质量或真实性 ◆参会人员能够全身心投人会议 ◆参会人员是否会妨碍会议的总体成效
参会人数限制	通常情况下，参会人数越多，参会人员的参与意识越弱，会议的质量也越容易受到影响，因此，一般的企业会议都会设定一定参会人数限制。当需要参加会议的人数很多时，应设法分组讨论或设立分会场

(3) 安排议事日程

安排会议议程，即对会议的议题讨论做出具体的安排。会议议程可以使会议在预定的方向上有步骤、有计划地进行，所以会议的议程内容十分重要。

一般的行政会议议程安排示意图如图4-5所示。

图4-5 一般会议议程安排示意图

① 提出议题。提出议题，即会议主席的开场白。开场白的内容范围由会议召集者负责把握，但具体内容应由主席本人来控制。会议主席的开场白主要包括必要的与会人员介绍、会议的目标、会议所要解决的问题及有关背景、主席或召集者的态度等各方面的内容。

② 介绍情况。行政人员应设计由几位与会人员介绍他们对主席开场白中提出的问题所掌握的情况，这样可以使其他与会人员对这个问题有一个初步的概念，并且以这些基本的情况为出发点进行思考，为之后的讨论做铺垫。

③ 展开讨论。虽然是自由发言，但实际上行政人员仍应提前拟订一个大致的顺序。可以让一些思考反应较快、性格外向的与会人员首先发言，再让一些思考时间较长、较深入的与会人员发言。这样可以使整个讨论逐步深入，把大家的思维充分调动起来。

当会议的讨论进入更激烈的阶段时，可能与会人员容易分为几派，并且有些与会人员会彼此针锋相对，这时正是问题讨论最深入的时候，可以令所有的矛盾都自行充分暴露出来，为后面作出的决议做铺垫。

④ 整合意见。在充分的讨论之后，就需要逐步地进行意见整合。

⑤ 达成决议。在整合意见的基础上找到共同点，在分歧上相互妥协，达成一致，最后以一定的形式表述出来，提交上级或传达下级。

会议达成决议后，会议主席或召集者一般都需要对会后的工作做简单的安排，或明确地向与会人员布置任务。

如果会议议程时间设置比较长，则相应的环节时间安排也相应地适当延长。如两日会议议程安排示意图如图4-6所示。

为了方便会议议程安排和管理，会务人员可根据议程筹备结果编制会议议程安排表，具体表单如表4-4所示。

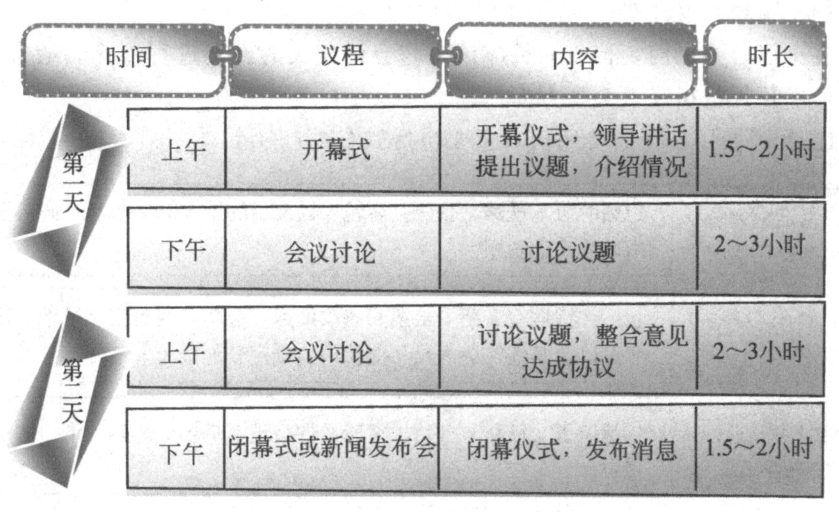

图4-6 两日会议议程安排示意图

表4-4 会议议程安排表

会议主题				
会议类型				
会议主办单位				
会议负责人			会议主持人	
会议摘要				
会议议题/内容				
议题 1：				
发言人	发言时间	发言内容		
议题 2：				
发言人	发言时间	发言内容		
出席人员			会议记录员	
会议注释： 1. 2. 3.				

（4）预算会议经费

在会议召开之前，行政人员应该对与会议相关的经费进行预算。通常而言，会议经费预算包括以下 7 个方面。

① 交通费用。交通费用内容主要包括如图 4-7 所示。

出发地至会务地的交通费用	包括航班、铁路、公路、客轮，以及目的地车站、机场、码头至住宿地的交通费用
会议期间交通费用	包括住宿地至会所、会所到餐饮地点、会所到商务交际场地、商务考察以及其他与会人员可能使用的预定交通费用
欢送交通及返程交通费用	包括航班、铁路、公路、客轮及住宿地至机场、车站、港口的交通费用

图4-7　交通费用的内容

② 会议室费用。会议费用内容主要包括如图 4-8 所示的内容。

会议场地租金	指常用会议设施的费用，如音响系统、桌椅、主席台、白板和笔等，但使用一些非常规设施费用并不涵盖在内，比如投影设备、临时性的装饰物、展架等，需要加装非主席台发言线路时也可能需要另外的预算
会议设施租赁费用	包含租赁一些特殊设备，如投影仪、笔记本电脑、移动式同声翻译系统、会场展示系统、多媒体系统、摄录设备等，租赁时通常需要支付一定的使用保证金，租赁费用中包括设备的技术支持与维护费用
会场布置费用	包含在会场租赁费用中，但如果有特殊要求，可以与专业的会议服务商协商
会议场地租金	包括广告及印刷、礼仪、秘书服务、运输与仓储、娱乐保健、媒介和公共关系等。基于这些支持均为临时性质，如果会议主办方分别寻找这些行业支持的话，其成本费用可能比市场行价要高，如果请专业会议服务商代理，将获得价格相对比较低廉且专业的服务支持

图4-8　会议室费用的内容

③ 餐饮费用。餐饮费用内容主要包括如图 4-9 所示的内容。

④ 住宿费用。此部分费用除与酒店星级标准、房型等因素有关外，还与客房内开放的服务项目有关，比如客房内的长途通信、酒水饮料、一次性衣物、互联网和提供水果等服务。

对于会议而言，住宿费可能是主要的开支之一，所以会议主办方应明确酒店关闭或者开放的服务项目及范围，最好找专业的会展服务商，因为能获得较好的

早餐、中餐及晚餐费	早餐通常是自助餐，也可以采取围桌式就餐，费用按人数计算即可。中餐及晚餐基本属于正餐。若是自助餐形式，可以采取人数预算；若是围桌式形式，可以按桌预算
酒水及服务费	如果在高星级酒店餐厅就餐，通常餐厅是谢绝主办方自带酒水的，如果可以外带酒水，餐厅通常需要加收服务费
会场茶点费	此项费用基本上是按人数预算的，预算时可提出不同时段茶点的食物、饮料组合
联谊酒会、舞会费	联谊酒会、舞会的预算由于涉及场地与节目支持可能比单独的宴会要复杂得多，但是宴会只要设定好餐标标准与规模，也很容易计算费用

图4-9　餐饮费用的内容

折扣。

⑤ 视听设备费用。视听设备的预算比较复杂，此部分费用主要包括两大部分。设备本身的租赁费用，通常按天计算。设备的运输、安装调试及控制技术人员的支持费用，可让会展服务商代理。

⑥ 演员及节目费用。此部分费用通常可以选定节目后按场次计算，预算金额通常与节目表演难度及参与人数成正比。

⑦ 其他费用。其他费用是指会展过程中因为一些临时性安排产生的费用，包括打印、临时运输及装卸、纪念品、模特与礼仪服务、临时道具、传真及其他通信、快递服务、临时保健、翻译与向导、临时商务用车等费用。

（5）预订会议场地

① 考察会议地点。在准备去考察会场之前，行政人员应检查一下报价方是否已具备了以下前提条件。

◎报价方（酒店）接受和同意会议明细表中各项事宜。

◎报价方（酒店）应是候选名单中较好的一个。

◎对报价方（酒店）拟订的合同条款基本接受。

行政人员亲临会场考察时应注意以下三点。

◎会见能做决策的人，因为会见能做决策的人有利于解决可能出现的交易问题。

◎尽可能在酒店建议的日期去参观。

◎最好不要在酒店客满时去参观，因为这会使酒店产生直接费用。

② 预订会议地点。行政人员考察会议地点后，接着就是选定一家会场并提前预订。

◎行政人员预订会场时，要提前，在确定准确的会期之后，应尽早预订，以

免临时被动。

◎行政人员预订会议地点时，应尽量使会场的大小、格局和设备的配备与会议的人数、性质和类型相匹配。

◎行政人员正式预订会场之后，在使用会场的前一天，一定要再次落实。

◎行政人员在预订会场之前，应查看会议议程，了解会议的主持者和演讲者是否需要音响辅助设备，如果需要的话，行政人员在预订会场时，应吩咐酒店准备并事先将各种设备调整到最佳状态。

（6）明确人员分工

明确人员分工就是落实组织会议的部门和人员。包括与会议有关的每项组织工作，每一个工作环节都必须有专人负责，责任到人，并明确任务和要求。

（7）做好会场布置

为了达到会议目的，确保会议效果，会议筹备人员应做好会场布置。会场布置主要包括会场空间安排、会议座位安排以及会议用品和设备的调配等。

① 企业内部会议。

一般都在企业的会议室进行，所以需要行政人员对企业会议室进行与内部会议特点相对应的布置，并且在布置完毕之后需要长期保持。企业会议室布置要求如下所述。

◎会议室应该选择宽敞、明亮且有一定隔音效果的独立房间。

◎会议室正中应当摆放一张圆形或椭圆形的会议桌，并有若干张座椅围绕在会议桌周围。

◎会议主席的座位应当在椭圆弧形的两端位置，避免主席的背后有窗户或门。

◎可以在会议主席背后的墙上挂贴一些企业经营宗旨的语句或企业高层人物的题词。如果有投影仪，投影幕也应当放置在会议主席的背后。

◎一般在主席对面的墙上挂一只挂钟，这样可以让会议主席随时掌握时间，控制会议的节奏。

◎可以在会议主席两侧的墙上挂贴一些关于企业内容的照片或语录，如果希望在会议中营造一种比较轻松的气氛，也可以用一些优美的大张图画来代替。

◎会议桌上可以不放物品，如果确实觉得太空旷，可以放一两盆人造花或盆栽植物。

◎可以根据具体情况放置所需的其他物品，如饮水设施、视听设备、展示企业荣誉的橱柜。

② 企业间的谈判会议。

企业间谈判的会场布置与普通会议室大致相同，但在布置时，行政人员应注意以下事项。

◎如果是两方会谈，最好是使用长方形或椭圆形的桌子，这样可以让谈判双方明显的分在相对的两边，增加谈判的严肃性。

◎如果是多方会谈，就最好使用圆桌，以示平等。

◎如果需要投影幕，一定不能放在某方的背后而应放在双方的一侧。

◎会议桌上应尽量不放置其他物品，防止干扰双方的视线。

③ 大型会议。

由于大型会议需要营造出庄严肃穆的气氛，所以其会场布置较之其他会议要复杂一些，行政人员布置大型会议会场的具体做法如下。

◎会议主席台上的会议桌和座椅一般放置在台上正中偏外一些的位置，一般需要铺上台布，台上放置话筒、座签、茶杯、鲜花等必备物品。

◎在主席台的上方或背后悬挂写有会议名称的横幅，一般使用红底白字。

◎如果有发言席，可以将其设在主席台座席左侧位置并安置话筒。

◎如果需要投影展示，应当在发言席后放置投影仪，但注意不要让发言席挡住投影幕布。

◎会议座位应有明显的区分，如媒体席，VIP 贵宾席等，或按照与会人员的不同单位而有所区分。

◎如果需要录像，可以在会场的中央偏前处放置摄影机。

◎在大型会议的会场门口处应设有接待处或签到处，在会场的两边有工作台，提供材料或饮水。

◎应特别注意安全出口的畅通和卫生间位置的清晰提示。

会议座位安排应考虑会议的目的。表 4-5 为会议座位安排示例表，供读者参考。

表4-5　会议座位安排示例表

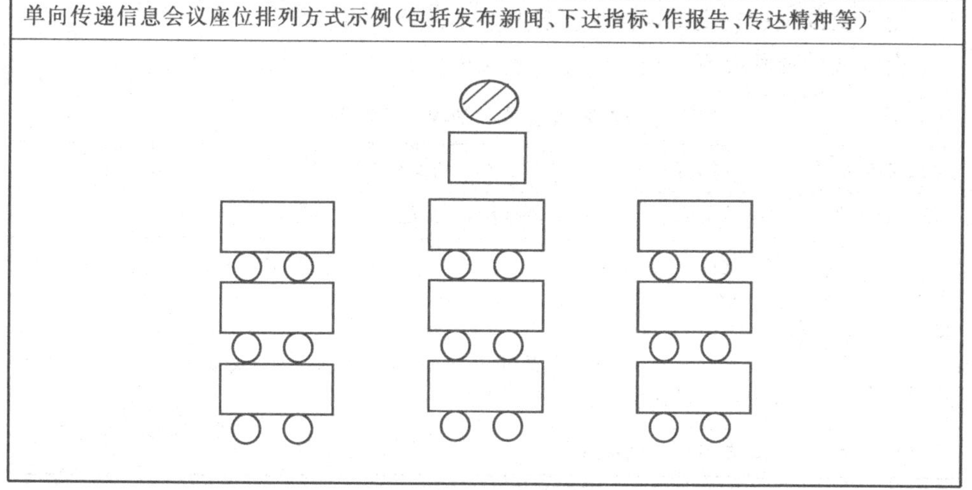

单向传递信息会议座位排列方式示例(包括发布新闻、下达指标、作报告、传达精神等)

续表

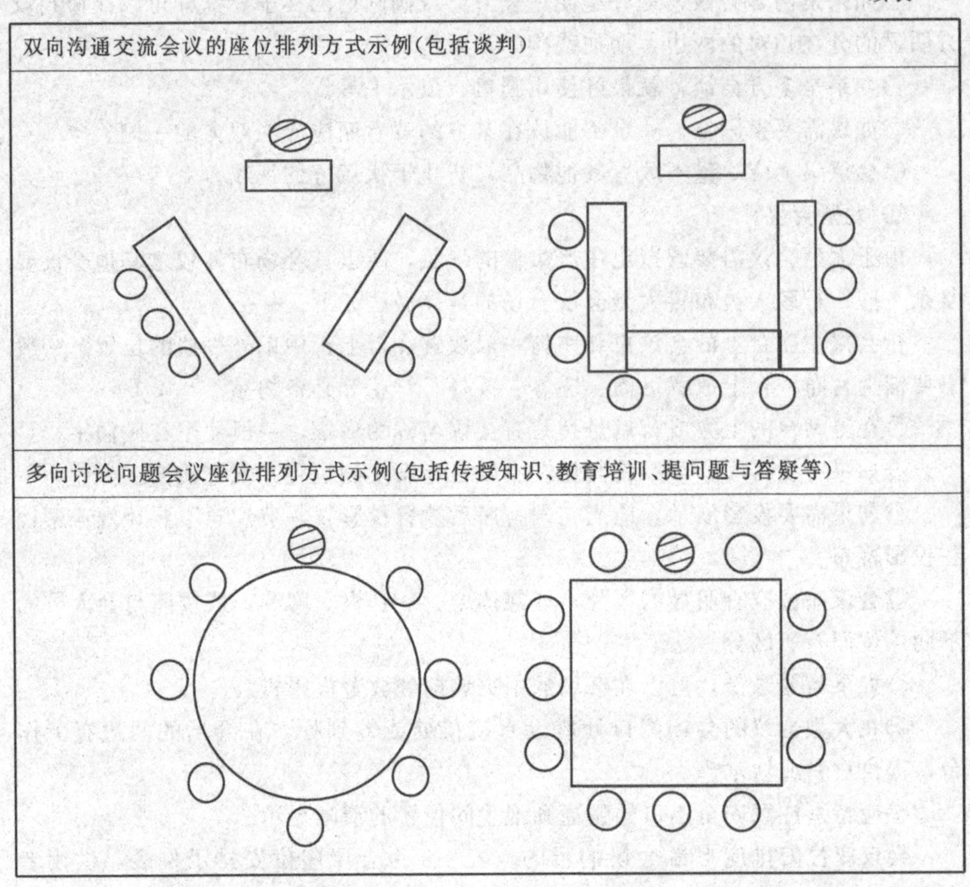

(8) 准备会议文件

会议文件是指会议的主要文件。会前行政人员应做好有关文件的准备工作，可以使会议议题比较集中，保证会议的基本目标得以实现。

会议文件的种类有 7 种，具体如表 4-6 所示。

表4-6　会议文件的种类及内容

会议文件类型	主要含义
指导性文件	领导讲话稿、上级或上司指示和会议起因文件等
主题内容文件	开幕词、主题报告、专题报告、大会正式决议、闭幕词、会议须知和活动注意事项等
进程文件	会议程序表、日程安排表、会议记录、会议简报、选举或表决程序表、讨论分组名单和讨论分组地点安排表等
参考文件	调查报告、典型材料等

续表

会议文件类型	主要含义
提案文件	提案
会议成果文件	会议工作报告、选举结果、会议纪要、新闻公报、传达文件和执行计划等
会议管理文件	会场座位分区表、主席台及会场座次表、会议登记表、会议签到表、会议通知、议事规则、证件、保密制度和管理规定等

行政人员应在会前数日将会议审议的文件材料，将会议文件分送与会人员审阅，让他们准备意见，特别是研究工作方案、审议工作计划的会议，这一环很重要，会直接影响会议的效率。

为方便会议各项工作的安排，会务人员可编制会议安排计划表进行会议筹备工作管理，具体表单如表4-7所示。

表4-7 会议安排计划表

会议名称		会议日期	
会议地点		会议召集单位	
主 持 人		计划参会人数	
计划开始时间		计划结束时间	
会议负责人		会议记录员	
拟邀请参会人员			
参会单位			
会议宗旨及议题			
会议流程			
与会者应备资料			
会场标示资料			
会场拟分发资料			
备注			

（9）发放会议通知

会议通知的内容包括会议地点、时间、出席人员、大概内容或议程等，并注明与会人员应尽早给予准确的答复，以便统计出席者名单。会议一旦决定召开，应及早印发会议通知单。行政会议通知单编制如表4-8所示。

表4-8　行政会议通知单

<table>
<tr><td colspan="4">××会议通知单
通知日期：　　年　月　日
接收部门：　　　　　　　　发文部门：</td></tr>
<tr><td colspan="4">尊敬的××××：
谨定于　　年　月　日　时　分于　　召开会议，请准时参加。
随本通知书送回执一份，请于　　年　月　日之前将回执送　　处。
此致
××公司行政部</td></tr>
<tr><td>会议名称</td><td></td><td>会议时间</td><td></td></tr>
<tr><td>会议地点</td><td colspan="3"></td></tr>
<tr><td>会议联系人</td><td></td><td>联系电话</td><td></td></tr>
<tr><td>会议目的</td><td colspan="3"></td></tr>
<tr><td>会议注意事项</td><td colspan="3"></td></tr>
<tr><td colspan="4">通知回执联</td></tr>
<tr><td colspan="4">会议通知已收到，内容详细了解，届时　□能　□不能　参加。谢谢！
签名：
年　月　日</td></tr>
</table>

4.1.3　筹划会议外包

会议外包是指为了减少筹划会议的时间和人力成本，将会议服务及会议程序设计承包给策划会议的专业人员或单位。会议外包主要包括明确会议主题和形

式、选择承包商、签订承包协议等，如表4-9所示。

表4-9 会议外包筹划简表

会议外包事项	具体事项
明确会议主题和形式	◆确定会议的主题 ◆明确会议要达到的目的 ◆决定会议的展现形式
选择承包商	◆制定承包商选择方案 ◆发出会议外包公告 ◆对承包商进行评估，包括对承包商信用、价格、会议场地条件、服务水平、提交材料等信息的评估
签订承包协议	◆与选定会议承包商进行洽谈，协商合作事宜 ◆将会议的具体要求传达给承包商 ◆与承包商签订合作协议

4.2 会议期间如何管理

会场服务工作是保证会议顺利进行并取得圆满成功的重要环节，工作内容很多，一般包括签到、引导座位、分发会议文件材料、内外联络、传递信息以及维持会场秩序等。为了实现会议的高效管理，会务工作应大部分使用数字化智能化管理，只在关键部分保留人工管理。

4.2.1 组织签到工作

（1）确定会议签到方法

参加会议的人员在进入会场时均要签到，不同类型的会议签到方式也各不相同。详情如表4-10所示。

表4-10 会议签到方法一览表

签到方法	说　明
簿式签到	一般会议签到采用签到簿登记的方式
证卡签到	与会人员出示证卡签到的方式
会务人员代为签到	多用于公司内部会议，与会人数较少，且会务人员对参加会议的人员比较熟悉，可由会务人员代为签到
座次表签到法	与会人员按规定座位在签到表上签到

续表

签到方法	说　明
电脑签到	与会人数较多，采用电脑签到的方式，即参加会议的人员进入会场时，把特制卡片放到签到机内，将参会人员的姓名、号码传到中心，签到效率较高
二维码签到	与会人数较多的会议，会议通知人员可通过向与会人员发送微信邀请函的方式通知与会者，在邀请函中除了包含会议的基本信息，还将身份识别以二维码形式展示。与会人员到达会场后，通过相关设备识别邀请函中的二维码验证身份，而后通过系统快速安排其入席
现场扫描签到	在一些大型公开会议中，可不发放参会凭证，只需参会人员通过扫描会议现场的签到二维码，登入相关信息，从而实现签到，常见方式如微信签到墙
条形码签到	在大型对外会议中，工作人员在会议准备阶段使用参会者的信息生成条形码，并将条形码直接打印在参会者的邀请函或会场出入证上，而后将该邀请函或会场出入证发给参与者。参会者到达会场后，通过扫描条形码，实现签到
智慧卡签到	基于现代化电子与RFID通信技术，利用智慧卡唯一性对与会人员进行非接触式智能签到

（2）使用会议签到系统

以往大型会议签到都需要占用大量人手，并且还要占用大量时间用于签到。为提高会议效率，降低成本，目前大多数企业都会使用会议签到系统来完成会议签到。会议签到管理系统是企业在召开会议时，进行信息采集、统计、处理，并实现会议现场快速签到的新型、智能电子智能签到方式。会议签到系统利用会议管理自动化软件与智能设备管理会议签到工作，实现会议签到数据采集、数据统计、信息查询过程等工作的智能化与自动化。目前签到系统的种类琳琅满目，常见的会议签到系统包括条形码签到、基于RFID无线射频识别的IC卡签到、二维码签到等。

由于会议签到系统是以程序进行自动化操作。因此，工作人员应安排根据系统要求，进行提前安排，保证参会者能迅速签到，具体流程如图4-10所示。

4.2.2 引导人员入座

会务人员要引导与会人员入座。为减轻会务人员的负担，可以采用印刷“座次表”，在会场上设立指示标记，在签到证或出席证上注明座次号码等方式，引导参会者顺利地找到自己的座位，保证会议按时展开。

在会议开始前，会务人员要再一次清点会场人数。会议开始前五分钟应安排专人及时提醒尚未到达会场的参会人员准时到会。若参会人员无法准时到会，应询问其无法按时到会的原因。

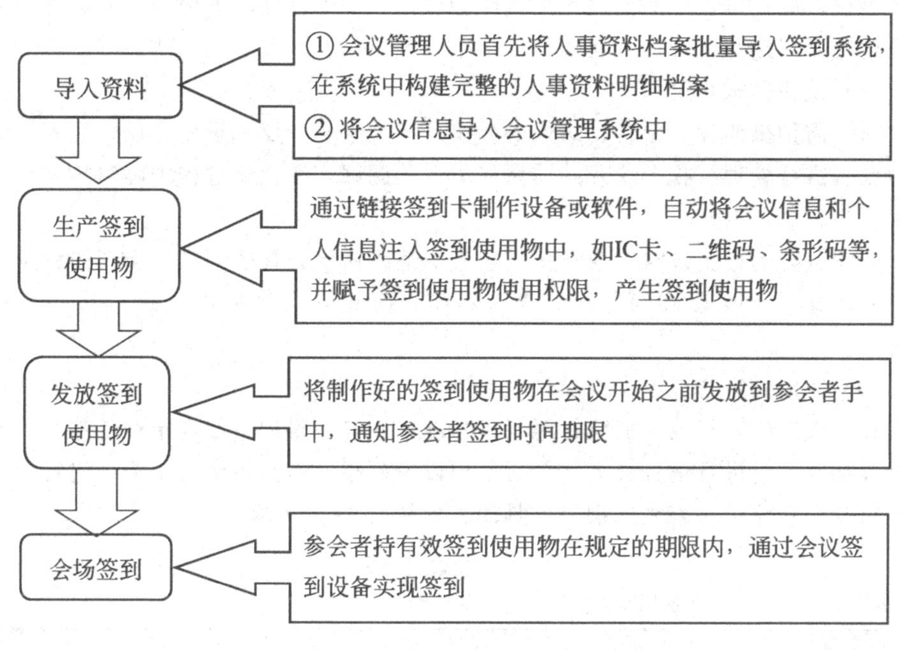

图4-10 会议签到系统使用流程

4.2.3 分发会议文件

会议中所需要的文件材料，会务人员应及时、准确地分发到每位参会者手中。

（1）会前分发的文件材料

可以在参会者进入会场时由会议工作人员在会场入口处分发给每位参会者，也可以在开会之前按要求在每位参会者的座位上摆放一份。

（2）会中分发的文件材料

可以把会议工作人员分派到各组，负责每组文件材料的分发和收回。需要收回的文件材料，一般应在文件的右上角写明收文人和收文时间，收文时要登记，以免漏收。

4.2.4 做好会议服务协调

在会议进行时，要制止与会议无关的人员进入会场，保证会议地点安全。如发生混乱，会议人员要及时制止和调停，特别是重要的密级较高的会议，要防止在混乱中发生意外情况。除此之外，行政部还需做好如下10项工作。

（1）安排联络员

会议进行中，会务人员要做好内外联系工作，传递信息，对于大中型会议和

重要会议，应安排专门的值班人员坐席会议，以便处理临时事项。如有关部门的紧急情况要转达与会者，传递信件、接电话等。

（2）设备调试与使用

对于需拍摄照片、录音、录像的会议，如大中型会议和重要会议，应安排专人对设备进行管理。在会议开始前做好最后的调试，在会议过程中随时检查设备的使用情况。

若需进行远程会议时，会务人员应做好远程通讯设备的调试，会议过程中做好信号的维护，保证画面稳定，声音清晰，防止开会过程中出现信号中断的情况。

（3）协助做好会议记录或录音

在会议期间，行政人员应针对各种情况，做好会议记录或者录音工作，主要为会议期间及时进行信息交流、会后研究以及调整谋略。在会议过程中进行记录时，可利用会议记录表完成记录，具体表单如表4-11所示。

表4-11　会议记录表

编号：　　　　　　　使用日期：　　年　月　日

会议时间		地点		主持人		记录人	
会议名称							
参加者							
会议议题							
会议目的							
会议过程记录							
会议决策							
记录审核人			审核结果				

（4）协助满足重要与会人员的特别需要

会议期间，当重要与会人员提出特别需要时，行政人员应尽力、及时地给予满足，以保证会议的顺利进行和促进会议决议的形成。

（5）维持会场秩序

会议进行中如发生混乱，行政人员要及时调停，特别是重要的密级较高的会议，防止在混乱中发生意外情况。如，协助保安制止与会议无关的人员进入会场，保证会议地点安全以及协助保安做好会议期间的值班工作等。

（6）涉外会议联络

若会议涉及国际交流和沟通，会务人员应安排同声传译，保证会议正常交流。

(7) 会议保卫工作

为了保证会议的顺利进行，并尽快达成会议决议，行政人员应协助保安做好会议的值班、保卫工作。

① 会议值班工作。行政人员要带领保安坚守值班岗位，以保证会议顺利结束，并随时应付各种突发事件。

◎行政人员要坚守岗位，人不离岗，内外联系，传递信息，保证会议信息的畅通无阻。

◎行政人员要阻止与会议无关人员随便出入会场，特别是保密性较强的会议更不能让无关人员随意进出。

◎行政人员要做好会议期间各项活动与各种矛盾的协调工作。

◎行政人员要制作会议设备维修、车队调度和食宿等后勤服务部门相关人员的通讯录，方便信息沟通，保证会议顺利进行。

② 会议保卫工作。

◎行政人员要做好会场和驻地的保卫工作。

◎行政人员要做好会议重要文件的保卫工作。

◎行政人员要做好重要与会人员的人身安全保卫工作。

◎行政人员要做好各种设备物品及私人贵重物品的保卫工作。

(8) 会议保密工作

会议的保密工作贯穿于行政人员会议工作的全过程，行政人员在会中的保密工作更显得尤为重要。

① 如果召开比较大型的或秘密性较强的会议，秘书部门要与保卫、保密部门取得联系，共同采取会议保密措施，尤其是加强会中的保密工作。

② 行政人员要对与会人员进行保密教育，宣布保密纪律，规定与会人员不得以任何形式对外散布会议秘密。

③ 会议期间，行政人员对发放的文件、资料要统一登记，领取文件要办手续，并指定专人负责管理文件。

④ 重要涉密会议期间，一般不准录音，经批准录音的，录音资料要按会议文件的保密要求进行管理。

⑤ 重要会议与会人员要凭证件入场，严禁与会议无关人员随意进出。

⑥ 对会上发给的秘密文件，行政人员在传递时要通过机要通信部门递送，不要让与会人员携带。

⑦ 在会议期间，行政人员要时常对会议驻地、房间、会议室进行保密检查。

⑧ 在会议决议事项形成期间，行政人员对需在一定范围之内知悉的会议讨论的情况也要保密，要做好会议讨论情况的保密工作。

⑨ 在会议期间，进行会议宣传报道时，行政人员要认真审查把关，防止会

议秘密事项通过宣传渠道泄露出去。

(9) 处理临时事项

在会议进程中，可能发生一些意想不到的临时变动，行政人员应及时向领导请示，并对领导的指示采取应急措施，妥善处理。

(10) 其他服务工作

行政人员应及时准备好会议期间所需的物品，准备茶水，保证会场光线，保持会场清洁卫生，协助与会人员拍照或摄影留念等。

4.3 会后事项如何处理

会议的结束并非代表会务工作的结束，会议的结束只是产生了决策。对于企业来说，只有将决策落实到实际工作中，并取得预期效果，才能证明会务工作真正的完成。一般而言，在会议结束后，行政部应做好会场的清退与会议纪要管理和会后落实跟踪工作。

4.3.1 做好会场清退管理

会场清退管理包括会场清理和办理退租手续。

(1) 清理会场

清理会场包括两部分内容：一是安排与会人员返程；二是会场的清理。

① 安排与会人员返程。会议结束后行政人员应根据会议时间的长短、外地与会人数多少等情况，提早安排外地与会人员的返程事宜。行政人员安排与会人员返程工作的具体做法如下。

◎行政人员应根据会期长短、外地与会人数多少等实际情况，提早安排外地与会人员的返程事宜。

◎行政人员事先要了解外地与会人员对时间安排、交通工具的要求，尊重其意愿。

◎一般情况下，行政人员应按先远后近的次序预订返程机票、车票。

◎行政人员应提早与民航、铁路、公路、港口等部门联系，提前预订飞机票、火车票、汽车票和轮船票。

◎行政人员应把已经订好的返程车（船、飞机）票送到与会人员手中，并与其商量离开招待所或宾馆的具体时间。

◎行政人员应编制好与会人员离开的时间表，安排送行车辆，派人将外地与会人员送到机场、车站或港口，待他们乘坐的交通工具起程后再返回。

◎行政人员应安排送客车辆，如有必要还要安排领导人员为与会人员送行。

◎行政人员可按照与会人员的要求，通知与会人员单位，告诉与会人员何时乘何次车（飞机、轮船）返回，以便对方安排接站。

② 会场的清理。

◎会议结束后，行政人员应与相关人员收拾整理放置在会场的茶杯、桌椅、烟灰缸和其他用品。

◎行政人员负责将所有剩余的与会议有关的文件清理，并做好保密工作。

◎行政人员要及时将临时摆放在会议室的各种视听设备及时放回原处或办理归还手续，并将会议室设备整理恢复到备用状态。

◎在清理会场时，行政人员要注意检查与会人员有无遗失文件、物品。

（2）办理退租手续

清理完会场后，行政人员要负责办理退租会议场地、参会人员住房等的相关结算手续。

4.3.2 规范会议纪要管理

会议纪要管理包括清理会议文件、整理会议文件、撰写会议纪要和印发会议纪要四项工作。

（1）清理会议文件

① 小型内部会议文件清退方法。

◎由会议主持人在宣布会议结束的同时，请与会人员将文件放在桌上，由行政人员统一收集。

◎在会议结束的同时，由行政人员在会议室门口收集。

◎由行政人员单独向个别已领取文件而未到会的人员收集。

② 大中型会议文件的清退方法。

◎行政人员应提前发出会议文件清退目录，先由与会人员个人清理，再统一交到大会秘书处。

◎行政人员应对会议工作人员采取下发清退目录，限时交退。

（2）整理会议文件

整理会议文件工作包括会议文件的收集和立卷归档。

① 会议文件的收集。

◎确定会议文件的收集范围。

◎选择收集会议文件的渠道。

◎运用收集文件的不同方法。

② 会议文件的立卷归档。

会议文件的立卷归档，即分类立卷归档会议过程中的一整套材料。

◎行政人员将会议纪要归入卷内，并按会议讨论议题顺序进行整理。

◎卷内文件的排列顺序一般为会议通知、会议纪要、会议议题及有关文件，有的文件可能多次修改，几易其稿，立卷时应将原稿放在前面，然后将一稿、二稿依次排列其后。

◎大型会议完整的会议案卷，应包括以下一些内容：会议正式文件，如决定、决议、计划、报告等；会议参阅文件；会议安排的发言稿；会议上的讲话记录；其他有关材料。

③ 会议文件整理的注意事项。

◎会议文件责任要落实到人。

◎行政人员收集会议文件时应严格履行文件登记手续，并认真检查会议文件是否缺件、缺页、缺损的情况。如果出现此类情况，应尽快及时采取补救措施。

◎会议收集整理过程中行政人员要注意保密。

◎会议文件立卷归档工作要严格遵守档案制度。

◎会议上形成的领导讲话、工作报告和以红头文件颁发的正式文件都应该归档。尽管它们基本内容相同，但仍有一定的区别，行政人员不能将其视为重份文件剔除。

◎尽管领导讲话、工作报告的主要内容与会议材料完全相同，但它的重点是颁发通知，其中的内容反映会议以后的工作活动和实施过程，有一定的查考价值，应属于归档范围。

◎领导讲话与其他会议材料之间，存在着必然的联系，立卷时，行政人员应将一个会议的材料组为一卷或几卷，保持其有机的联系。

（3）撰写会议纪要

会议纪要是在会议记录的基础上，经过分析和综合，对会议的基本情况和主要精神进行概括、提炼而形成的一种下行公文。

① 会议纪要标题。

会议纪要标题的编制方法有 4 种，如图 4-11 所示。

1 会议名称与文种组合

2 召集会议部门名称、会议内容与文种三者相互组合

3 有固定形式的会议

4 将会议决议的问题简括成一句话作为正标题，将会议全称加“纪要”二字作为副标题

图4-11 会议纪要标题的编制方法

② 会议纪要的内容。

会议纪要的内容可以分为两部分：第一部分是会议的情况简述；第二部分阐述会议主要精神。详情如表 4-12 所示。

表4-12 会议纪要内容一览表

会议纪要内容		说明
第一部分	会议情况简述	用精练的语言介绍会议的时间、地点，参加会议的人员，开会的根据和目的，会议讨论的问题以及会议结果
第二部分	会议主要精神	具体阐述会议讨论的问题、基本结论、会议所作出的正式决定等，这部分是会议纪要的主体

会议纪要可以编制成会议纪要表进行管理。具体表单如表 4-13 所示。

表4-13 会议纪要表

编号：　　　　　　使用日期：　　年　月　日

××××会议纪要				
会议主席		会议主持		
列席人员名单				
出席人员名单				
会议决议内容				
决议事项	决议提出人	负责人	完成时间	其他说明
记录人： 日　期：			核准人： 日　期：	

（4）印发会议纪要

为了完整准确地传达贯彻会议精神，使会议决定的事项得到认真落实，日常工作会议之后，一般都应印发会议纪要。企业印发会议纪要有 2 种方式，如图 4-12所示。

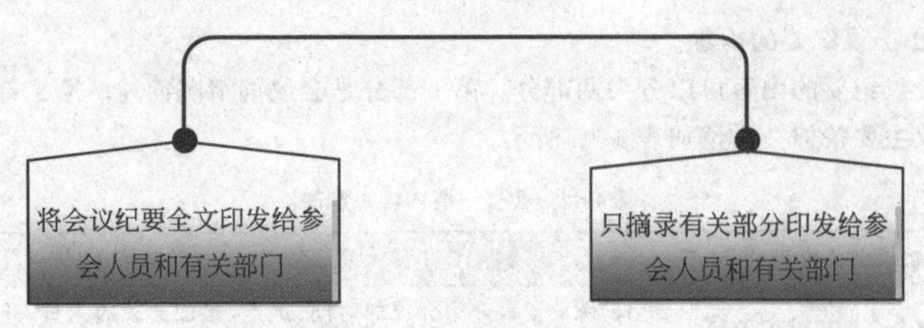

图4-12　会议纪要印发方式

会议纪要的印发范围应根据纪要内容确定。绝密级的会议纪要只印发给与会领导。一般会议纪要可印发给参加会议人员，并视情况决定涉及的部门，并加发会议纪要。有些保密性强的会议，可以不印发会议纪要全文，只摘录有关部分印发给参会人员和有关部门，以防泄密。会议纪要要标明密级，并进行编号。

4.3.3　加强会议效果评估

为了提高会议质量，行政人员不仅要做好会前筹备和会中管理工作，而且要做好会后的效果评估工作。在会议结束后，行政人员可以通过定性和定量两种方法，评估会议的质量，消除影响会议质量的不利因素。

（1）定性评估

定性评估是对会议活动效果进行质的评价。行政人员可以从以下 4 个方面进行评估。

① 与会人员的发言、提问、讨论、留言的主要观点和倾向。

② 与会人员的知名度和代表性，会场气氛，新闻媒介报告的侧重面。

③ 会议进行期间是否出现预想不到的问题，或是否有没做好的工作等方面的情况。

④ 会议决议的落实情况。

（2）定量评估

定量评估是通过客观量化的因素评估会议的效果，从而不断地总结经验。通常，行政人员应按以下程序进行评估，具体如图 4-13 所示。

① 明确会议评估的对象。会议定量评估主要是行政人员对会议整体管理工作、对会议主持人以及对会议工作人员的评估。

② 确定会议评估的因素。

◎确定对会议管理工作的总体评估因素。

会议管理工作的总体评估因素应该覆盖会议工作的各个方面，包括会议方案、会场、时间、与会人员范围、接待安排、会议经费和其他各项活动内容。行政人员根据会议的性质决定所调查问题的内容。

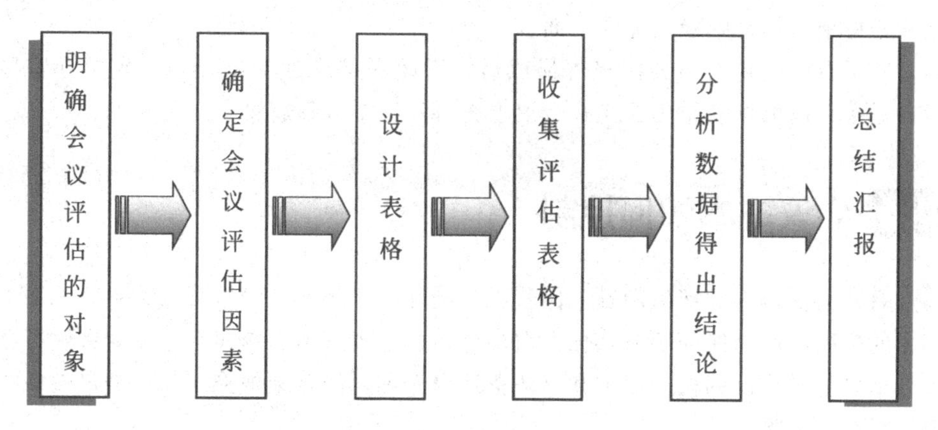

图4-13 定量评估的程序

◎确定主持人的评估因素。

主要侧重于对主持人的主持能力、修养、业务水平、工作作风、会议进程的控制能力和引导会议决议形成能力的评估。行政人员可请与会人员和观察员记录填写。

◎确定会议工作人员的评估因素。

主要侧重于对工作人员的行为表现、工作态度、业务水平和工作效果的评估。

③设计评估表格，收集评估数据。

◎表格的长度。过长表格很难完成，过短表格提供的数据可能不够充足。

◎填写的难易程度。简单的表格会增加完成的可能性。

◎所问的问题。问题决定设计表格的目的和要收集的信息，在提问之前应该去除无关的问题。

◎提问的方式。根据会议评估的目的和形式，行政人员可以提问开放式的或封闭式的问题。

◎分析数据方式。如果会议上有许多与会人员，可使用计算机分析数据，封闭的问题更适合于计算机分析。

④ 分析数据，得出结论。

◎行政人员应该根据会议的类型和分析的目的获得分析数据并得出结论。

◎行政人员应以适当的格式整理和展示会议评估图表所获得的数据，以便进一步分析会议效果。例如，柱形图、饼型图和散点图等，这样数据更容易显现，并能用于活动的最终报告中。

⑤ 总结汇报。

◎编制会议总结报告时，行政人员应将分析内容总结到报告中，并将统计数

据和分析结果作为附录附加在后面。

◎所有反馈数据的分析报告形成后，行政人员应递交给领导。经领导审核后，行政人员可以总结为非正式会议上的口头汇报或备忘录。

4.4 会议成本如何控制

召开会议是为了解决问题。但若不控制好会议成本，频繁开会，不但无助于问题的解决，反而使问题复杂化，增加公司的运营成本。为此，行政部在进行会议管理时应对会议的机会成本和会务费用预算进行严格地把控，保证会议效果能超过开会的成本。

4.4.1 控制会议机会成本

（1）量化会议机会成本

公司在召开会议过程中，可能会导致公司和参会者丧失某种可以获取或创造的经济利益或潜在收益。如，与会人员因参加某项会议而丧失了日常工作中创造的劳动价值；由于会期过长又未作出决策而丧失了机会收益等。为了有效地控制会议机会成本，应对会议成本进行量化管理。通过量化管理，有利于将会议成本和会议效果进行比较，保证会议控制达到预期效果。日本一知名公司计算会议机会成本所用的公式如下面所示，仅供读者参考：

会议成本＝每小时平均工资×3×2×开会人数×会议时间(小时)

注：平均工资乘以3，是因为劳动产值是不仅包括公司部门付给他们的薪酬，还包括公司或部门创造的劳动产值；

乘以2是因为参加会议要中断经常性的工作。

（2）有效控制机会成本

为有效控制机会成本，会议管理人员应对会议的各个环节进行有效控制，在保证有效参会人数的同时，尽量使用较短的会议时间达成最好的会议效果，具体的措施可参考图4-14所示。

4.4.2 控制会议费用预算

（1）做好会议预算

会议预算是会议管理与策划的重要内容之一，会议管理工作人员应及时将会议预算范本或会议预算报告上报会议负责人，并根据负责人的决策用好会议预算。

企业会议预算项目主要包括6项，具体如表4-14所示。

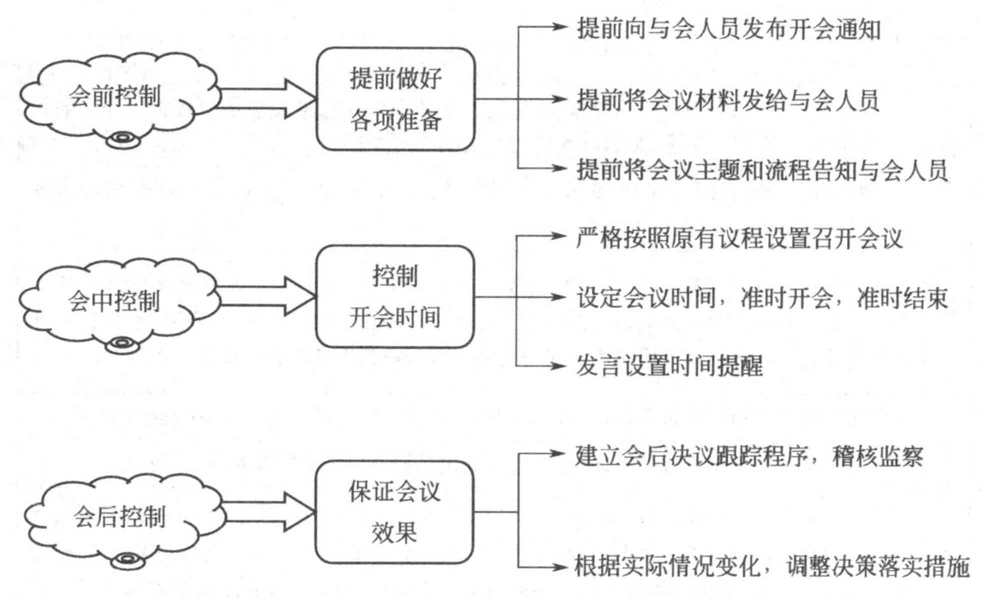

图4-14 控制会议机会成本措施

表4-14 企业会议费用预算项目一览表

会议费用项		说明
交通费用	出发地至会议地的交通费用	包括乘坐航班、铁路、公路、客轮所花费的费用，以及从目的地车站、机场、码头至住宿地的交通费用
	会议期间交通费用	主要是会议地交通费用，包括住宿地至会议地的交通、会议地到餐饮地点的交通、会议地到商务交际场地的交通、商务考察交通以及其他与会人员可能使用的预订交通
	欢送交通及返程交通	包括乘坐航班、铁路、公路、客轮所花的费用，以及住宿地至机场、车站、港口的交通费用
场地费用	会议场地租金	通常而言，场地的租赁已经包含某些常用音像设施，譬如激光指示笔、音响系统、桌椅、主席台、白板或者黑板、油性笔、粉笔等，但一些非常规设施并不涵盖在内——比如投影设备、临时性的装饰物、展架等，需要加装非主席台发言线路时也可能需要另外的预算
	会议设施租赁费用	主要是租赁一些特殊设备，如投影仪、笔记本电脑、移动式同声翻译系统、会场展示系统、多媒体系统、摄录设备等，租赁时通常需要支付一定的使用保证金，租赁费用中包括设备的技术支持与维护费用
		在租赁时应对设备的各类功效参数作出具体要求（通常可向专业的会议服务公司咨询，以便获得最适宜的性价比），否则可能影响会议的进行。另外，这些会议设施由于品牌、产地及新旧不同，租赁的价格可能相差很大

续表

<table>
<tr><th colspan="3">会议费用项</th><th>说　明</th></tr>
<tr><td rowspan="2">场地费用</td><td colspan="2">会场布置费用</td><td>如果不是特殊要求，通常而言此部分费用包含在会场租赁费用中。如果有特殊要求，可以与专业的会议服务商协商</td></tr>
<tr><td colspan="2">其他场地费用</td><td>通常包括广告及印刷、礼仪、秘书服务、运输与仓储、娱乐保健、媒介服务等，可视会议需要进行采购</td></tr>
<tr><td>住宿费用</td><td colspan="3">正常的住宿费除与酒店星级标准、房型等因素有关外，还与客房内开放的服务项目有关——譬如客房内的长途电话、洗换、迷你吧酒水、一次性换洗衣物、互联网、水果提供等服务有关。会议筹办者应明确酒店应当关闭或者开放的服务项目及范围</td></tr>
<tr><td rowspan="3">餐饮费用</td><td colspan="3">会议的餐饮费用可以很简单，也可以很复杂，这取决于会议议程需要及会议目的</td></tr>
<tr><td>茶点</td><td colspan="2">基本上是按人数预算的，预算时可提出不同时段茶歇的食物、饮料组合</td></tr>
<tr><td>正餐</td><td colspan="2">通常是自助餐，当然也可以采取围桌式就餐，费用按人数计算即可(但考虑到会议就餐的特殊性及原材料的预备，所以预计就餐人数不得与实际就餐人数相差15%，否则餐馆有理由拒绝按实际就餐人数结算，而改为按预定人数收取费用)</td></tr>
<tr><td colspan="3">其他娱乐、演出、保健、旅游项目费用</td><td>会议室、住宿费用中可能含一部分娱乐项目的费用，会议期间可以利用，但有些项目需要根据活动安排另行准备预算</td></tr>
<tr><td colspan="3" rowspan="2">杂费</td><td>杂费是指会议与活动过程中，产生的一些临时性费用，包括打印、临时运输及装卸、纪念品、模特与礼仪服务、临时道具、传真及其他通讯、快递服务、临时保健、翻译与向导、临时商务用车、汇兑等</td></tr>
<tr><td>杂费的预算很难计划，通常可以在会议费用预算中增列不可预见费用作为机动处理</td></tr>
</table>

(2) 申领与拨付会议经费

部门在申请领取经费时，应根据所批准的经费年度预算编制季度用款计划填写申请单进行申请，申请单须报呈上级领导审批。申请表如表4-15所示。

表4-15　费用申请表

编号：　　　　部门：　　　　　　　　　　填表日期：____年__月__日

<table>
<tr><th>费用类别</th><th>金额</th><th>用途说明</th><th>附件</th></tr>
<tr><td></td><td></td><td></td><td></td></tr>
<tr><td></td><td></td><td></td><td></td></tr>
<tr><td></td><td></td><td></td><td></td></tr>
<tr><td>合计</td><td colspan="3">人民币(大写)</td></tr>
</table>

申请人签字：　　　　审核人签字：　　　　主管领导签字：

上级领导根据部门的季度用款计划、上月的会计报表及各部门的业务和资金结存情况给予拨款，并按月拨付，但不许办理超出预算计划的拨款。

（3）会议经费报销

会议经费实行实销实报。在报销时应要求报销人员出具相应的消费票据，同时填制报销单，报销单中应注明每一项费用产生的原因、时间地点、对象以及金额等内容。报销单填制完毕后，须经部门主管审核签字，部门经理、行政部审批通过后，由专人统一汇总后交由财务部。财务部按照规定进行查核后方可办理报销手续。同时，行政部应根据企业实际情况，对单笔报销费用限定最高额，超过最高额度的费用报销应经过严格的程序审批。具体审批流程如图 4-15 所示。

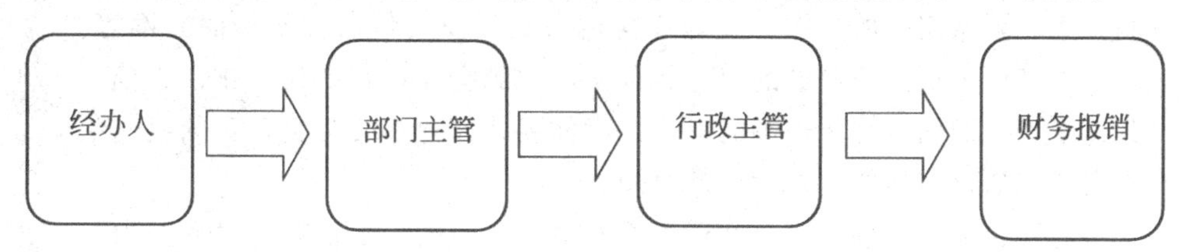

图4-15　会议经费报销审批流程

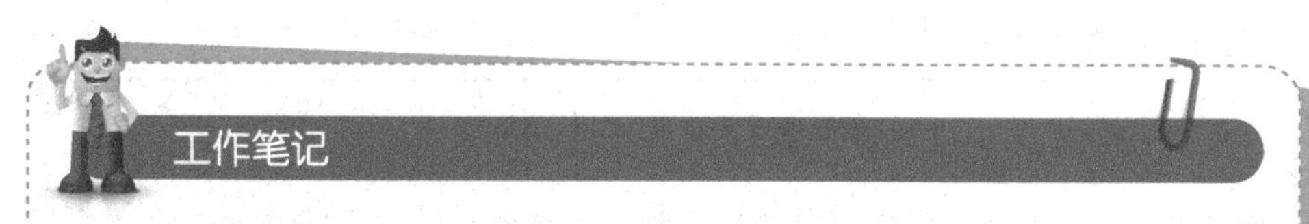

为会筹谋：一个也不能少

会议，特别是大型会议，为了避免在开会时因发现没有准备好某个东西，而出现手忙脚乱的情况。在筹备时，就需要做好各方面的准备，反复检查，保证一个都不能落下。下面是一位会务人员在一个会议筹备过程中的心得记录。

（1）接到会议任务，组建筹备团队

新的会务工作总是在一个通知中悄然开始了。虽然这个会议早就已经列入今年的会议年度计划，但真正要开始运作本次会议，还是要从这份会议任务通知开始算起。这是一个全新的会议，需要重新筹备组建，任务很艰巨。但同样也可以从这一次全新的会议中总结出新的经验，同时，也是锻炼新人的好机会。

本次会议筹备团队还是按照往常惯例，新老搭配，以我们行政部为主，抽调技术部、财务部、采购部和销售部各一名人员来协助我们的工作，都是精兵强将。希望本次会议筹备工作能圆满完成。

（2）除了方案，还是方案，要速度，更要全面细致

团队成功组建完毕，因为是老同事，也不需要再花多少精力进行磨合。下面这个工作才是大头。除了方案，还是方案。

①由于本次会议规格与以往有所不同，而且以前的会议场所有所欠缺，因此，需要重新进行场地考察，并做好场地考察报告，然后根据场地考察报告，制作会议筹备总体构思方案。

②根据总体筹备方案，我们要对每一个环节进行详细的规划，子方案一个都不能少，包括拟写场地布置的方案、嘉宾和领导接待的方案、住宿的方案、餐饮安排的方案、交通安排的方案以及其他后勤安排的方案等。每一个都要经过团队仔细的讨论和确认，大到会议议程如何安排，小到一张椅子如何摆放，都要仔细的考虑。时间要快，内容要翔实，否则提交的方案不能通过，拖的还是我们的时间。

为了保证一次性通过，在讨论方案时，要罗列一份清单，对方案内容进行多次确认，保证方案全面细致，清单中的各大环节都需要指定负责人来完成。清单如下所示。

会议筹备方案负责人确认清单

一、会议内容安排

1. 确定会议议程（总负责人）：负责包括确定大会名称、确定大会主持人、初定会议议题和报告人、确定会议时间、地点、编制会议日程表、确定会议邀请内外部对象等工作。

2. 布置会议报告（负责人 A）：负责包括布置编写会议报告、收集汇总报告内容、布置秘书拟定主持人对报告的评价和汇总、根据主题报告拟定分组讨论题目、布置分组讨论的要求等工作。

3. 会议成果总结（负责人 A）：负责包括会议影像资料收集整理、会议分组讨论资料汇总、会议要求的总结等工作。

4. 会议精神推广（总负责人）：负责包括确定会后学习的内容和方式、会后学习、工作任务布置、会议学习、工作成果收集汇总、布置会后工作计划跟踪责任人、组织评估会后工作完成情况等工作。

二、会务安排

1. 编制会议预算费用（责任人 B）：负责包括收集各项活动需要的费用信息、编制调整会议预算、核对服务内容并结账等工作。

2. 确定参加会议的内部人员（责任人 C）：负责包括确定参加会议的内部人员名单、准备会议通知、通知参加会议人员或发邀请函等工作。

3. 确定参加会议的领导和嘉宾（责任人 D）：负责包括确定参加会议的领导名单和嘉宾名单、准备邀请函、正式邀请领导和嘉宾、收集领导和嘉宾反馈信息等工作。

续表

4. 会议地点确定(总负责人):负责包括确定主会场、分会场数量、选择VIP休息室、确定各个会场的人员、确定各会场记录人员等工作。 5. 会议现场考察(总负责人):负责包括安排现场考察的时间、召集考察人员、签订会场合同、考察住宿地点、确定VIP住宿、确认各房间类型所需数量、签订住宿合同、考察就餐地点、确定主桌名单、签订餐饮合同等工作。 6. 交通方案确定(总负责人)。 7. 确定现场服务人员(总负责人)。 8. 确定会场布置人(责任人E):负责包括会场音响、摄影、摄像、灯光、电脑、设备维修、现场引导、宴会主持等工作人员的安排。 9. 会场布置(责任人E):负责包括会标及指示牌制作;制作与会人员席卡、代表证(含吊绳);会场摆放布置(如主席台、听众席、签到台、盆花等);印刷、装订、分装会议资料;茶歇安排;准备奖品、礼品清单,选择礼品堆放点;准备矿泉水、双面胶等自备的会务用品清单;准备供应商提供的物品清单(如文具用品等);制作宴会席卡;物品清单汇总、包装、运输;现场音响设备确认;现场摄影摄像设备确认;现场灯光确认;现场演示电脑位置确认;现场信号线确认;现场播放设备确认;现场录音设备确认等工作。 三、行程安排 1. 特殊人员交通(负责人F):负责包括领导、嘉宾用车辆安排;备用车辆安排;会议工作人员车辆安排;领导、嘉宾餐后车辆安排等工作。 2. 租赁车辆调度(负责人G):负责包括行驶路线、时间、集合地点安排;安排车辆清点人数;停车场地确认;其他参观活动车辆安排等工作。 3. 住宿房间安排(负责人H):负责包括制定住宿房间清单、制定协调住房安排、确认入住手续、收发房卡等工作。 4. 宴会安排(负责人I):负责包括确定参加宴会人数、就餐时间确认、准备自备的食物清单、VIP驾驶员餐饮安排、宴会音响话筒效果确认、节目安排(领导发言、表演、抽奖活动)、背景音乐选择、上菜时机控制等工作。

(3) 执行筹备,现场细节不能丢

方案通过后,具体的执行过程中,需要关注的事情,将会越来越琐碎,需要做的工作将会越来越细致,每一步怎么做,要做详细安排。就以会议室的安排为例,对现场的操作如下。

1号会议室回型摆放操作
一、台型:回型。 二、容纳人数 1. 3人/桌时最多容纳60人。 2. 2人/桌时最多容纳40人。

续表

三、摆放操作步骤 1. 将2号会议室清场，留下摆放回型台型所需要的桌子和椅子，多余的全都撤出2号会议室。 2. 把2号会议室的卫生打扫一遍，桌子和椅子擦干净，地毯用吸尘器吸一遍，边角线的浮灰抹一遍。 3. 回型台型是中间是个回字，横向两张桌子，竖着四张桌子围成一个回字，再在后面各放上一竖排桌子。 4. 定位置，先将横向的两张桌子放好位置背向投影幕布，距离3米左右中间放上两张桌子，然后在垂直于这两张桌子的两边各竖着摆四张桌子，再把横向的两张桌子摆上围成一个回字。 5. 再在两竖排后面各摆上一排，也是4张桌子，前后两张的桌子间距大约是80厘米至1米。 6. 所有桌子摆放好以后，用绳拉直4张桌子。 7. 桌子摆好以后，再添加椅子。如果是一张桌子3个人的话，依次摆上即可，如果是2个人的话，分别摆在桌子的左边和右边。摆上椅子后，用绳将横向的椅子，纵向的椅子一一对齐。 8. 回型台型摆放完成。

除此以外，一些会议需要使用的小物件，都得提前准备，公司没有的，需要提前进行采购。为此要列出开会所用物品的清单，清单内容要对物品名称、所需物品的数量、摆放位置、使用人以及跟进人员做详细记录。

（4）筹备无限，时间有限

筹备工作是无限的，但是留给我们的筹备时间是有限的。为此，作为负责人，都会有一个筹备任务时间表，要根据既定的时间计划，将筹备工作按时按量的完成。

企业公关管理实操

5.1 公关活动怎样做

从企业发展的角度来说，选择正确的方法和时机，开展适当的公关活动，不仅能在企业面临舆论危机时力挽狂澜，解除企业危机；还能不断加深企业与社会各方面的联系，逐步增加企业的社会影响力，扩大品牌影响范围。那么，企业应如何更有效地开展公关活动呢？

5.1.1 加强公关活动策划

公关活动策划，大致都包括如图 5-1 所示的七个步骤内容。

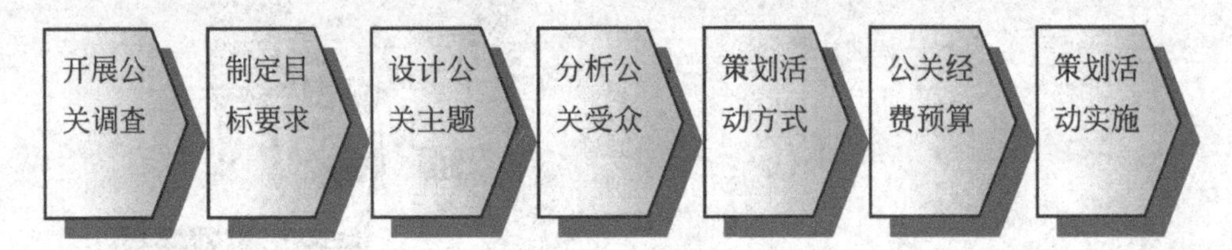

图5-1 公关活动策划的步骤图

(1) 开展公关调查

行政部公关人员应定期开展公关调查工作，为公关决策和公关活动的开展提供依据。公关调查内容应包括企业形象调查、公关活动意见建议调查等。行政部公关调查应选准时机，有针对性有目的地进行调查。如可选择企业新产品上市时进行调查，以判断是否开展公关活动。

在调查前应对调查目的、调查对象、调查范围、调查所用方法、调查人员、调查内容、调查要求、调查预算以及调查所用工具进行明确，并编制调查方案，根据调查方案进行调查活动。以下是一个企业在新产品上市时的市场调查方案，仅供参考。

新产品上市市场调研方案

一、 调查时间

2017 年 12 月 4～20 日。

二、 调查目的

1. 测试本新产品同类产品竞争的消费情况。

2. 测试消费者对新产品的接收程度。

3. 为新产品的推广、企业形象推广、公关方式的选择提供参考信息。

三、 调查对象和范围

1. 调查对象。

18～65岁的药品消费者。

2. 调查范围。

(1) 一级公关区域：上海市、北京市。

(2) 二级公关区域：石家庄市、南京市。

(3) 三级公关区域：保定市、徐州市。

四、抽样方法

在一级公关区域各取500个样本；二级公关区域取400个样本；三级公关区域取300个样本。共抽取1200个样本。

五、调研方法

调研方法采取街头随机抽访填写问卷的方式进行。

六、调查人员

1. 一级公关区域：上海市、北京市人员。

2. 二级公关区域：石家庄市、南京市人员。

3. 三级公关区域：保定市、徐州市人员。

七、调查内容

调查内容如下表所示。

××新产品市场调研内容表

序号	调研内容
1	了解北京、上海消费者的消费水平
2	分析××类疾病的群体特征，把握消费者的消费心理和购买习惯
3	测试本新产品同类竞争产品的使用情况和渗透率
4	测试消费者对新推出的××产品的信息获取渠道、接收程度等

八、调查要求

1. 每一位开展调查的人员均需接受调查培训。

2. 调查样本内容确保全面、准确，尤其是关键调研内容不允许存在缺项。

3. 公司公关调查人员在5月底前将调研结果进行整理，编写调查报告，报公关主管审批和行政部主管审阅，并将调查报告抄送市场部。

九、市场调研表样表

略。

十、调研预算

1. 人员工资与补贴共××元。

2. 调查费××元。

3. 培训费××元。

4. 资料费××元。

5. 礼品费××元。

6. 杂费××元。

合计：共××元。

（2）制定目标要求

行政部公关人员在公关活动策划之前，通过公关调查分析，了解公关环境现状，对企业形象现状进行诊断，从而为选择公关活动策划的目的和方法提供一些依据。

公关活动要解决的问题一般就是这个公关活动策划的具体目标。行政部公关人员在策划的时候，公关活动目标应明确、具体，具有可行性和可操作性。

（3）设计公关主题

公关活动策划的主题是对公关活动内容的高度概括，在整个公关活动中起着指导作用。公关活动策划主题设计得是否精彩、恰当，对公众活动成效影响很大。

公关活动策划主题的表现方式是多种多样的。它可以是一个口号，也可以是一句陈述或一个表白。

公关活动策划的主题的设计要考虑如图 5-2 所示的三个关键因素。

公关活动策划目标	策划的主题必须与公关活动策划目标相一致，并能充分表现目标
信息特性	主题的信息要独特新颖，有鲜明的个性，突出本次公关活动的特色
受众心理	策划主题要适应受众的心理需求，主题要形象，言辞能打动人心，使之具有强烈的感召力

图5-2 公关活动策划主题要考虑的影响因素

（4）分析公关受众

公关活动策划是以不同的方式，针对不同的受众开展的。即公关活动策划是为部分特殊受众策划的，而不是像广告一样通过媒介把各种信息传播给大众。因为不同的受众群体有不同的要求。

（5）策划活动方式

公关活动方式的选择是策划的主要内容。

通过什么方式开展公关活动策划关系到公关工作的成效。公关活动是否新颖、有个性，关键取决于策划人员的创造性思维。

（6）公关经费预算

公关策划活动的经费预算是策划的公关活动是否可以顺利开展的重要保证，只有精准、有效的经费预算到位，公关活动才能高效实施。公关人员应根据公关经费预算情况编制预算表，并将预算表呈报给主管人员、行政部经理、主管副总经理进行审批。具体表单如表5-1所示。

表5-1 公关活动预算表

<table>
<tr><th>预算编号</th><th>名 称</th><th>用 途</th><th>说 明</th><th>单 价</th><th>数 量</th><th>申请金额</th></tr>
<tr><td></td><td></td><td></td><td></td><td></td><td></td><td></td></tr>
<tr><td></td><td></td><td></td><td></td><td></td><td></td><td></td></tr>
<tr><td></td><td></td><td></td><td></td><td></td><td></td><td></td></tr>
<tr><td></td><td></td><td></td><td></td><td></td><td></td><td></td></tr>
<tr><td colspan="7">公关主管意见：
签名：
时间： 年 月 日</td></tr>
<tr><td colspan="7">行政部经理意见：
签名：
时间： 年 月 日</td></tr>
<tr><td colspan="7">分管副总经理意见：
签名：
时间： 年 月 日</td></tr>
</table>

（7）策划实施活动

根据以上确定的内容，对公关活动的具体实施组织进行人员、事项分工，形成公关活动策划方案。

① 撰写公关活动策划方案。公关活动策划方案包括十项内容：封面、序文、目录、宗旨、内容、预算、策划进度表、有关人员职务分配表、策划所需的物品及场地、策划的相关资料。

② 公关活动策划方案的申报。公关计划必须经过本组织领导的审核和批准，有时还应向有关政府部门申报。

◎审批过程是行政管理的法定措施；

◎审批过程是将策划方案放入全局环境中进行宏观的可行性研究的过程；

◎审批过程是政策把关的过程。

③ 公关活动策划方案的论证。方案论证就是行动方案拟订以后进行的可行性论证，包括如下五个方面：

◎对项目的必要性进行论证；

◎对目标的可行性进行论证；

◎对限制性因素进行分析；

◎对潜在问题进行分析；

◎对预期结果进行综合效益评价。

具体策划方案的编写，可参考以下模板。

××公司新闻发布会策划方案

一、新闻发布会主题

1. 创新是公司的第一竞争力

2. 科技为企业,企业为社会

二、新闻发布会目的

1. 展示企业强大的科研实力和创新精神

2. 获得更多的社会关注

3. 宣传企业,塑造企业形象,扩大企业社会影响力

三、新闻发布会时间

××年××月××日(待定)14：00～16：00。

四、新闻发布会地点

公司大厦三楼多功能会议室。

五、新闻发布会流程

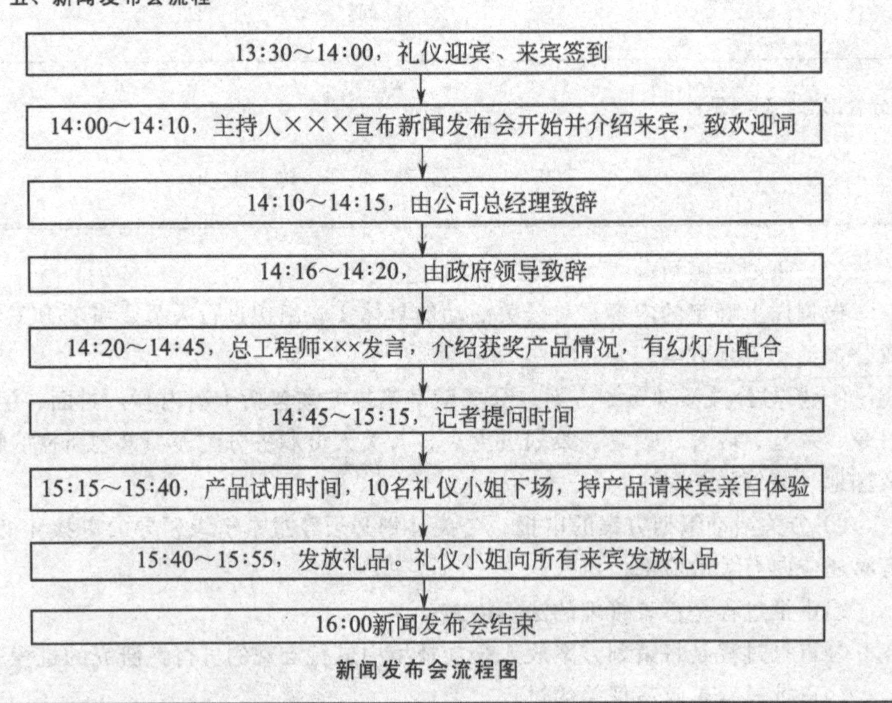

新闻发布会流程图

续表

六、新闻发布会的准备工作

1. 准备工作的控制

准备工作在会议开始前一周进行，所有事项由专人负责，具体如下表所示。

新闻发布会准备工作详情

事项	内容	完成时间	负责人	备注
邀请嘉宾	发邀请函，政府部门由总经理联系后再发函	月　日前	王××	
选拔礼仪小姐	从公司内部选出10名员工担当会场礼仪小姐	月　日前	陈××	
置办现场物品	彩旗、条幅、巨幅彩喷画、展架、指示牌、鲜花、盆花（数量、规格见费用预算表）	月　日前	刘××	
所需资料	发布会现场所需幻灯片、资料袋（公司简介、获奖产品介绍、其他）	月　日前	张××	
采买招待物品	水果、茶叶、矿泉水	月　日前	陈××	
准备礼品	制作礼品盒、准备礼品	月　日前	郭××	
发言人讲稿	董事长、主持人讲稿和应对媒体提问的准备	月　日前	孙××	
音响、投影仪调试	调试投影仪、电脑和音响设备，会议过程中专人负责监管并保证会议顺利进行	会议开始前一小时内完毕	刘××	
设指引和迎宾	在大厦内放置指引牌（三块），在一楼设迎宾台，礼仪小姐迎宾、客人签到	会议开始前半小时内完毕	张××	
实参会人员名单	通过电话最后确认各单位的参会人员，然后制作台卡和胸花	月　日前	李××	

2. 人员邀请

发布会将邀请政府部门、媒体和关系单位参加，预计来宾人数19人，见下表。

续表

新闻发布会人员邀请表

邀请单位类别	单位名称	职务	人数	备注
政府部门	省科学技术厅	厅长	1	
	××协会	会长(副会长)	1	
平面媒体	××日报	记者	1	
	××晨报	记者	2	
	××教育报	记者	2	
	××新闻	记者	1	
电视媒体	××经济频道	记者	2	
	××新闻频道	记者	2	
	××卫视	记者	2	
网络媒体	××信息网	记者	2	
关系单位	××投资公司	经理	2	
	××机械公司	经理	1	

3. 会场布置安排

(1)主席台。

①以巨幅彩喷画作背景墙。

②主席台设八把座椅，两个有线话筒。台前六盆绿色植物，左右鲜花各一篮。主席台每位嘉宾矿泉水1瓶，资料袋1个，台签1个。

③主席台前设演讲台，配备一个有线话筒。

(2)记者、来宾席。

①主席台对面设记者来宾席，摆放20个座椅(设小桌)，记者来宾席备2个无线话筒。

②记者来宾席每位预备矿泉水1瓶，资料袋1个。

(3)会场环境氛围。

①大厦正门外马路两侧隔两米插彩旗，共100米。

②大厦正门口上端悬挂条幅。

③在楼梯和楼层设指示牌，引导来宾。

七、新闻发布会的费用预算

本次新闻发布会的费用预算如下表所示。

新闻发布会预算表

项目	规格	单价	单位	数量	总价	备注
彩旗	70×120cm	元	面	100	元	含竹竿
X展架	50cm×160cm	元	套	2	元	置门两侧

续表

项目	规格	单价	单位	数量	总价	备注
指示牌		元	块	3	元	
绶带		元	条	10	元	
文具用品		元	套	1	元	签到本、笔、台卡
横幅	70cm*__cm	元	米	50	元	
胸花		元	朵	20	元	
水果		元	公斤	5	元	
花篮		元	套	4	元	
矿泉水		元	箱	5	元	
礼品盒		元	只	20	元	
巨幅彩喷画		元	幅	1	元	
总计	元					

5.1.2 规范日常公关工作

（1）明确公关活动的对象

行政部开展公关活动之前，应明确公关活动需要面对的对象，做到有的放矢。一般公关活动的对象可分为9种，具体如图5-3所示。

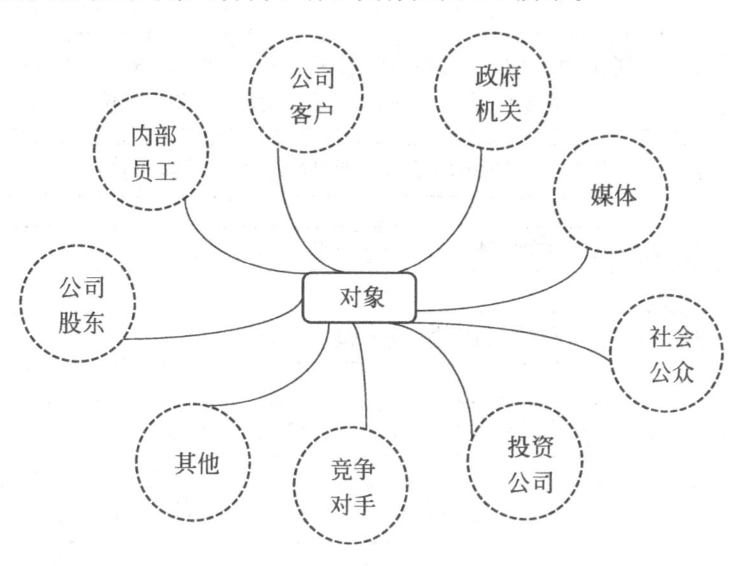

图5-3 公关活动的对象

（2）明确公关活动的各要素

行政部公关人员在开展公关活动前，应再次明确公关活动的主要目的，可采用的公关方式以及公关所采用的媒介等要素，具体内容如表 5-2 所示。

表5-2 公关活动要素

要素	内容
公关目的	①树立公司良好的信誉和形象，提高公司品牌认知度 ②监视、改善、适应公司的运作环境 ③联络公众和传递内外信息，辅助决策和协调人际关系
公关方式	①宣传方式，如广告、新闻、报道、专题通信、经验介绍、记者专访等 ②服务方式，如提供优质产品、商品、服务，如送货、退换货、保险等 ③社会方式，如纪念会、庆祝会、赞助、展览会、联欢会、音乐会 ④征询方式，如问卷、公司经营管理活动有奖征询等 ⑤其他方式
公关媒介	①电视、广播 ②报纸、杂志 ③电子出版物、网络 ④展览会、研讨会、发布会等 ⑤书籍、企业内部刊物 ⑥电影、录像、录像带、幻灯片、纪念片 ⑦广告宣传品、宣传小册子、挂历、图片、照片、明信片、实物模型等 ⑧其他媒介

（3）公关工作流程

日常公关活动应按照预定的流程有序开展，具体流程如图 5-4 所示。

1 调查研究与形势分析。通过对公司内外环境的调查，了解公司员工的情况与社会公众的态度与意见，判断公司的社会基本形象、地位与存在的问题

2 确定该次公关活动的目标，抓住主要目标，合理安排时间

3 选择此次公关对象群体、公关方式与媒介

4 制定公关活动预算，报经总经理批准

5 制定公关活动策划书，经营销总监与公司总经理审批后实施

6 公关活动效果评价，民意调查、人数统计、征询、经济效益估算

图5-4 公关工作流程

日常公关活动中，行政部应定期对公关计划执行情况进行检查。并根据检查情况，对公关活动进行调整和改进，保证计划执行达到实际目标。在检查过程中，行政部可使用检查表对照每一个项目一一进行检查，具体表单可参照表5-3。

表5-3　公关计划检查表

编号：　　　　　　　　　　　　　　　　　　检查日期：年　月　日

检查对象		检查执行部门	
检查项目	检查重点	报告要点	评　价
公关目标	执行目标		
	预期成果		
人员配置	负责人员		
	参与人员		
提案选择	选　择		
	删　除		
地点选择	数　量		
	地　址		
时间安排	起止时间		
	需要天数		
执行步骤与方法选择	执行步骤		
	选择方法		
资金预算与分配	资金金额		
	资金分配		
检查结论			
目标调整			
原　因			

审核人：　　　　　　　　　　　　　　　　　　审核日期：年　月　日

行政部应根据公关目标及企业相关规定，由公关主管带领，在公关专员协助下共同编制公关管理制度。

公关管理制度应包括公关工作原则、公关调查、公关活动策划办法、公关活动实施办法、媒体管理规定、危机公关处理、新闻发布等内容。

行政部编制的公关管理制度要完备，制度内容完善，无重大缺漏，保证制度审核能一次性通过。当发生特殊情况，导致需要修改制度时，应及时迅速反应并

修改，同时按企业规定定期整理修订制度。

如下为一公司公关管理制度，仅供参考。

公关管理制度

第1章　总则

第1条　目的

为加强企业形象的建设与管理，保持与社会相关部门和人员的沟通交流，规范公司公关活动和公关人员行为，特制定本制度。

第2条　管理职责

本公司公关事务统一由行政部管理，公司高层领导负责公关工作的整体协调。

第3条　公关原则

1. 公司对外口径一致，不能各自表述。

2. 聚集动员公司全员参与公关。

3. 根据公关目标、任务、对象，精心设计策划公关方案，起到事半功倍和轰动效果。

4. 切忌弄虚作假、夸夸其谈，不掩饰缺点。

第4条　公关人员素质要求

公关人员应具备广泛的学科知识（公关理论知识、公关实务知识及与公关相关的学科知识）、较合理的能力结构（组织管理能力、语言表达能力、应变能力等）、良好的心理素质等。

第2章　公关管理内容

第5条　公关对象

1. 业务关系单位，包括顾客、供应商、竞争对手等。

2. 公司内部对象，包括员工、股东等。

3. 公司外部对象，包括新闻媒体、政府机关、社会公众等。

第6条　公关主要方式

公司公关人员可根据公关项目不同，自主选择公关方式。详情如下表所示。

主要公关方式

公关主要方式	说明
宣传方式	主要包括广告、新闻宣传、新闻报道、专题通信、经验介绍、记者专访等
服务方式	提供优质产品、商品、服务，如三包、送货、退货、保修期、保险等
社会方式	举办社会性活动，如纪念会、庆祝会、赞助、展览会、联欢会等
征询方式	包括：满意度测试和问卷、公司经营管理活动有奖征询等

第3章　企业形象管理

第7条　集团公司视觉识别系统是规范企业对内、对外形象管理的重要手段。

第8条　公司各分支机构或部门应按照《××公司标识使用管理办法》的要求，全面、准确、严格推广公司视觉识别系统。

第4章　企业新闻宣传管理

第9条　企业的新闻发布及新闻宣传采取召开新闻发布会、记者招待会、邀请记者来企业采访或向新闻媒体提供新闻通稿等形式。根据不同的情况和要求，采取不同的新闻发布及新闻宣传形式。

续表

第10条　按照“集中管理，统一发布”的要求，为做好企业重大事件和重要信息的新闻发布工作，保证新闻信息发布的准确性和权威性，企业建立新闻发言人制度。企业新闻发言人由__________担任。 第11条　凡对企业发展有重大影响的事项，需及时对外介绍的，可根据需要，不定期举行新闻发布会。 第12条　企业举行重要新闻发布活动，行政部应根据新闻发布内容，拟定新闻发布计划，报请公司主管领导批准后组织实施。 第13条　新闻发布会后，行政部应及时做好有关新闻报道的反馈、收集和总结、资料归档保存等工作。 **第5章　重大公共关系活动管理** 第14条　对重大公关活动，由公司领导亲自组织和领导。必要时可聘请、委托专业公关咨询公司或企划人员专门策划公关方案。 第15条　分公司举办的重大公共关系活动，其涉及有关企业重要公共关系活动的文字、照片、音像资料，必须自活动结束之日起____日内上报行政部。 **第6章　附则** 第16条　本制度最终解释权归行政部。 第17条　本制度自发布之日起实施。

5.2 危机公关如何解

当企业或品牌受到某些突发事件的影响，产生了舆论危机，严重影响企业或品牌的生存、发展时，行政部应安排公共人员及时对问题进行处理，将损失降低，甚至将危机转化成商机。企业在进行危机公关时，为了更有效更迅速地化解危机，应避免闭门造车，尽可能地利用外部力量，如联合专业公关公司、各类媒体机构以及政府机构等，将舆论危机在未造成不可扭转的形势前迅速化解。

5.2.1 做好日常准备

对于企业来说，危机事件的处理不应完全依靠事件发生后的“急智”来解决，而是应在日常工作时便做好准备。

（1）对危机进行分类

行政部应分析公司潜在危机的形态，对危机进行分类，一般分为三种类型，具体如表5-4所示。

（2）制定危机处理预案

为了保证有备无患，公关人员应根据潜在危机及其分类，制定具有针对性的

处理预案，并定期开展相关危机处理方案的预演。具体如表5-5所示。

表5-4 危机的分类

序号	类别	特点
1	黄色危机	影响力很小 影响的范围比较小 可迅速解决
2	橙色危机	有一定影响 需动用一定资源解决
3	红色危机	影响力很大 受关注度高 需动用大量资源解决

表5-5 不同危机的处理对策

危机种类	危机现象	处理方式
黄色危机	①影响力较小的媒体发出对公司不利的负面文章，目的一般是增加报纸的影响力或以负面新闻要挟公司向媒体投入资源 ②某些消费者在产品使用过程中因产生问题而不满，对相关部门进行投诉	①直接与当事人或媒体对话，了解对方对事件的态度和意图，积极提出解决办法 ②动用相关的资源解决问题 ③在最快的时间内处理危机并消除影响
橙色危机	①较严重的负面事件，会造成一定范围的负面影响 ②部分客户投诉 ③媒体小范围内关注，存在负面报道	①明确事实真相，确认危机的性质 ②及时向高层领导汇报 ③召开紧急会议
红色危机	①存在严重侵害消费者利益的情况或客户投诉问题的性质比较严重 ②媒体大氛围紧跟报道，产生恶劣的负面影响	与橙色危机处理方式基本相同，同时还应成立危机控制中心，确定危机应急处理策略，正面向公众澄清事实，回避正面解释，应做侧面宣传

在预案编制完成后，行政部公关人员应定期进行危机隐患排查，就出现危机征兆的情况制作相应的危机预警对策表，真正做到防患于未然。具体对策表可参照表5-6。

（3）建立专业团队，加强日常危机管理

行政部应组建危机管理小组，培养危机处理的专业人士。危机管理小组在日常应做好内外部危机管理工作。对内应举办危机防范与处理的相关培训，提高员工的危机意识；对外应与政府机关、媒体、客户等保持良好的关系。

为了有效预防危机的产生，行政部还可将危机预防责任划分区域，落实到具体部门和个人。行政部定期对责任落实情况进行督查，对落实不到位的部门和个

人应追究相应责任。

表5-6 公关危机预警对策表

编号		时间		危机等级	
危机征兆					
预警分析					
危机处理机构	编号				
	名称				
	联系方式				
	负责人				
	成员				
	处理特色				
警戒程度					
危机处理对策					

5.2.2 规范过程处理

当危机发生时，行政部应采取正确的程序对危机进行公关。具体如图 5-5 所示。

在危机产生后，应尽快对危机产生的事由、事态发展情况进行调查。为方便调查资料的整理和查阅使用，可以编制公关危机调查表整理信息，具体表单可参照表 5-7 编制。

表5-7 公关危机调查表

编号： 填写日期：年 月 日

调查人姓名		部 门	
调查事件			
调查日期		调查地点	
调查状况			

续表

危机原因	
图表描述	
造成损失	
处理意见	

审核人：　　　　　　　　　　　　　　　　　　　　审核日期：年　月　日

建立控制中心	当危机发生时行政部应以最快的速度建立危机控制中心，将受过训练的高级人员组织起来
调查预测事态	尽快、确切地调查了解故事发生的原因和当前状况、并预测事态的发展
举办新闻发布会	举办新闻发布会，对外发布事故背景情况，说明公司目前的措施，增强公众对公司的信任
进展了解掌握	保持有效的沟通渠道，了解、掌握危机处理的进展情况
掌握公众态度	通过电话、网络、媒体了解公众的态度和意见
邀请外力协助	邀请公正、权威的机构帮助解决危机
上报相关部门	将情况及时上报公司领导层及相关政府机关
主动承担责任	实事求是地承担责任，向受害者道歉并听取他们的意见，赔偿相应的损失，并尽可能提供所需的服务

图5-5　危机公关处理程序

在处理危机的过程中，行政部公关人员应把握好各个关键环节，对关键点采取有效的方法进行控制和处理，具体如表5-8所示。

表5-8 处理程序关键点处理措施

序号	关键点	具体措施
1	对媒体舆论进行控制	◎了解事故发生原因后，公司组织人员向媒体提供确切信息 ◎公司内部统一口径，安排权威人士发言 ◎对媒体表示合作的态度，公开表明公司的立场和态度，以减少媒体的猜测使其做出正确的报道 ◎重要事项应以书面材料的形式发给记者，避免失实报道 ◎当发现不实报道时，尽快提出更正要求，知名失实之处，并提供有关资料，同时要注意避免双方产生敌意；与各大媒体澄清事实、表明态度，防止“恶炒”的发生 ◎针对第二天平面媒体可能出现的报道，起草新闻通稿，于当天同全国一些主要媒体一同发出 ◎准备针对性承诺宣言和获得国家相关认证的证书以支持对外宣传工作 ◎如果事态严重，要寻求新闻管理部门高层官员的支持 ◎针对全国主要媒体做一个紧急广告投放计划 ◎利用广告牵制媒体，促使媒体合作 ◎广告要当天开始设计，三天内投放
2	寻求官方和权威部门的舆论支持	◎与质检、工商、司法等部门紧急沟通 ◎紧急联系工商、质检部门和行业协会，说明情况，澄清事实 ◎寻找法律条文、行业标准及技术数据的支持 ◎以权威人士的名义出具声明
3	公众沟通	◎通过媒体等渠道公布事件经过、处理办法和今后的预防措施 ◎在事件处理过程中，定期向社会各界传达处理经过 ◎广泛听取公众的意见与建议 ◎事件处理后，向公众表示诚恳的歉意
4	客户沟通	◎及时、有准备地向客户传递相关信息，以书面形式向其通报公司的对策 ◎传达事故发生经过，如有必要，选派专门人员到客户处当面解释 ◎事件处理后，以书面形式向客户表示诚恳的歉意

5.2.3 完善后续处理

（1）危机善后处理

当企业对危机事件发生的原因、状况等调查清楚后，对事件中的受害人，行政部应组织相关人员对受害者登门道歉，赔偿必要的经济损失，做好相关的服务。对外发布道歉广告，明确表示公司敢于承担责任的态度；对内整顿公司，改进公司的内部工作，追究相关部门与个人的责任，提高危机防范意识。

（2）危机平息后的处理

在危机平息后，行政部应组织相关人员总结经验，改进危机公关工作，制定新的策略。具体工作如图 5-6 所示。

图5-6　危机平息后的工作安排

（3）借事造势

危机消除时，正是社会对企业的关注度较高之时，此时正是开展新一轮宣传的最好时机，行政部应联合市场部加大力度在当地主流媒体上对企业的品牌形象和企业形象进行宣传，宣传内容如表 5-9 所示。

表5-9　宣传主要内容

序号	宣传点	具体内容
1	宣传企业强大的实力和竞争力	企业规模 管理水平 产品研发能力
2	宣传企业的社会责任感	公益活动 环保 其他社会贡献
3	宣传企业的服务意识	用户反馈活动 针对老用户的互动活动
4	适时推出销售促进活动	产品促销活动 广告店内宣传

5.3 对外关系如何处

除了在危机出现时需要企业开展公关活动，在平常时，亦需要开展各类公关

活动，维护公共关系。只有加强平时的维护，才能在关键时刻为企业的发展提供有力的支持。企业在维护对外关系时应讲求效率和方法，不能将关系维护做成暗箱操作，这样不利于企业的健康成长。这需要做好企业行政部规范化管理公共关系管理工作。

5.3.1 做好政府公关管理工作

企业应主动了解社会发展趋势和政府对于经济社会建设的发展规划，主动与政府沟通企业的想法、思路和意见，使企业和政府形成良性互动关系，在提高企业经济效益的同时争取最佳的社会效益。

（1）确定政府公关工作原则

在倡导依法治国的今天，行政部公关人员在进行政府公关工作时应谨守法律和道德底线，一切违反法律法规和各项规定的事不做，保持企业的相对独立性。

（2）选择政府公关工作形式

企业应考虑采用多种形式加强与政府的互动，具体可参考表5-10。

表5-10 政府公关工作开展形式

类型	说明	例子
邀请	邀请政府相关部门视察、参观企业工作，并对工作提出意见	邀请工商部门、招商部门、质检部门工作人员到企业视察参观
	邀请政府相关部门人员出席企业活动，通过邀请政府人员出席活动，使政府进一步了解企业发展状况	开业剪彩 奠基仪式 周年庆典活动
寻求合作咨询	在企业进行重大项目时，主动向政府咨询，寻求政府的帮助	投资新项目、与外地企业合资、到外地投资、引入新股东、进行海外投资
参与政府活动	主动参与政府主导的公益项目	灾后捐款 慈善活动
发挥内部力量	发挥企业工会、党团组织的作用，开展与政府的沟通	企业党组织建设 企业工会与地方总工会的沟通
	发挥企业中政协代表、人大代表的作用，加强与政府的沟通，适时表达企业需求	企业人大代表向人大提交议案 政协代表向政协提出建议
发挥第三方关系	通过行业协会、地方商会、行业论坛、峰会、企业家关系等第三方组织、活动以及人员关系等，加强与政府沟通	参加行业内论坛活动，认识政府工作人员，加强与政府沟通交流

5.3.2 做好媒体公关管理工作

行政部公关人员应整合现有媒体资源，加强企业内部与外部媒体的沟通，既要通过媒体相关活动，保持与企业外部业务往来单位的有效沟通，主动与社会主要媒体建立良好关系；同时又要通过安排企业领导人接受媒体采访，举行新闻发布会等活动，争取媒体的支持。

（1）确定媒体关系处理原则

在处理与媒体的关系时，应坚持开诚布公、公平对待、提供服务、理解支持、掌握适度5大原则，具体如表5-11所示。

表5-11 媒体关系处理原则

原则	内容
开诚布公原则	与新闻界打交道，最佳的策略是诚实。如果公关人员在坏消息上是诚实的，那么在好消息上就更有可能得到信任
公平对待原则	公关人员不应偏爱某个新闻渠道，更不能以忽略其他新闻渠道为代价。同时，现场新闻应该尽可能翔实迅速地发布出去，让媒介来决定要公开哪些部分
提供服务原则	获得新闻记者合作的最迅速、最有把握的方式就是在他们需要的时候，以他们可以方便使用的形式，为他们提供有新闻价值的、具有趣味性和及时性的资料
理解支持原则	新闻界的工作有自己的原则和方式，不能把公司愿望强加于新闻工作者
掌握适度原则	尊重新闻记者的新闻标准，保证媒介新闻的及时发送

（2）选择公关活动媒体

选择合适的公关媒体是媒体公关管理工作的第一步。在这一步中，行政部公关人员应根据企业发展规划制定媒体确定目标，根据目标和计划，选定媒体，将媒体沟通常态化。具体要点内容如表5-12所示。

（3）处理公关媒体关系

行政部公关人员要想处理好与媒体的关系，需要加强与媒体之间的互动。一般与媒体互动的方式分为两种：一是举行记者招待会；二是邀请新闻界人士参观访问企业。通过双方互动，使媒体加深对企业的认识，有利于企业与媒体的关系维护。具体内容如表5-13所示。

（4）管理公关新闻发布

除了通过双方互动的方式，加强双方关系以外，企业还可以通过发布新闻，

把企业重大决策或发生的某些情况向外公布，以此来加强与媒体和公众的沟通。在新闻发布工作过程中，行政部公关人员应保证新闻草拟及时，新闻稿尽量一次通过，若出现返稿情况能在第一时间、一次性解决；并在新闻稿发表后，要及时归档。行政部对新闻发布管理的具体内容如表5-14所示。

表5-12 公关媒体选择工作要点

阶段	节点	具体内容
确定媒体工作目标	确定公关战略并下达目标	①根据企业经营战略、发展规划及企业内外部环境确定公关战略 ②根据公关战略及公关主管的数据报告等，制定并下达各阶段公关工作目标
	明确媒体工作目标与要求	①根据公关工作目标制定媒体工作目标及策略 ②根据年度公关计划，明确媒体工作要求
初步选定媒体	确定待选媒体	对相关媒体进行调查、初步接洽，收集媒体资料后进行比对，分析确定待选媒体
	组织论证媒体	组织对符合企业公关目标的媒体进行论证，选取最符合企业公关目标和公众认可的媒体
	编制媒体选择方案	①根据论证的结果编制媒体选择方案，交上级权限领导审查审批 ②方案中应详细说明选择所确定的媒体的缘由，并将其与其他媒体进行比较，说明其优劣
签订正式合同	沟通、谈判	①就价格、发行、作品等问题与媒体进行谈判，争取最有利企业条款 ②要注意双赢，保持与媒体之间的良好关系
	拟定合同条款	①将与媒体拟定的合作条款报权限上级领导审核审批 ②审批后与媒体签订正式合同
日常沟通合作	沟通与关系维护	①与媒体正式开展合作，进行充分沟通，明确共同的目标 ②强化双赢的战略原则，维护良好的合作关系

表5-13 与媒体关系互动的方式

方式	内容
举行记者招待会	记者招待会便于更好地进行双向沟通，是公司处理好与媒介关系的重要方法。要使记者招待会取得成功，必须做好以下几项准备工作 ◎确定记者招待会的主题，一般是公司的重大事件 ◎选择合适的时间和地点

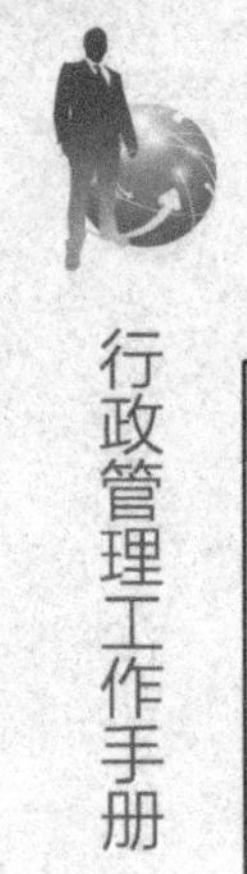

续表

方式	内容
举行记者招待会	◎确定邀请范围、对象和名单，提前发出请柬 ◎选择主持人或发言人；提前准备好发言稿及有关图片、文字、音像资料、实物模型等；为记者准备报道资料 ◎准备录音、录像、摄影等工具，便于记者采访 ◎安排足够的接待、服务人员，为记者提供后勤服务 ◎会后注意总结经验教训，分析招待会的得失，建立起档案资料。同时，注意收集记者们登载的消息和报道，评估招待会的成果
邀请新闻界人士参观访问	邀请新闻界人士参观访问，是与新闻媒介建立良好关系的有效方法。通过参观访问、实地观察，新闻界人士可增加对公司的感性认识，获得宣传报道的第一手材料。公关人员要注意：新闻界需要的是热情，而不是冷淡；需要的是真实，而不是虚伪

表5-14　新闻发布工作管理

阶段	节点	内容
拟定新闻稿	草拟新闻稿	◎根据公关活动方案，收集与之相关的新闻资料信息 ◎根据收到的资料信息，提炼出对实现企业公关目标起帮助作用的信息，并由此编制新闻稿，报权限领导审核审批
	修改形成正式新闻稿	◎新闻稿的内容必须经过认真核实，并由权限领导审核后，修订后发表 ◎有关企业发展及财务状况的重要新闻稿，需由总经理审核批准后发出
新闻稿沟通与发表	提交新闻稿	◎根据公关活动方案，积极与媒体沟通，将审批通过的新闻稿向媒体发布 ◎一般根据实际需要采用传真或邮寄方式发放新闻稿，也可在记者招待会上直接派发
	上报情况	◎接收到退回的新闻稿件后，与相关媒介进行积极沟通、交流意见，并提出修改意见，上报领导
发表样本留存	接收发表样本	◎接收到新闻稿样本后，上交领导审阅，并进行登记、存档管理

工作笔记

抓住"满分"危机公关关键点

当不利于企业的某个事件被媒体曝光时，往往如一阵风暴，将企业推向风口浪尖，特别是互联网发达的如今，企业如果没有使用正确的办法处理危机，那么企业就有可能在"口诛笔伐"中退出历史舞台。那么作为公关人员应如何采取行动，力挽狂澜化解危机，使企业挽回信誉，并得到加分呢？

某天，我国一知名餐饮企业被国内一家报纸在其官方微博上曝光后厨有卫生问题，图文并茂。该微博一度上升为微博实时热搜第8位，引起了广大网友的强烈反响。并在这篇微博发表5小时后，再一次针对事件发微博，发出暗访所得视频，再一次获得数以万计的转发，评论数更是达到该微博平时评论数的10倍以上。在事发2天内，有关食品监管部门约谈该企业负责人2次。面对一次岌岌可危的局面，该企业的公关部门迅速采取了措施。

就在媒体发布第一条微博，即事发后大约4小时，该企业立即在其官方微博上发布致歉信，正面承认报道属实，致歉并感谢媒体的监督。同时，涉及卫生问题的店面立即停业。

事发后7小时，企业再次发布微博，对事件的处理进行了通报，提出了各项整改任务并落实到公司高管负责，同时表示主要责任在公司高层，并安抚涉事门店的员工，希望涉事门店的员工安心工作。该微博发布1小时内，立即登上实时热搜榜首。

同日，曝光事件的报纸再发微博进行后续报道时，并未再引起关注。

事发后第3天，企业再次发微博全盘接受相关部门约谈的内容，并大力进行整改。虽然在后续的一段时间内，从其他各角度的报道和探讨仍在继续，但危机已暂时解除，一个可能导致企业倒闭的卫生安全问题，通过公关手段，将企业从悬崖边上拉了回来。

从这个案例中可以看出来，企业危机事件的公关处理应做到快、准、稳，具体的经验如下。

① 把握黄金4小时，在事发4小时内做出有效发声。事发初期的信息往往决定了舆论走向。因此，企业公关危机应在4小时内理清现实情况，查明事情原委，进行必要沟通、协调和斟酌后，立即向公众做出回应，若问题属实，应该敢于认错。

② 主动承担责任，正面回应事件。发生危机公关事件时，公关部门应以重建信任为主要公关手段，高层直面问题，主动承担责任，展现企业担当。避免采用寻找替罪羊、开出“临时工”、惩罚直接责任人等寒人心的做法。

③ 开展心理救治，安抚人心。在发生危机时，不仅要安抚公众，向公众诚挚道歉并承担后果外，还要安抚内部员工，维护内部稳定。

④ 正确开展政府公关。企业发生的问题危及公众安全时，将会被相关政府部门约谈和处理，企业在此时应积极回应相关部门的约谈，主动配合有关部门的行动。同时响应相关内容的政府行为。

⑤ 不断发声，持续回应。除了最早一次的有效发声，在事件发展的一段时间内，要持续不断地将事情处理情况向公众进行公布，并不断声明企业的态度。

⑥ 持续正面回应，避开负面报道。对于事件应多从正面的角度进行回应，不过多提及负面报道。

⑦ 给出具体的处理办法，做到言出必行。除了不断发声，还要落实相关的责任，由相关责任人就出现的问题进行系统整改。将危机事件变成一次提高企业整体质量的契机。

安全保密管理实操

6.1 值班工作怎么管

值班工作是维护企业日常安全稳定的重要环节。值班人员认真履行职责是值班工作顺利进行的重要保证。为了能保证值班人员有效履行职责，行政部应对值班工作进行合理安排，把握值班工作的流程和标准，抓住值班工作的关键点，使值班工作执行不马虎，交接不脱节，发现问题能及时汇报处理，从而保证企业的正常运营。

6.1.1 安排值班工作

值班任务的合理安排，能保证值班人员始终处于精神饱满的状态。行政部对于值班工作的安排可以根据值班时段的不同，如一般时段、节假日、人流高峰时段、夜晚等情况，结合具体值班人数进行。目前常采用的排班方法包括三班倒换、两班运转、一班三运转、一班两运转等，具体如表 6-1 所示。

表6-1 值班排班方法

班次	轮休方式	说明
三班倒换	班内轮休	一天三班，分别为早班、中班、夜班，每班时间为 8 小时，根据岗位情况，每一班内设多人，且班内多人可轮流休息
	专人顶岗轮休	一天三班，分别为早班、中班、夜班，每班时间为 8 小时，每班是专人值班，各班人员按照轮休周期实行轮换休息，因轮休空岗的，将另外安排有专人负责顶岗
两班运转	班内轮休	一天两班，分别为白班、夜班，每班时间为 12 小时，每班设多人，班内可轮换休息
	专人顶岗轮休	一天两班，分别为白班、夜班，每班时间为 12 小时，每班固定安排人数，一般情况不增设人数，需要轮换休息的，出现的空岗位另设专人负责顶岗
一班三运转	统筹轮休	所有人各值一班，每班时间为 8 小时，一天分为早班、中班、夜班，所有人根据情况合理统筹安排倒班，轮换休息
一班两运转	统筹轮休	所有人各值一班，每班时间为 12 小时，所有人根据情况合理统筹安排倒班，轮换休息

为了更有效地管理排班工作，值班管理人员可以编制排班表，明确排班任务。具体表单可参照表 6-2。

表6-2 值班管理排班表

日期		班次	时间	值班主管	值班人员	备注
	早					
	中					
	晚					
	早					
	中					
	晚					

6.1.2 明确值班要求

（1）值班人员行为规范

行政部应对值班人员的行为进行统一规范，在值班前做好仪容仪表检查，值班过程中认真履行职责，以热情又不失严谨的态度开展值班保卫工作，从而提高值班质量。对于值班人员的行为规范包括以下几个方面。

① 仪容仪表规范。值班人员在值班时必须穿戴公司配发的保安服、保安帽及工牌，保持容貌整洁，不留胡须，不留长发。

② 值班室内行为规范。值班室应保持干净、整洁，物品摆放有序，不能在值班室内吸烟、喝酒、听音乐、吐痰。严禁无关人员在值班室内逗留、闲聊、打闹。

③ 对外行为规范。文明执勤，礼貌待客，对来宾要态度热情，服务周到；严禁故意刁难内部员工或外来人员，不打人、不骂人。

④ 工作态度规范。值班人员应恪尽职守，听从指挥，严禁迟到、早退、中途离岗、上岗时打瞌睡等。

（2）出入检查规范

初入检查是值班工作中一个重要的环节。值班人员应做好值班期间人员、车辆、物品的出入检查工作，具体标准如表6-3所示。

6.1.3 做好值班记录

值班人员在规定时间内交接班时，应在交班前写好值班记录，分清责任，完成交接任务。若在值班过程中遇到在权限范围内的事可先行处理，事后需根据所处理的事项填具“值班报告表”，在交接班时送主管领导转呈核查。

表6-4为某一公司值班工作记录表，仅供参考。

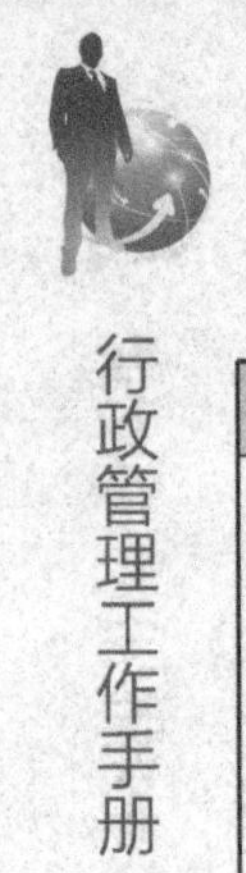

表6-3 出入检查标准

类型	标准	异常情况处理
人员出入检查	①本公司员工出入公司时,门卫须检查其是否佩戴公司统一配发的出入识别证,并将识别证进行核实确认后方可对其放行。对录入信息不符的员工则须说明情况,否则禁止其出入公司 ②外部人员出入公司时,门卫应认真检查外来人员的相关证件,并向被拜访人员核实信息,核实后放行,严禁不明身份的人员进入公司 ③门卫应对允许通过的外来人员进行登记。对于不接受登记或登记内容与事实不符的外来人员,门卫有权拒绝其进入公司并做好解释工作 ④外来人员信息登记内容应包括来访人员姓名、日期、时间、身份证号、事由、受访人姓名、部门,离开时间等内容 ⑤所有衣冠不整者,如穿背心、拖鞋或服装过于超前有失庄重者,拒绝其进入公司内部	当进出企业的各种车辆、人员、货物登记不相符或存在可疑现象时,值班人员应及时核实或及时汇报有关领导处理
车辆出入检查	①非本公司车辆进入时,须向门卫人员讲明进入事由,并出示相关证件,填写出入登记簿 ②门卫检查随车物品并对随车物品进行登记,随车人员应填写外来人员登记簿,危险车辆无公司主管部门通知拒绝入内 ③对本公司内部车辆进入时要检查车上人员是否有外单位人员或是否带有危险物品 ④对所有进入公司的车辆要准确记录其进入时间和随车人员、物件、车型、牌号、颜色等后,方可放行 ⑤非本公司车辆出门时,须向门卫出示本公司出门证,装有货物的车辆须凭货物出门证,才可放行 ⑥门卫检查随车是否带有物品,带有物品是否与登记相符 ⑦检查装有货物的车辆,对照相关单据,对于填写疏漏或不规范及其他物品有异常的,不得放行 ⑧对出门的车辆登记出门时间,对照出入登记簿上的内容核对后才可放行 ⑨本公司的车辆出门时须出示派车单,核实对照后登记方可放行	
物品出入检查	①门卫要对进出公司的外来人员携带的物品进行检查、登记,严禁将易燃易爆、剧毒、管制刀具、枪支等危险物品带入公司 ②公司因业务需要购买的化学实验药品,必须由实验保管员带入并登记 ③门卫对带出公司的大宗物品要请示公司领导同意并查验登记后方可放行	

表6-4 值班工作记录表

填写日期： 年 月 日

<table>
<tr><td>部门</td><td colspan="2"></td><td>职称</td><td></td></tr>
<tr><td>姓名</td><td colspan="2"></td><td>时间</td><td></td></tr>
<tr><td rowspan="3">巡查</td><td>时间</td><td colspan="3">检查及处理事项</td></tr>
<tr><td></td><td colspan="3"></td></tr>
<tr><td></td><td colspan="3"></td></tr>
<tr><td rowspan="3">加班</td><td>部门</td><td>人数</td><td>工作内容</td><td>时间</td></tr>
<tr><td></td><td></td><td></td><td></td></tr>
<tr><td></td><td></td><td></td><td></td></tr>
<tr><td>电话</td><td colspan="4"></td></tr>
<tr><td>访客</td><td colspan="4"></td></tr>
<tr><td>货物进出</td><td colspan="4"></td></tr>
<tr><td>收发</td><td colspan="4"></td></tr>
<tr><td>备注</td><td colspan="4"></td></tr>
</table>

主管： 制表：

6.2 安全工作如何抓

安全问题是企业生产经营过程中不可回避的重要问题，一旦企业发生安全事故，将会使企业蒙受损失。除了通过加强值班工作，防止安全问题产生，还应加强日常安全工作和应急安全工作的管理。

6.2.1 建立安全管理制度

为规范企业的治安管理工作，保证企业办公环境的安全，行政部应根据企业的实际情况，配备保安人员保护全体员工的安全，并制定相应的治安管理工作措施。治安管理工作措施如下所述。

（1）实行治安岗位责任制

行政部应根据企业实际情况和当地社会治安情况，配备相应数量的保安人员，实行24小时值班制度，从而保证企业治安的管理工作有条不紊的进行。

明确各级保安人员的职责与权力，规范其行为，制定“保安员值班责任制”

“门岗值班制度”“保安人员交接班制度”“保安人员器械使用管理规定”等制度，并监督其实施。

（2）实行治安巡视制度

治安巡视制度可从门卫登记、守护、巡逻 3 个方面进行管理，具体的制度规定如图 6-1 所示。

门卫登记

◎ 严格控制无关人员和车辆的进入，对进入企业的来访人员进行身份验证及登记

◎ 对携带物品外出的人员，实行严格检查，防止财物流失，维护企业正常秩序

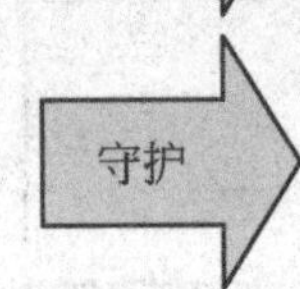

◎ 熟悉守护目标的情形、性质、特点、周围治安情况和守护方面的条件

◎ 熟悉守护岗位周围地形及设施情况

◎ 熟悉电闸、消防栓、灭火器等安全设备的位置、性能和使用方法

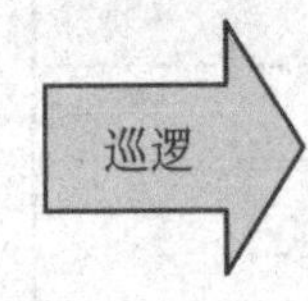

◎ 巡逻方式有往返式、交叉式以及循环式，三种方式应交叉使用，便于全方位巡逻

◎ 一定要把重点、要害部位，事件多发、易发地区和地点放在巡逻路线上，防范和打击犯罪行为的发生

图6-1　治安巡视的相关规定

（3）设置安全防范设施

行政部应根据企业的财力和办公区域的实际情况，配备必要的安全防范设施，包括在办公区域内的重要部位安装防盗门、防盗锁、防盗报警装置、电视监控系统以及对讲系统等。

（4）加强对员工的素质管理

对员工素质管理的内容，如表 6-5 所示。

表6-5　素质管理内容一览表

人员类别	教育内容
治安管理人员	对治安管理人员进行思想教育和业务培训，使其能胜任治安管理的工作
保安人员	在对保安人员严格审查的基础上进行的教育与培训的内容包括心理学、法律、职业道德教育、文明礼貌用语、企业的各项规章制度、队列训练、擒拿格斗、治安保卫常识、消防基本知识等
其他员工	积极开展对各类员工的安全教育工作，增强员工的自我安全保护和安全防范意识

6.2.2 加强安全教育宣传

必要的安全知识是实施安全防护的重要基础。行政人员在推动企业安全管理过程中，应灵活调配相关资源，加强与人力资源部、生产部和安全部之间的沟通协作，切实做好安全知识的教育宣传工作。

(1) 确定安全知识主要内容

行政人员应根据企业经营特征，广泛收集和筛选相关资料，认真汇总和整理企业生产经营的相关安全知识。一般而言，安全知识主要包括国家法律和企业制度知识、安全生产知识、消防安全知识、电气安全知识、防护用品知识和应急救护知识，具体内容如表 6-6 所示。

表6-6 安全知识主要内容说明表

序号	知识类别	知识内容
1	国家法律和企业制度知识	国家法律和公司制度知识是企业安全管理的基本依据。国家法律知识主要包括《中华人民共和国安全生产法》《中华人民共和国消防法》《中华人民共和国职业病防治法》等相关法律中的安全管理知识。企业制度知识主要包括企业安全管理的相关制度规定知识
2	安全生产知识	即员工生产作业过程中的相关安全知识，如安全常识、安全操作规程、安全隐患等内容
3	消防安全知识	即员工开展消防安全管理的相关知识、技能，主要包括消防隐患及排查方法、火灾报警方法、消防器材的维护和使用办法和火灾应急处理措施等内容
4	电气安全知识	即员工进行电气操作和用电管理中所涉及的安全防护知识，主要包括用电常识、电气设备安全操作规程、防止触电的方法措施等
5	防护用品知识	即企业安全防护使用和维护的相关知识，主要包括安全防护用品的种类、作用及其维护和使用的方法和注意事项等内容
6	应急救护知识	即员工应对各种突发安全事件、对伤员进行紧急救援的相关知识和技能，主要包括突发事件应对流程和方法、各种伤员的紧急救援方法等

(2) 选择安全知识教育宣传形式

为有效提高安全知识教育宣传的效果，行政人员应根据教育宣传计划安排和实施条件，灵活选择适当的教育宣传形式。

一般而言，常见的安全知识教育宣传形式如图 6-2 所示。

(3) 开展安全知识教育宣传

为促进安全知识教育宣传的有序进行，充分发挥教育宣传的效果，行政人员应根据企业实际情况合理规范安全知识教育宣传活动的实施步骤。

形式	说明	优点	缺点
安全知识讲座	通过安排内部讲师或聘请外部安全专家，来对员工进行面对面知识教授的教育形式	传授知识量大、针对性和系统性强	教育形式单调、对员工吸引力比较差
安全教育视频	通过定期向员工播放安全教育视频的形式来进行安全教育宣传	成本低、教育时间灵活	教育过程和效果不易控制，教育互动性差
安全知识竞赛	针对企业实际安全情况，通过组织开展安全知识竞赛的方式，来进行安全教育宣传	内容实用性和针对性强，员工积极性高	知识量少、系统性差
安全资料展览	广泛收集和整理相关资料，通过安全资料展览的形式强化员工的安全意识，传授其基本的安全知识	教育成本较低、员工印象深刻	知识量少、互动性差

图6-2　安全知识教育宣传常见形式

一般情况下，安全知识教育宣传的基本步骤如表 6-7 所示。

表6-7　安全知识教育宣传基本步骤

序号	步骤	内容
步骤 1	需求调查	行政人员应通过查阅资料、问卷调查和访谈的方式进行安全培训需求调查，客观掌握企业潜在的安全隐患、员工的教育水平及其对安全知识的掌握程度，准确找出员工安全知识存在的不足和缺陷
步骤 2	确定内容	行政人员根据培训需求调查结果以及企业对安全教育宣传活动的要求，合理确定本次安全知识教育宣传的内容
步骤 3	选择形式制订计划	根据既定的安全知识内容，行政人员应选择适当的教育宣传形式，广泛收集和整理相关安全知识资料，合理确定教育宣传活动的对象范围、实施时间和地点，科学制订安全知识教育宣传工作计划
步骤 4	组织开展	根据教育宣传工作计划，行政人员应会同相关部门和人员，积极组织开展安全知识教育宣传活动，向员工传授相关安全知识，有效强化其安全意识和安全防护技能
步骤 5	进行评估	安全知识教育宣传活动结束后，行政人员应客观、全面、真实地评估此次教育宣传活动的效果，认真总结教育宣传活动的经验和教训，不断提高自身安全知识教育宣传的能力
步骤 6	整理存档	行政人员应认真整理、存档和保管相关文件资料，以备日后查阅

为促进安全知识教育宣传的顺利实施，让员工更好地掌握安全知识，行政人员在开展安全知识教育宣传工作时，至少应妥善做好如图 6-3 所示的六项工作要点。

工作要点1	行政人员应充分争取企业领导及相关部门对安全管理工作的重视和支持，为安全知识教育宣传的顺利实施提供可靠保证
工作要点2	在教育宣传准备阶段，行政人员应合理选择安全培训内容和教育宣传形式，有针对性地开展安全知识的教育和宣传工作
工作要点3	在制订教育宣传计划时，行政人员应尽量选择在企业生产淡季和非工作时段开展教育宣传活动，以降低教育宣传活动对企业生产进度的负面影响
工作要点4	开展教育宣传活动前，行政人员应充分做好动员工作，提高员工对安全教育的重视程度，促使其更加积极、主动地参与教育宣传活动
工作要点5	行政人员可采取必要的激励措施，充分调动员工学习的积极性和主观能动性，引导学员主动、深入地学习和掌握相关安全知识，提高教育效果
工作要点6	在确保良好教育和宣传效果的前提下，行政人员应注意最大程度地控制和降低教育成本，提高安全知识教育宣传的效益成本比

图6-3　安全知识教育宣传工作要点示意图

6.2.3　做好安全事件处理

（1）突发事件处置

当企业发生突发事故（如发生员工盗窃、抢劫、打架斗殴等事件）导致出现伤员时，行政部安保人员应及时对事件作出反应，有效控制事态向良好的方向发展，保证现场不会再生事端。安保人员对于事件的处理步骤和标准如表 6-8 所示。

（2）安全事故处理

企业发生安全事故，行政部应在收到信息后，组织人员对现场做应急处理，同时会同发生事故的部门以及安全部门共同成立事故处理小组，对安全事故进行调查、评估和分析。

做好各项事后处理工作，对相关问题进行改进，防止事故再次发生。具体步骤和标准如表 6-9 所示。

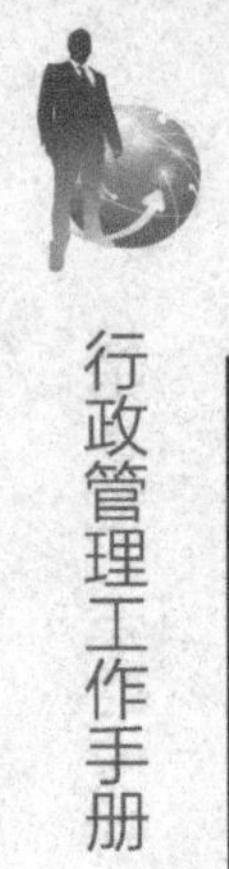

表6-8　突发事件处置步骤及标准

阶段	节点	标准
突发事件报告	报告事件	◎突发事故是涉及员工的盗窃、打架斗殴、抢劫等人为因素导致危害社会安全的事件，一经发生突发事故，部门相关人员要向行政部报告，报告突发事件的发生地点和事件发生的情况 ◎行政部审核突发事件，根据事件发生的情况和程度决定是否向上级主管汇报 ◎需要向总经理汇报的，由总经理审批后赶赴案发现场
事件现场处理	保护现场	◎行政部到达事发现场后，如有受伤人员，行政部人员救助伤病人员或拨打120 ◎行政部在现场相关人员的配合下救护伤员 ◎行政部人员保护现场，以免现场证据被破坏，维护现场人员的秩序
	报案	行政部根据突发事件的性质和影响程度决定是否向当地公安机关报案
突发事件调查研究	调查事件	◎行政部调查突发事件的起因、时间、地点、涉及的员工、事件经过等情况后，协助公安机关调查取证 ◎涉及突发事件的相关员工配合行政部的调查
突发事件处理与善后	处理事件	◎突发事件调查清楚后，行政部处理突发事件中涉及员工的责任，依据企业的相关制度处理涉案员工 ◎事件处理结果由总经理审批
	总结经验	◎行政部对突发事件的发生进行工作经验总结 ◎研究安全防范的措施和对突发事件的监督，并备案存档，以备查询核实

表6-9　安全事故处理程序及标准

阶段	节点	标准
事故紧急处理	收到事故信息	◎行政部收到员工事故信息后，立即派出有关人员赶往现场进行现场及时处理
	现场及时处理	◎行政人员对现场及时处理，如首先切断电源，救出受伤人员并进行包扎，大致估计事故的原因和影响范围，及时报告和寻求援助，采取灭火、堵水、导航、防爆、降温等措施对事故进行终止，终止后，要保护现场
事故调查与分析	事故调查	◎行政人员对调查过程中的时间、地点、现场情况以及调查过程进行详细的记录

续表

阶段	节点	标准
事故调查与分析	确定事故伤亡级别	◎将员工伤亡的范围进行划分，按照伤亡事故的性质与生产关系的程度分为因工伤亡和非因工伤亡2大类 ◎处理小组对事故伤亡的情况进行级别的划分，对调查过程中所发现的情况进行研究
	查明责任	◎行政部对事故调查结果进行分析 ◎查明事故发生的原因，查明责任
	编写分析报告与处理意见	◎行政部编写事故调查分析报告，交行政经理审核 ◎汇总调查结果，确定事故处理结果的分析报告，交行政经理审核，并报总经理进行审批
事故处理分析	事故善后	结果处理分析经总经理审批后，行政部对结果进行落实，行政人员通知有关负责人
	事故责任处理	①明确责任，并对其过程及结果进行存档备案 ②行政部吸取教训，加强改进工作

(3) 编制事故预防方案

“凡事预则立不预则废”。企业发生事故有其偶然因素，也有其必然因素。行政部不能每次都等到事故发生了，才开始慌乱地开展工作。因此，行政部应在日常工作中做好安全检查，加强安全监督。除此以外，为了能在事故发生的第一时间做出反应，行政部应制定完备的事故预防方案。具体方案可参考以下进行。

<table>
<tr><td rowspan="2">方案名称</td><td rowspan="2">××公司重大事故预防方案</td><td>执行部门</td><td></td></tr>
<tr><td>监督部门</td><td></td></tr>
<tr><td colspan="4">
一、目的
为了积极应对可能发生的重大事故，有序地组织开展事故救援工作，最大限度减少人员伤亡和财产损失，维护正常的工作秩序，根据国家相关法律，并结合公司的实际情况，特制定本方案。
二、范围界定
本方案所称的重大事故主要是指可能导致重大人身伤亡或者重大经济损失的事故，如重大安全生产事故、重大火灾事故、重大砸伤事故、重大触电事故、重大爆炸事故等。
三、应急组织机构及职责
1. 应急指挥领导小组
(1)应急指挥领导小组的具体急救工作由行政部统一组织。由行政总监担任组长，行政部经理担任副组长，具体成员为公司各部门经理。
(2)小组职责包括：组建应急救援队伍，组织预案的实施和演练；检查督促事故应急救援的各项准备工作；事故状态下按照应急救援预案实施救援。
2. 应急组织机构的应急小组
</td></tr>
</table>

续表

(1)应急组织机构由消防灭火组、警戒疏散组、抢险抢修组、物资供应组、交通运输组、医疗救护组、通讯联络协调组7个应急小组组成。

(2)在发生重大事故时,各个应急救援小组的主要职责如下表所示。

应急救援小组职责说明表

小组名称	职责说明
消防灭火组	发生如火灾或其他重大突发事件时,立即赶到事故现场进行火灾扑救或应急抢险
安全警戒疏散组	负责布置安全警戒,保证现场秩序;实行交通管制,保证现场道路畅通;加强保卫工作,禁止无关人员、车辆通行;紧急情况下的人员疏散
抢险抢修组	设备维修、设备复位,制定安全措施,监督检查安全措施的落实情况
物资供应组	负责应急状态下应急物资的供应保障,如设备零配件、工具、沙袋、铁锹、消防泡沫、水泥、防护用品等
交通运输组	负责运输车辆的保障工作
医疗救护组	负责联系医疗机构;组织救护车辆及医务人员、器材进入指定地点;组织现场抢救伤员等
通信联络协调组	负责应急抢险过程中的通信联络,保证通信畅通,负责各小组之间的协调以及与外部机关的联系、协调

四、应急程序

1. 报警

(1)当公司发生重大事故时,第一发现人立即找就近的电话,拨打行政部报警电话,向值班人员说明重大事故地点、事故类型等概况。

(2)事故如发生在正常的工作时间,报警人员直接通过电话向应急指挥领导小组组长和副组长汇报事故情况。

(3)事故如发生在夜间或节假日,报警人员向行政值班人员报警,由行政值班人员向应急指挥领导小组组长及副组长报告事故情况。

2. 接报

(1)值班人员、行政值班人员、应急指挥领导小组组长及副组长为接报人员。

(2)接报人员应问清报告人姓名、部门、联系电话;问明事故发生时间、地点、事故原因;向上级有关部门报告;做好电话记录。

3. 组建救援队伍

(1)应急指挥领导小组组长及副组长接到报警电话后,立即通知应急指挥领导小组所有成员到达事故现场。

(2)应急指挥领导小组各位成员接到通知后,立即组织起本组的工作人员及抢险装备,然后赶往事故现场,向现场组长报到,接受任务,了解现场情况,实施统一的救援工作。

4. 设立临时指挥部及急救医疗点

续表

(1)各救援队伍进入事故现场后,选择有利地形设立现场指挥部及医疗急救站。 (2)各救援队伍尽可能靠近应急指挥领导小组,随时保持与应急指挥领导小组的联系。 (3)应急指挥领导小组、各救援组、医疗组均应设置醒目标志,悬挂旗帜,方便救援人员和伤员识别。 5. 抢险救援 进入现场的各支救援队伍要尽快按照各自的职责和任务开展救援工作。 (1)现场指挥领导小组:尽快开通通信网络;迅速查明事故原因和危害程度,制定救援方案;根据事故灾情严重程度,决策是否需要外部援助;组织指挥救援行动。 (2)着火源控制:如发生重大爆炸或火灾事故时,消防人员穿戴好消防服后进行火灾扑救,如果火势过大,就将着火点分割,分片进行扑救。 6. 现场警戒 警戒疏散组根据划定的危害区域做好现场警戒,在通往事故现场的主要干道上实行交通管制。在警戒区的边界设置警示标识,禁止其他人员及车辆靠近。 7. 现场医疗急救 (1)医疗救护组在事故初起阶段就应与离公司最近的医院联系,说明事故情况及人员伤亡情况,做好紧急救护的准备。 (2)医疗救护组必须在第一时间对伤员在现场进行处理急救,急救时按先重后轻的原则治疗。 (3)经现场处理后,迅速护送至医院救治。 (4)送医院时做好伤员的交接,防止危重病人的多次转院。 8. 疏散撤离 (1)事先设立安全区域。 (2)警戒疏散组组织和指挥引导事故区域人员撤离事故现场。

6.2.4 规范消防安全管理

消防安全是企业安全管理的重要任务之一。任何一个消防隐患，如未进行及时、有效地处理，都可能引发火灾，造成巨大的人员和财产损失。

对此，行政人员应积极贯彻国家相关法律规定，遵循“预防为主、防消结合”的工作方针，会同安全部、生产部等相关部门切实做好消防安全管理工作。

（1）建立消防安全制度

行政人员应根据企业生产经营特征及国家相关法律法规，合理、科学、合规地制定和健全消防管理制度，明确企业员工的消防职责和相关经济责任，规范员工的消防管理工作，及时消除消防隐患，避免消防事故的发生。一般而言，消防管理制度的主要内容如表 6-10 所示。

表6-10　消防管理制度内容

内容	说明
职责责任	明确规定消防管理的责任主体和职责分工，促进消防工作的顺利实施
设施管理	明确规定企业消防设施、器材的种类、维护措施和使用方法，确保其正常可用
用电动火规范	明确规定员工安全用电规范以及安全动火的审批流程、防护措施、动火禁令和违规动火的相关处罚措施，避免因违规用电、动火而引发消防事故
消防巡查	明确规定消防巡查的执行主体、巡查范围、巡查内容和巡查频率，及时、有效地监督和消除各种消防安全隐患，避免消防事故的发生
事故应急处理	明确规定消防事故的等级划分及其应急处理的流程、处理方法和注意事项，要求员工冷静、快速、合理地处理消防事故，最大限度地降低事故损失

（2）消防安全检查

行政部应指定相关部门负责企业的消防安全管理工作，并对企业的消防安全进行检查、对消防安全培训效果进行检查，以避免火灾的发生，防患于未然。

① 消防安全检查安排。企业消防安全检查的主要形式包括日常性检查、季节性检查以及专业性检查 3 种，具体操作说明如表 6-11 所示。

表6-11　企业消防安全检查形式

检查形式	操作说明
日常性检查	◎日常性检查指经常的、普遍的检查，每年在行政部的组织下，对企业进行若干次消防安全检查
季节性检查	◎根据历年各季节火灾发生规律有的放矢地进行检查，这种检查可在季节来临之前进行预防性检查或在季节期间进行控制性检查
专业性检查	◎由行政部组织有关职能部门组成专业检查组，针对特种作业、特殊场所进行的检查，如对用电火设备、压力容器、房屋建筑、易燃易爆物品放置场所等进行检查

行政人员应强化各部门的消防管理工作，组织相关部门和人员进行日常消防巡检，及时发现和制止各种违规操作行为，有效排除消防隐患。

② 制定消防安全检查标准。行政部对消防安全进行检查时，可从消防制度的落实情况、消防设施与设备的完好情况、火灾隐患的防范情况等内容进行检查。在对消防安全进行检查前，应事先规定检查的内容要点、检查依据及检查合格标准等，便于消防安全检查情况的填写及日后火灾隐患的及时整改。

③ 管理消防设施和器材。行政人员应积极推动企业消防设施和相关器材的购置、配备和管理工作，并妥善做好以下管理事项，具体如图 6-4 所示。

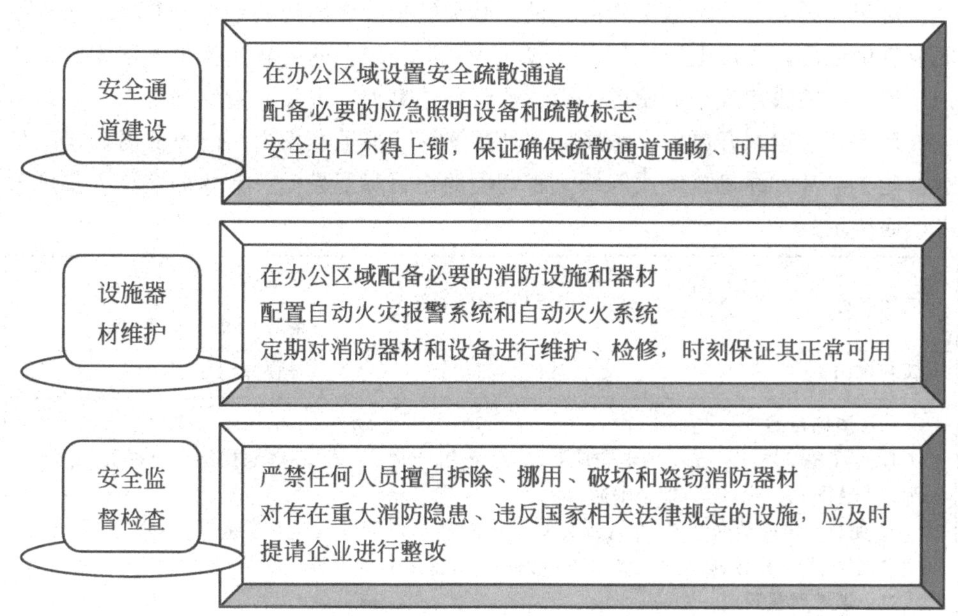

图6-4　消防设施和器材管理

检查人员在对消防设施设备进行检查后，应填写消防设备检查表。行政部汇总检查表情况，根据汇总情况进行整改。具体表单可参照表6-12。

表6-12　消防设备检查表

编号：　　　　　　　　　　　　　　　　　　　填写日期：年　月　日

编号	名称	检查结果	编号	名称	检查结果	编号	名称	检查结果
异常处理对策								
检查结果说明								

部门负责人：　　　　　　　　　　　　　　　　检查员：

（3）消防培训管理

为有效落实消防管理制度，防止消防事故的发生，行政人员应会同人力资源部、安全部等相关部门，定期组织开展多种形式的消防安全培训活动，切实提高企业员工的消防安全意识和消防管理能力。

对于在火灾危险区域工作的人员，必须经过必要的消防培训，并在获取相关职业资格证后，方可上岗工作。一般而言，消防培训的内容包括但不限于消防意识培训、相关法律及企业制度培训、消防技能培训、火灾应对培训等。

行政部应定期开展安全消防应急处理演练，保证在发生消防事故时，所有员工都能不慌乱，并迅速解决问题，将问题的伤害降至最低。具体的演练方案可参考下面所示。

方案名称	××工厂火灾应急预案演练方案			受控状态	
				编　　号	
执行部门		监督部门		考证部门	

一、演练目的

1. 为了提高本工厂员工的消防应急能力，全力、及时、迅速、高效地控制火灾事故，保障工厂财产和人员的生命安全，加强消防意识。

2. 使员工掌握消防技术，在遇到突发火灾的情况时，能够及时有序地撤离到安全区域，保证生命安全，最大限度地减少火灾事故损失和事故造成的负面影响。

二、演练情景设计

综合楼A栋总共有5层。第三层办公区，突然发生火灾。第三层火灾的烟雾已经通过电梯机井、楼道、楼梯等处，蔓延到第四层办公区。第三层火灾发生初期，员工王××用身边灭火器进行扑救，未能达到扑救效果，火灾继续蔓延。

办公区主要负责人立即向工厂主要领导报告。工厂主要负责人接到报告后，立即启动火灾应急预案。开展火灾应急预案专项演练，验证本厂火灾应急预案的启动和现场救援处置应变能力、运作情况。

本次演练的火灾影响范围基本处于第三层范围内，第一时间组织抢险组人员对起火点进行扑救，同时紧急疏散办公区人员。

三、演练时间及地点

1. 2010年10月23日15：30～17：00，如有特殊情况需延期时，另行通知。

2. 演练地点：综合楼A栋第三层办公区。

四、演练程序

1. 设立应急指挥中心，应急指挥中心设在门卫值班室。

2. 应急救援总指挥安全总监，宣布演练开始。

3. 安全专员用手提式扬声器发出的警报声模拟火灾报警铃声。

4. 办公区主要负责人立即组织人员用楼道内的灭火器第一时间灭火，同时，向工厂相关领导报告发生火灾的情况，根据起火点现场情况，随时报告。在起火现场火势未得到控制或无法控制时，向119报警求助（报警时要简述火灾情况，说清楚火灾发生单位所在区域、地址、附近明显标志物、联系电话，必要时派人员引导救火车至火灾现场）。在119未到达之前，各职能组展开救援、疏散工作。

（1）抢险组：负责人生产部经理，负责组织生产人员扑救起火点火源。

（2）疏散组：安全培训经理，负责一层至五层人员安全、有序的疏散。此时，电梯关闭（电梯关闭前，注意疏散电梯内的人员），所有被疏散人员从各楼层安全通道（楼梯）向楼前广场安全区域疏散（疏散演练时间2分钟）。

续表

(3)救护组:行政部经理,负责受伤人员的救治和拨打120送医院急救。 (4)保卫组:保安主管,负责损失控制,物资抢救,对事故现场划定警戒区,阻止无关人员进入现场,保护事故现场不遭破坏。 (5)调查组:安全委员会主任,负责协助相关部门分析事故发生的原因、经过、结果及经济损失等,将调查的情况及时上报主管部门。 (6)后勤组:仓储部经理,负责抢险物资、器材器具的供应及后勤保障。 5. 119到达,全体人员及员工与消防战士共同努力,火灾被扑灭。现场指挥安全部经理向总指挥安全总监报告火灾扑灭情况。总指挥宣布演练结束。 6. 参加预案演练的全体人员及员工,在综合楼广场集中,总指挥总结预案演练结果,同时,提出冬季防火要求。分析火灾应急预案的适宜性,对完善火灾应急预案提出意见。 **五、演练评估报告** 演练结束后应急预案编制小组负责编写演练评估报告,不断持续改进应急预案。

6.3 保密工作如何做

随着大数据时代的到来，数据已经成为一种财富。如何做好企业各类数据的保密工作已经成为很多企业首先要考虑的问题。行政部应建立完整的保密体系，对各类涉密事项从人防、物防、技防等三方面，加强保密管理。

6.3.1 做好定密与调整

（1）确定保密范围

行政部在进行定密前，应划定保密的范围，明确什么内容需要保密，具体如图6-5所示。

①可能对公司商业交易产生重大影响，但尚不具备公开披露条件的信息，如与交易对象的关系情况、企业价格底线、资本运作情况、商务渠道、针对竞争对手的措施等。

②涉及公司经营管理、运作和决策，或对公司利益有重大影响的信息，且这些信息一旦泄露将对企业造成损失或失去潜在收益，如公司的战略规划、竞争策略、核心技术信息、企业财务信息等。

③涉及公司员工隐私及其他利益相关者信息的资料，如客户信息、员工基本信息、合作伙伴的信息等。

图6-5 保密范围

（2）确定密级

为方便管理企业秘密，应建立密级管理制度，一般将企业秘密分为三等密级。具体可参考表6-13所示。

表6-13 企业密级说明及示例

密级	说明	示例	定密
秘密级	企业经营管理中涉及一般秘密的文件资料，一旦资料泄露会使公司的安全和利益遭受损害	未开标的投标文件、未公开的重大投资决策、产品配方，专利技术、专有技术、引进技术的核心部分等	①编制"秘密信息密级划分表"，报总经理确定 ②由责任部门按照秘密信息、密级划分表和实际工作需要，确定文件资料的密级 ③对企业所产生的秘密事项应当及时确定密级，最迟不得超过10日 ④对是否属于企业秘密和属于何种密级不明确的事项，应由产生该事项的部门负责人在3天内拟定密级，报总经理批准 ⑤属于公司秘密的文件、资料，应当按规定标明密级，并确定保密期限，保密期限届满，自行解密。
机密级	企业经营管理中涉及重要秘密的文件资料，一旦泄露会使公司的安全和利益遭受到严重的损害	重要决策文件资料、企业规划、财务报表、重要会议记录、企业经营情况等	
绝密级	企业经营管理中涉及最重要核心秘密的文件资料，一旦泄露会使公司的安全和利益遭受特别严重损害	企业产品资质、企业人事档案、员工工资性收入、合同、协议、尚未进入市场或未公开的各类信息等	

（3）确定保密期限与解密

企业的秘密保存应规定一个保存期限，在保密期限内，未经许可，不得调阅企业秘密，更不允许公开秘密。一般各密级的保密期限长短不同，绝密级保密期限最长，其次是机密级，秘密级的保密期限最短；对于不能确定期限的秘密，要规定解密条件。公司保密事项的保密期限届满的，自行解密。

每年年底清理文件资料，将已过保密期或已经不存在保密意义的文件，应填写"密集变更销毁表"，报分管领导审核、总经理批准后处理。

企业保密事项在保密期限内不需要继续保密的，由行政部将解密申请交由高管办公会批准。获办公会决议通过后，行政部组织实施解密工作。

（4）密级调整

企业保密事项的密级和保密期限需要变更时，应由申报变更的部门人员填写"密级变更申请表"，经部门负责人初审，行政部审核后，交由总经理审批。审批通过后，方可实行变更。

6.3.2 完善技术保密管理

企业内部载有技术秘密的文件材料、图纸、磁（光）盘、图像、声像、数据库数据等资料及样品，均应纳入技术保密范畴，由企业相关部门注明保密和密级字样，并根据密级采取保密措施，归档保存。

（1）技术资料保管部门

属于技术、开发等部门自行建立的专业性机密文件，应以各部门办公室或公司行政部门为保管部门。

（2）技术保密管理办法

不同岗位工作人员所掌握的技术秘密不同，其技术保密管理办法也存在差异。表6-14为不同人员技术保密管理办法，供读者参考。

表6-14 不同人员技术保密管理办法

不同人员	技术保密管理办法
企业科技人员、行政管理人员以及因业务上可能知悉技术秘密人员或业务相关人员	与法人签订包括有保护技术秘密的“知识产权保护协议”
企业宣传机构的相关工作人员	发布(表)新闻、通信和报告文学作品以及其他人员对外发表文章时，不得涉及技术秘密的实质性内容，其稿件必须经行政部审查，在确认不会造成泄密后，签字认可方可发表
企业技术档案管理人员	严格按照“档案资料保密规定”妥善做好技术档案的管理工作，严防技术资料所涉及的技术秘密泄露
企业外来接待管理工作人员	在外来接待管理工作中，可能涉及技术秘密的，须报主管部门呈本单位主管领导批准，接待参加访问的部门要有专人负责保密工作，并按指定的路线和范围进行参观考察
企业对外合作单位	凡涉及技术秘密的，企业应对合作方和外来单位签订保密协议或在合同中增加保密条款

（3）技术泄密处理

企业的专利技术是企业的核心秘密，当企业出现技术信息泄露事件时，行政部应协助企业技术部门启用合适的应急预案进行应急处理。具体应急预案可参考表6-15。

若技术信息泄密使企业蒙受巨大损失时，且相关泄密人员的行为已经触犯法律时，企业应起诉相关责任人，具体流程如图6-6所示。

表6-15 技术信息泄密应急预案分类

应急预案类型	说　明
黑客攻击或软件系统遭破坏性攻击时	①重要的技术信息平时必须存有备份,与软件系统相对应的数据必须备份并将它们保存于安全的地方 ②当技术信息安全管理人员通过入侵监测系统发现有黑客正在进行攻击时,应立即向技术泄密应急指挥领导小组日常应急办公室报告。软件遭破坏性攻击(包括严重病毒)时应使系统停止运行 ③技术信息安全管理人员首先要将被攻击(或病毒感染)的服务器等设备从网络中隔离出来,保护现场,并同时向技术泄密应急指挥领导小组通报情况 ④日常应急办公室负责恢复与重建被攻击或被破坏的技术信息数据,并及时追查泄密的技术信息来源 ⑤事态严重的应立即向信息部总监和技术泄密应急指挥领导小组组长报告,并根据指示向公安部门报警
数据库发生故障时	数据库发生故障的时候,会容易发生信息泄露,所以当数据库发生故障时,必须做好以下的应急措施 ①一旦数据库崩溃,技术信息安全管理人员应立即进行数据及系统修复,修复困难的,可向技术泄密应急指挥领导小组汇报情况,以取得相应的技术支持 ②确认无法修复的,应立即向软、硬件提供商请求支援。在取得相应技术支援也无法修复的,应及时向技术泄密应急指挥领导小组组长报告,在业务操作可弥补的情况下,利用最近备份的数据进行恢复 ③数据库发生故障后,应立即切断数据库与外界的物理连接,以免在故障过程中被侵入,导致技术信息等泄露
网络线路中段或硬件设备故障时	①网络主、备用线路有一条中断或硬件设备发生故障,技术信息管理人员应立即启动备用线路或备用设备接续工作,同时向技术泄密应急指挥领导小组报告 ②技术信息管理人员要迅速判断故障节点,查明故障原因,并确定是否遭到信息泄露的危害,并及时恢复信息系统。如中断属电信运营商原因的,应立即与电信运营商的维护部门联系,要求尽快恢复 ③如果主、备份线路同时中断,或者发生故障的硬件一时无法修复的,技术信息管理人员应在判断故障节点、查明故障原因后,尽快加以解决,同时向技术泄密应急指挥领导小组汇报。一时无法处理解决的,经技术泄密应急指挥领导小组组长同意后,通告技术部暂停业务操作,立即向网络维护商请求援助解决

续表

应急预案类型	说　明
人为泄露	①当发现是公司内部人员人为泄露技术信息时，技术信息管理人员应立即向技术泄密应急指挥领导小组组长报告。技术泄密应急指挥领导小组应立即开展应急预案工作 ②技术泄密应急指挥领导小组第一时间将事件情况上报公安部门，上报内容包括：事件起因，事件性质，波及人员范围，目前采取措施 ③技术泄密应急指挥领导小组根据公安部门的指令，组织力量查找失泄信息资料、控制传播范围和有关人员 ④信息部应积极配合公安部门对互联网进行严密监控；发现与失密、泄密有关的信息，采取措施控制传播、追查来源、控制相关嫌疑人 ⑤事件结束后，技术泄密应急指挥领导小组负责善后事项，作出书面结论，提出处理意见报公司总经理审核

发现技术信息泄密

技术信息保密管理人员应定期进行技术信息的保密检查工作，查看技术信息是否发生泄露，如技术信息发生泄露，则应及时汇报上级领导

调查信息泄密情况

技术信息保密管理人员应在24小时内迅速查清泄密情况及责任人，并对泄露的初衷、时间、泄密对象等泄密事件发生、经过进行调查

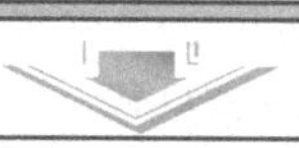

向法院起诉

技术信息保密管理人员及时将调查结果反馈到法务部，法务部应根据技术信息泄露行为的性质，以及造成损失的大小，向法院提起诉讼

等待法院受理结果

技术信息泄密事件符合法定条件的，7日内准许立案。不符合法定条件的，7日内法院将裁定不予受理

审理前准备

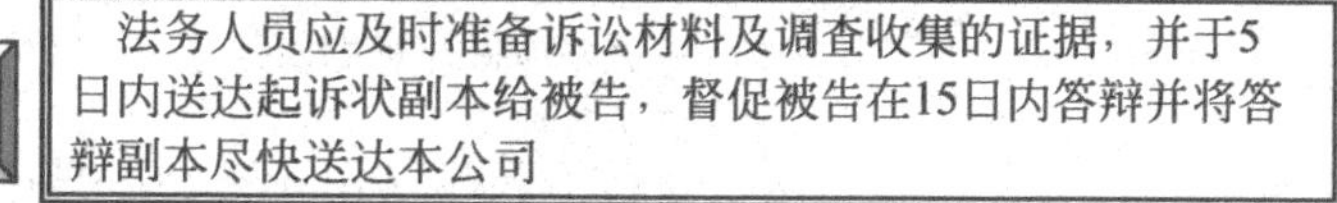

法务人员应及时准备诉讼材料及调查收集的证据，并于5日内送达起诉状副本给被告，督促被告在15日内答辩并将答辩副本尽快送达本公司

参加开庭审理

法务人员应准时参加开庭，接受法院调查，并向法官提出证据，积极应对法庭辩论

接受判决结果

在经过法庭辩论、评议后，审判长宣布判决结果。如判决结果能够弥补公司因技术信息泄密造成的损失时，应接受判决结果

继续上诉

如判决结果不能弥补我公司因技术信息丢失而造成的损失，法务人员应在规定上诉期限内到上诉法院继续提起上诉

图6-6　技术泄密查处起诉流程

6.3.3 加强信息保密管理

在市场竞争日益激烈的时代，信息对企业的生存和发展具有至关重要的作用，因此，行政部必须做好企业信息保密管理工作。

(1) 信息泄露方式和手段

企业信息泄露方式主要包括：企业内部人员故意泄露信息、企业内部人员无意泄露、企业外部商业间谍窃取等。

企业信息泄露的手段通常包括：与企业内部相关工作人员沟通，通过黑客入侵、病毒窃取企业信息，通过移动存储介质（如 U 盘、移动硬盘、手机等）盗窃企业信息、通过窃听器窃听企业信息等。

(2) 信息保密办法

在实践工作中，企业可采取以下手段，防止企业泄密情况发生，如表 6-16 所示。

表6-16 企业防止信息泄密的办法

信息处理阶段	防止泄密的办法	
信息形成阶段	★起草秘密文件、资料的过程稿、送审稿、讨论稿、修改稿、征求意见稿，都要严格按照秘密文件、资料保密管理规定妥善保管，不能随意丢弃 ★秘密文件、资料制作应注明发放范围、制作数量和编排顺序号 ★秘密文件、资料一旦定稿，应当严格履行定密程序 ★文件、资料等在印制过程中的废页、废料、残页、残料、校对稿、胶片、胶版等，需要保存的，应当按照秘密载体保密管理规定妥善保管；不需要保存的，应当按规定销毁，不能随意处置，不得作为废品出售给废旧物资回收单位和个人	
信息储存阶段	计算机使用	★做好涉密计算机的管理，做到涉密文件必须在涉密计算机上操作，非涉密人员不得操作涉密计算机 ★做好涉密计算机操作登记工作，凡是操作人员一律按照规定进行登记
	移动介质使用	★做好可移动存储介质的保密管理，实行专人管理 ★使用磁、光、半导体等介质拷贝、刻录企业秘密信息，应当在本单位或定点单位进行，并在适当位置标明密级，不能交给其他社会单位或无关人员刻录、制作
	制度建设	制定、修改、完善保密工作制度，行政部定期或不定期对各部门及基层的保密工作进行检查，及时发现保密工作的薄弱环节和隐患，要求相关责任部门进行整改，防患于未然
	宣传教育	采取多种形式进行广泛宣传保密知识，让每一位工作人员明确知道哪些是属于保密范围、保密的重要性以及泄密行为的危害，如何堵住泄密的渠道

(3) 信息泄密处理

当企业经营信息出现泄密时，应果断进行查处，具体流程如图 6-7 所示。

经营信息保密管理	日常工作过程中，各部门应做好经营信息的保密措施，控制经营信息的知悉范围，将其知悉范围控制在规定范围内
进行信息保密检查	各部门应定期进行信息的保密检查工作，查看各类经营信息是否发生泄露，如信息发生泄露，则应及时处理
发现经营信息泄露	如果在日常工作或检查中发现经营信息泄密，发现的人员应在12小时内将泄密情况报告给公司行政部，由其对泄密过程进行调查
作出补救措施	在经营信息泄露后，信息保密管理人员应当及时作出补救措施，以免信息泄露的范围扩大
调查信息泄密情况	如果存在信息泄密行为，则应在24小时内迅速查清泄密责任人，并对泄露的初衷、时间、泄密对象等泄密事件发生经过进行调查
查信息泄密影响	经营信息泄露后，一般都会给公司造成较为恶劣的影响，因此公司信息保密人员应当调查信息泄露给公司带来的影响和损失
作出处理决策	公司法务人员应根据信息泄露行为的性质，以及造成损失的大小，提出处理建议，由总经办对泄露人员或部门作出处理的决策
处理泄露人员	处理方案经过总经办讨论通过后，应及时予以实施；如果情节恶劣需要相关起诉的，应由公司法务部实施
总结泄密事件	泄密事件查处完毕后，应对其作出总结报告；报告内容需包括被泄露信息的内容、密级、数量、载体，泄密事件发生经过，泄密责任人的基本情况，泄密事件发生的时间、地点及经过，泄密时间造成的危害，已进行和拟进行的查处工作情况，已采取的补救措施等

图6-7　经营信息泄密查处流程

在进行信息泄密查处过程中，应把握好上报、查处过程、处罚等关键环节的处理内容。具体如表 6-17 所示。

表6-17　信息泄密查处关键环节处理详解

关键环节	具体内容
上报	①载有经营信息及秘密的文件、资料或物品下落不明的，自发现之日起，绝密级十日内，机密、秘密级六十日内查无下落的，应当按泄密事件上报 ②一旦发生泄密，有关当事人和责任部门必须立即向行政部如实报告，并填写《泄密事件报告表》，紧急情况可先口头报告简要情况 ③行政部发现泄密情况后，还需上报上级主管部门，以及向地方保密工作部门报告，接受帮助和指导 ④实行一事一报制度。对泄密事件隐瞒不报或谎报及拖延报告时间，以至影响查处工作的正常进行，影响及时采取补救措施的，根据其造成损失的情况，追究部门领导和当事人的责任 ⑤行政部应向泄密部门发出限期整改通知书，该部门在接到通知书后20天内提出整改方案和措施，消除泄密隐患，并由总经办写出书面报告
查处过程	①行政部在24小时内组织查实事件发生经过、原因，查明被泄漏的密级和内容，采取补救措施，尽量减小泄密事件造成的损害。同时，整个事件查处工作应在发现泄密事件后的三个月内完成，自报告之日起三个月未能查结的，应说明原因并上报 ②在泄密事件查处工作中，行政部受理泄密事件应有书面记录，并督促有关部门采取措施，在权限范围内，对所泄露的事项进行密级鉴定 ③调查泄密事件须两人以上，调查记录应有被调查人的签名或被调查单位加盖公章。调查接受后，应写出调查报告 ④行政部根据调查情况提出对有关负责人的处理意见，对重大泄密事件用适当的方式通报 ⑤泄密事件查处过程中必须保持完整的记录。查处完毕后有关泄密事件报告、调查记录由综合管理部负责归档，保存期5年
处罚	①警告罚款。根据具体情况，对情节较轻的泄密责任人给予警告，并处以罚款 ②辞退并索赔。根据泄密具体情况，对情节较重的泄密责任人予以辞退并责令其赔偿经济损失 ③诉讼。非本公司人员迫使、利诱本公司员工出卖商业秘密的，本公司将依法提起诉讼

6.3.4　规范档案保密管理

(1) 建立档案保密规定

档案保密管理也是行政部保密管理工作的重要内容之一，企业档案保密管理

的具体措施如表6-18所示。

表6-18 企业档案保密措施

保密措施	详细说明
档案室人员保密管理	①强化保密观念，牢固树立“保密工作无小事”的责任意识，提高保密工作的自觉性和责任感，自觉履行保守企业秘密的义务 ②档案室工作人员应积极、主动地向档案室主管人员汇报档案保密工作情况，档案室主管对工作人员的档案保密工作应进行不定期监督、检查和指导 ③档案室工作人员应定期参加与档案保密工作相关的培训，提高档案保密技能
做好档案日常保密管理工作	①档案室实行专人保管、专房专用，不得在档案室内办公，非档案室工作人员未经批准不得擅自进入 ②档案室应配备防火、防盗、防虫、防尘、防光、防潮、防高温等基本设施，档案室工作人员应定期检查防护设施，出现问题及时维修和更换 ③下班时，档案室必须锁门、关窗、关灯。每次长假前，档案室门窗应加贴封条，切实消除安全隐患 ④电子档案应根据档案内容的秘密等级进行有效管理，对秘密等级比较高的，不宜通过复制的方式用于他处 ⑤应对保管电子档案的计算机信息系统加强技术保密管理
做好档案借阅、使用、销毁的保密管理	①保密档案的借阅、移出、销毁等应严格按规定手续办理，并提交企业主管领导签字，认真履行登记、签字手续，填写借阅卡及借阅簿，手续齐全后方可借阅。借阅人要遵守保密制度，严禁转借泄密和以个人名义向外单位泄密 ②保密档案使用完毕后应及时核对、检查、维护与安全，不能私自撕拆、涂改，更不得缺页少项，发现失密、泄密问题，应及时查明原因，及时向档案部门报告，进行补救

（2）加强电子档案管理

企业的电子档案是指利用企业内部计算机及各类移动存储介质等设备进行存储的电子文件集合，通常包括文书档案、数据档案、程序档案、图形档案、多媒体档案等。电子档案通常与纸质档案对应，并进行互通使用。

为保证电子档案完好，企业相关工作人员应严格遵守以下要求，如图 6-8 所示。

序号	要求
1	将电子档案存放在具有防磁性能的装具中，以保证磁盘、光盘的稳定性
2	做好电子档案存放环境和防护设备的调温、调湿、防水、防盗、防光、防虫、防尘、防鼠、防雷电等方面的管理
3	做好电子档案存储设备的防磨损、防强震、防病毒管理
4	定期对电子档案进行检测和复制，以确保电子档案信息的可靠性

图6-8 电子档案保存管理要求

企业电子档案可通过提供复制、通信传输、直接利用等方式供企业相关工作人员使用。但为确保电子档案信息安全，电子档案使用管理人员应严守以下使用要求，如图 6-9 所示。

要求	内容
要求1	根据企业规定和实际需要向使用者提供不同的利用方式，不能无原则地向所有使用者提供全部利用方式
要求2	对于内容不是完全开放的电子档案，不宜用复制的方式提供利用，对于提供复制的制作，必须在有效监控下进行
要求3	对电子档案使用的全过程进行有效跟踪监控，并自动进行相关记录

图6-9 电子档案使用管理要求

(3) 档案泄密处理

一旦发生档案泄密事件，行政部应果断采取措施，对事件本身和相关责任人进行查处，具体的查处流程如图 6-10 所示。

对违反档案泄密规定的相关责任人，行政部应依照其行为及情节的不同，对其做出相应的处罚，具体不同情况的处罚如表 6-19 所示。

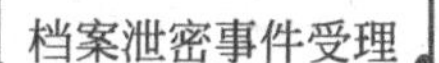

档案泄密事件受理

行政部应受理由处罚机关依法检查监督时发现的、公民、法人或者其他组织举报的、其他单位移送处理的、上级单位或者下级单位报送要求处理的、上级处罚机关指定由其处理的、有关当事人请求处理的以及其他应当涉及档案违法泄密的事件

立案

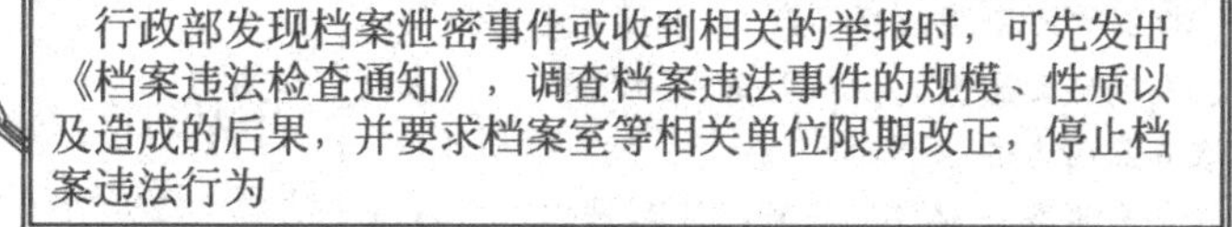

行政部发现档案泄密事件或收到相关的举报时，可先发出《档案违法检查通知》，调查档案违法事件的规模、性质以及造成的后果，并要求档案室等相关单位限期改正，停止档案违法行为

调查取证

由二人或者二人以上的调查取证团队需要向有关当事人、证人和有关人员进行调查，制作《档案违法案件调查笔录》；对现场进行检验取证，制作《档案违法案件现场检查记录》；组织鉴定工作，并提交《档案违法案件鉴定书》。其中调查笔录、记录、鉴定必须经被调查方或有关人员签名

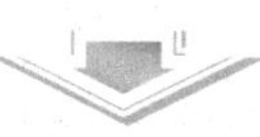

制定处理意见

总经办及其他调查部门，应当在法务部的协助下，根据调查结果制定处理措施，具体处理措施包括行政处理、撤销案件、行政处分，情节严重触犯法律者，应当移送司法机关追究责任

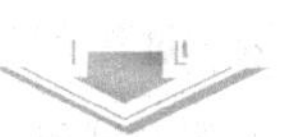

处罚通知

行政部门应当在立案后六十日内做出行政处罚决定或建议，并制作《档案违法行为处罚通知书》。因特殊情况不能如期结案，需要延长期限的，必须报请行政处罚机关批准；受处罚人收到处罚通知书后应当填写回执

申诉与处罚

当事人对处罚不服，可以在接到处罚通知之日起十五日内提出申诉。本公司提出的处罚意见可以向处罚机关申诉；处罚机关作出的处罚意见，可以向处罚机关的上一级处罚机关提出申诉；受理申诉的处罚机关一般会在三十日内作出决定，并将结果通知申诉人，但是申诉期间不停止处罚决定的执行

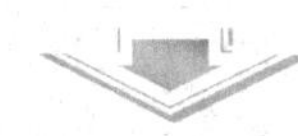

纠正

如果发现已生效的处罚不当时，应当及时依法纠正。如果上级行政处罚机关通知本公司已生效的处罚不当时，公司必须在规定的工作日内作出纠正

申诉与处罚

档案泄密及其他违法事件处理完毕后，应填写《档案违法案件结案报告》，并由结案工作人员收集案件应归档材料，整理立卷，向本单位档案室或者档案人员移交归档，并报上一级处罚机关备案

图6-10　档案泄密查处流程

表6-19　不同行为及情节的处罚判断

行为	情节	处罚
①没有严格遵守公司档案管理制度的 ②档案管理人员未按规定条件管理档案，危及档案安全的 ③档案管理制度执行不严，可能造成档案损失的 ④发现档案破损、变质、下落不明等情况，未及时采取有效措施的 ⑤技术研发、产品试制、基建工程或其他技术项目鉴定验收时，未按规定验收，致使相关档案残缺不全的 ⑥借阅档案未按规定及时归还，且屡催不还的 ⑦其他可能导致档案损毁、丢失或者档案内容泄露的行为	一旦违反，经查证后，无论情节大小	批评教育、责令改正；造成损失的，责令赔偿损失
损毁、丢失或者擅自销毁档案馆保存的档案，以及集体或者个人所有的但对公司和社会具有保存价值或者应当保密的档案，或者擅自泄露档案信息的	属短期保管期限档案的	责令赔偿损失，并处警告处分
	属长期保管期限档案的	责令赔偿损失，并处记过处分
	属永久保管期限档案的	责令赔偿损失，并处记大过处分
工作人员将工作中形成的应当归档的文件、资料据为己有，拒绝向档案室归档	超过一年未满二年的	追缴档案和责令赔偿损失，并给予警告处分
	超过二年未满五年的	追缴档案和责令赔偿损失，并给予记过或者记大过处分
	五年以上的	追缴档案和责令赔偿损失，并给予降级或降职、撤职处分
档案管理人员擅自提供、抄录、公布公司档案及应当保密的档案，或将档案信息内容透露给无权限的人员	一旦违反，经查证后，无论情节大小	责令赔偿损失，并给予记过或者记大过处分
①倒卖公司档案牟利、擅自将档案卖给、赠送给公司以外的人员，将档案信息内容透露给无权限人员或私自携带、运输、邮寄属于公司保密范围的档案 ②档案查阅人员或档案管理人员将档案信息转卖给公司以外人员、竞争对手等	一旦违反，经查证后，无论情节大小	责令赔偿损失，并给予开除

工作笔记

预见风险，消除隐患

企业数据泄密一直是企业时刻警惕的大事，机密数据的泄露对于企业来说，其损害是不可估量的。据有关调查显示，泄密事件呈现逐年递增的局面，仅2017年上半年，全球范围内发生的泄密事件就将近800起。对于泄密事件的处理，企业不能坐以待毙，必须主动出击，如果等到企业真正发生问题后再去处理，那么后果将是不可估量的。为了防范泄密事件的出现，安保负责人应做好保密培训，根据实际情况调整保密措施。

案例一：某公司一销售人员小李最近非常郁闷。走到哪里都会遭到公司其他人冷言冷语。主管认为他不会争取客户，没本事；身边的同事认为他不懂得变通，傻里傻气。

原来，事情的起因竟是他千辛万苦拉过来的大客户以感情沟通为名，向他套取公司一款产品的销售渠道，由于这款产品的销售负责人是这位客户的妻子客户想为其妻子谋利。对于这样的泄露公司商业机密的要求，他选择了婉言拒绝。但他也因此丧失了这位客户，导致他的销售业绩遭到致命打击。于是才出现了前面所描述的那一幕。

心得一：针对这种情况，企业安保负责人应该及时调整公司保密措施。对保守商业机密的人员予以重奖，并协助其完成业绩。人心是企业保密措施中最重要的一个环节，管好人，才能守住秘密。

案例二：某公司接待了一位自称来自某国的华侨客人，其到公司订货。客人在听到报价后，要求核实质量，并询问该产品在某些国外地区是否有销售？如果有的话，不妨告知合作的公司是哪些，以便其咨询国外公司其相关产品质量。于是公司负责接待的销售人员很大方地打开电脑，调阅出相关文件，让其浏览。可事后，才知道，这位客人竟是竞争对手雇佣的商业间谍，目的在于窃取该公司的客户名单。

心得二：企业保密工作不仅要做好人防工作，警惕其他人员的语言陷阱，还要做好保密文件的管理。严禁在未经许可的情况下，私自使用保密文件。

案例三：某单位发生了计算机泄密事件。经调查发现，泄密的原因竟是公司梁某在维修本单位某干部使用的涉密计算机时，为了防止电子文档

丢失，就将其中的文件资料复制到移动硬盘中备份，然而，维修完成后，他忘记将硬盘中的文件清除，之后又违规将该移动硬盘接入连接互联网的计算机，导致机密文件被黑客窃取，对该单位造成了严重的损失。

心得三：企业不仅要做好人员保密工作，还要做好涉密载体的保存保管工作，防止涉密载体随意出现在非涉密场所。

总务后勤管理实操

7.1 办公室5S活动如何推

5S 管理起源于日本，是指整理、整顿、清扫、清洁、素养等 5 个项目，因日语的罗马拼音均以“S”开头而简称 5S 管理。对办公室进行 5S 管理，保证工作环境的整洁，为员工提供相对舒适的工作环境，有助于营造良好的工作氛围，提高工作效率。行政部作为后勤主管部门，应负责对办公室环境进行规范化管理。

7.1.1 做好办公室整理工作

（1）整理工作程序

整理是指将必要物品与非必要物品区分开，清理非必要品，在岗位上只放置必要物品的活动。整理活动是 5S 活动实施阶段的第一步，公司通过整理活动可以减少非必要物品所占的空间，确保必要物品所占用的空间。

整理非必要品时，该丢的就得丢，不要觉得可惜，因为通过丢弃会把有价值的物品凸显出来，并且还可以避免下次购买不必要的物品。整理的具体工作过程如图 7-1 所示。

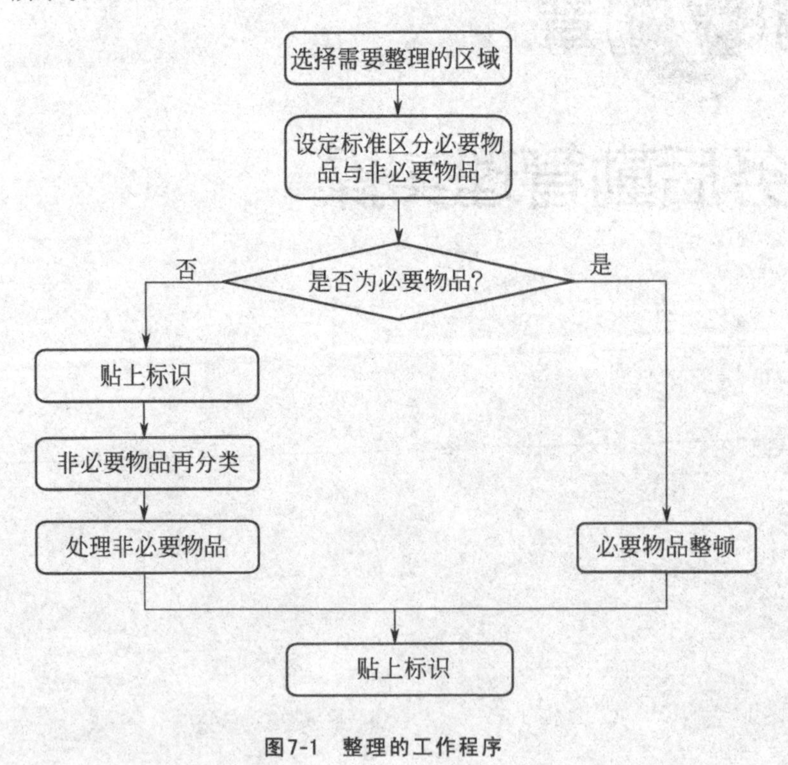

图7-1 整理的工作程序

（2）明确整理标准

要对工作中使用的工具物品或生产现场的物料等进行分类整理，需按照既定的标准进行，这样才会避免产生分歧，因此企业需制定整理标准。

整理标准包括两部分：一是判断必需与非必需的标准；二是物品的处理标准。

① 必需与非必需的判断标准。在整理工作实施之前，企业需对必需与非必需的物品制定判断标准，以便员工按照标准实施。必需与非必需的判断标准可根据物品的使用频率、次数来确定。

② 物品的处理标准。企业在判断物品的基础上，还可根据各类物品的使用频率来确定他们的处理方法。如一支笔由于它的使用频率为每天，因此它是必需品。具体如表 7-1 所示。

表7-1 物品整理标准

分类	序号	使用频率	细分	处理标准
非必需品	1	1 年一次也不使用的物品	不用物品	废弃、变卖、改用或维修
	2	2 个月到 1 年的时间内使用过 1 次或几次的物品	少用物品	归返仓库或工具室
	3	在 1 到 2 个月用过 1 次或数次的物品	偶用物品	集中放置在工作场所
必需品	4	每周使用 1 次或数次的物品	常用物品	放在工作范围附近
	5	每天使用 1 次或数次的物品		放在操作范围内或随身携带
	6	每小时都会使用		随身携带

③ 非必需品的处理。公司需根据红牌作战结果，对非必需品集中起来进行分类处理。非必需品的处理方法如下所示。

在非必需品的处理过程中，对于根本无法使用的或一年也用不上一次的物品，可进一步分为报废品、处理品、待修物品或改用物品，因此可做废弃、变卖、改用和维修等处理。具体的处理方法如表 7-2 所示。

对于不常用的物品，由于偶尔还会使用，有一定的使用价值，因此企业可将其归返仓库或工具室，或集中在工作现场进行摆放处理。

对于张贴了红色标签的物品，能够进行处理的，则直接挑出来进行处理即可，但是其中虽然张贴了红牌的，但是还没有决定具体处理方法的物品，可将其

转移到临时放置架上或临时放置点上，如果过了一个月还没有被使用过，则到时候全部丢弃，

表7-2　非必需品处理方法

物品类型	标准说明	处理方法
报废品	不可用且无价值的物品	废弃
变卖品	不可用但有一定价值的物品	变卖
改用物品	能做它用的物品	改用
坏损物品	维修后可使用的物品	维修

7.1.2 规范办公室整顿工作

（1）整顿工作程序

整顿，就是要对每个清理出来的“有用”的物品、工具、材料、电子文件，有序地进行标识和区分，按照工作空间以及工作的实际需要进行合理布局，并且摆放在“伸手可及”“醒目”的地方，以保证“随用随取”。

整顿可使任何人立即能找到所需要的东西，减少“寻找”时间上的浪费。整顿的具体工作程序如图 7-2 所示。

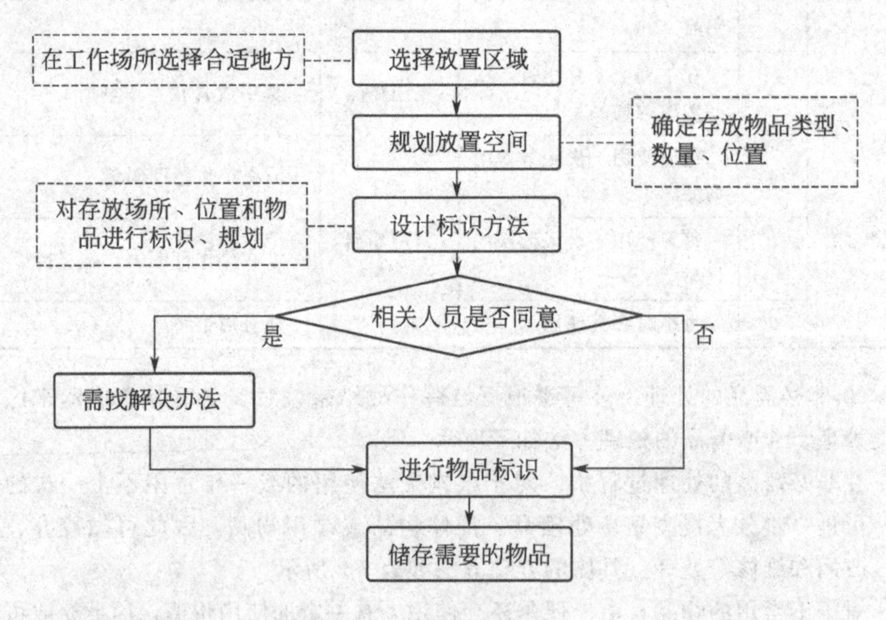

图7-2　整顿工作程序

（2）画线规划，分区摆放

企业为了使工作场所的物品能有位置，并且能够让其进行准确的放置，企业

需对工作场所进行区域的规划和准确的定位。

工作场所通常分为仓库、办公区和生产现场等区域。而仓库根据存放物品的不同也可按物品类型进行区域的划分，办公区则根据管理部门设置不同的区域，而生产现场则在保持工艺布局不变的前提下，则划分为作业区、合格品区、不合格品区等。

除了对一些总体区域进行规划之外，还需对消防设备存放区域、清洁工具存放区域等进行规划，以便进行定位。

区域划分完成之后，企业管理人员需对规划出的现场进行画线定位，从而确定物品的放置空间或位置。画线定位的标准如表7-3所示。

表7-3 位画线标准

区域	画线项目	画线颜色	线宽
仓库	仓库主通道	黄色	100mm
	仓库辅助通道	黄色	50mm
生产现场	生产现场主通道	黄色	100mm
	生产现场一般通道	黄色	50mm
	工作场所	绿色	50mm
	半成品区、成品区	黄色	50mm
	不合格品区、废品区	红色	50mm
	工装架、周转车	黄色虚线	50mm
其他区域	设备、消防设施	黄黑虎纹线	50mm
	警告警示、危险区域	红色	50mm
	清扫工具类	黄色	50mm
	小物品定位线	黄色	25mm
	桌面物品定位	黄色	10mm

（3）物品定位放置

在物品进行定位时，可根据物品的使用频率和使用便利性等要求决定物品的放置位置。定位需要遵守的具体要点如图7-3所示。

通过物品定位，就可确定物品具体的存放地点，确保员工使用，很方便就一定能够找到，下面对各类物品的定位方法进行说明。

① 设备和作业台的定位。工作区域内的设备和作业台通常依据物品的形状，用线条框框起来，或者只定出物体的关键角落。

② 工具、夹具、量具、文件的定位。工作过程中经常使用的种类物品通常

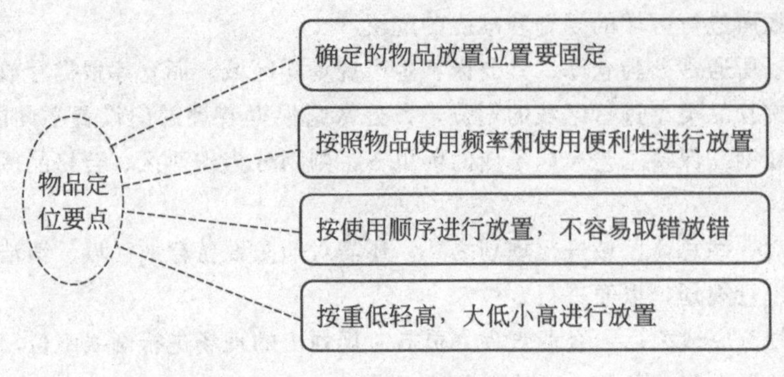

图7-3　物品定位要求

存放在各式各样的柜、台或架上，使用的时候可以从存放处取出，使用完毕后放回原处。常用的定位方法为行迹管理法，就是依据物品的形状画出外轮廓，并按其定位，便于取用和归位。

③ 原材料、半成品和成品的定位。仓库和生产现场中的此类物品，通常都是对其划分区域，并设置物料架，然后将其分类摆放。摆放时要做到先进先出，保持整齐，物品的边缘线要与区域线平行或垂直。

7.1.3　加强办公室清扫工作

(1) 清扫工作程序

清扫是指将办公场所和生产现场的工作环境打扫干净，将设备保养完好，使其保持在无垃圾、无灰尘、无脏污、干净整洁的状态，并防止污染的发生。

工作中我们会产生不少的灰尘、油污、垃圾等，使现场脏乱不堪，而且脏的工具设备其精度也会下降，影响产品质量，造成故障多发。因此为了创造一个干净、舒畅的工作环境，保证安全、愉快、高效率的工作，我们必须实施清扫工作。清扫工作的具体流程如图 7-4 所示。

(2) 做好清扫工作教育

很多人觉得清扫教育工作并不重要，既耽误工作，又没实际作用，但是企业只有有效地实施清扫教育，才能预防安全事故的发生。

企业在实施清扫教育时主要包括三项内容，具体如图 7-5 所示。

对清扫的工作人员进行安全教育，是对清扫工作中可能发生的事故进行的预防和警示。如不进行安全教育有可能发生安全事故，可能发生的安全事故包括触电、刮伤碰伤摔伤、洗涤剂腐蚀、尘埃入眼、坠落砸伤、灼伤等，例如用湿手触碰电线等。

在清扫工作实施前，需对各区域的清扫人员进行教育，以便让所有清扫实施人员明确清扫的标准、要求、方法和注意事项，以便顺利地实施清扫工作。

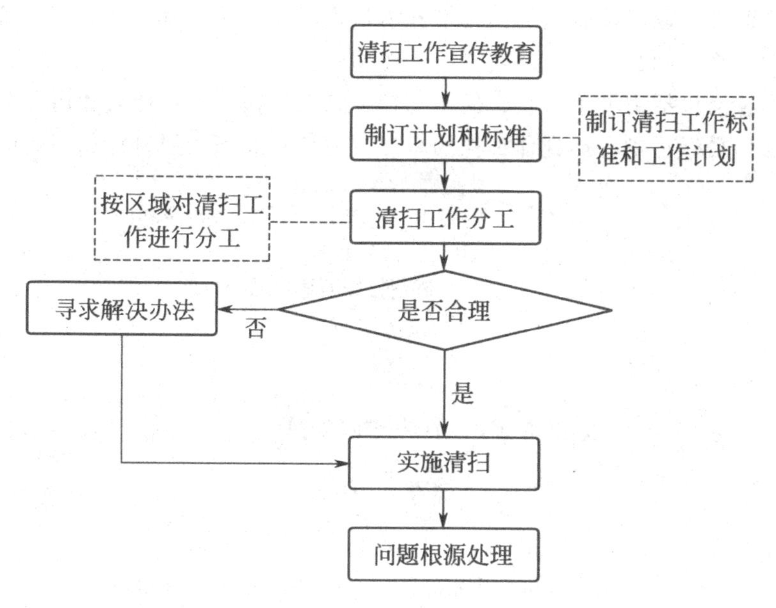

图7-4 清扫工作程序

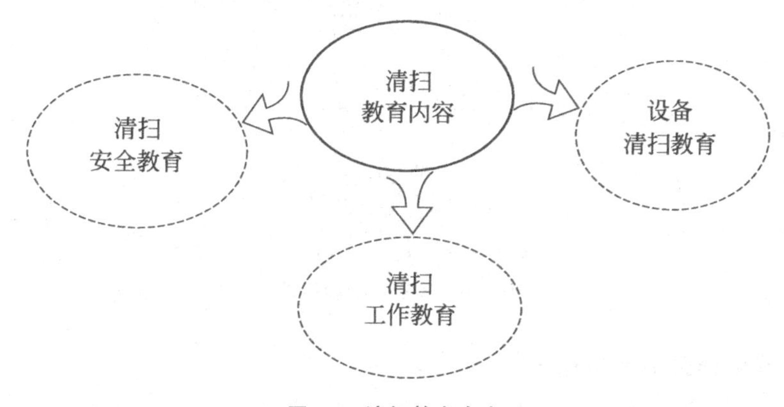

图7-5 清扫教育内容

对于大型的设备，企业需对员工进行设备清扫教育，使员工了解如何减少设备老化、避免故障出现及降低相应损失。同时通过对设备基本构造的教育，使员工通过学习了解其工作原理，能够对出现尘垢、漏油、漏气、震动、异常等状况出现的原因进行分析。

（3）制定标准，明确目标

企业中很多时候要求员工将工作场所清扫干净，可是却没有清扫标准和清扫目标，造成有的员工要求高并且也更负责任则清扫的区域非常干净，而有的员工敷衍了事，觉得清扫的差不多就行了，则清扫的区域不干净。

为什么会出现这样的情况呢？就是因为企业没有制定统一的清扫标准和清扫

目标。为此，企业应该制定清扫标准和清扫目标，张贴在清扫区域，从而规范员工的清扫行为，创造一个干净整洁的工作场所。

清扫标准包括由谁来打扫、何时打扫、怎么打扫、清扫什么和用什么工具清扫，而清扫目标是指打扫到什么样的程度。清扫标准和清扫目标如图 7-6 所示。

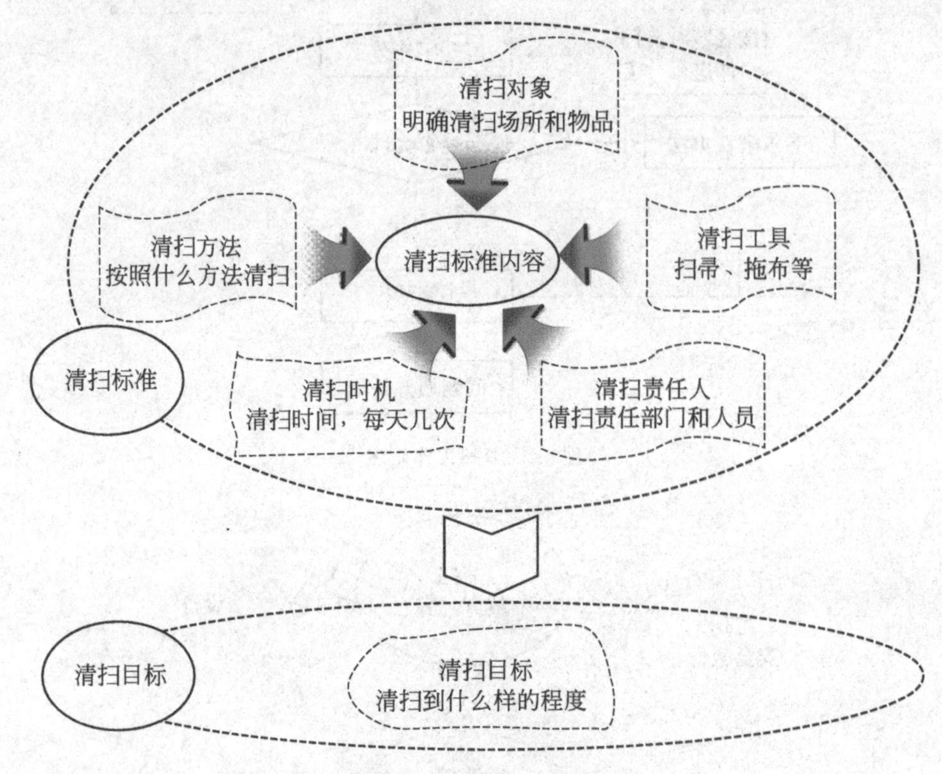

图7-6　清扫目标和标准

7.1.4　深化办公室清洁管理

（1）清洁管理工作要点

清洁就是对整理、整顿、清扫后状态的保持，即保持工作场所没有污物，非常干净整洁的状态。因此清洁需要通过对整理、整顿、清扫活动的认真维护，来使现场保持完美和最佳的状态。清洁与 3S 活动的具体关系如图 7-7 所示。

企业为了使工作场所能够达到清洁的状态，首先需定期地开展整理、整顿、清扫活动，这样才能建立清洁的现场，在建立清洁现场的同时，还需要采取切实的行动来保持现场的干净整洁，即维持工作场所保持清洁的状态。

在实际的工作中，工作场所清洁状态的维持是很困难的，如果不长期坚持的话，不要说维持现状了，说不定会回到实施前的状态。为了维护清洁状态，企业管理人员需将好的方法总结出来，形成制度和规范从而标准化，以便长期贯彻实施。

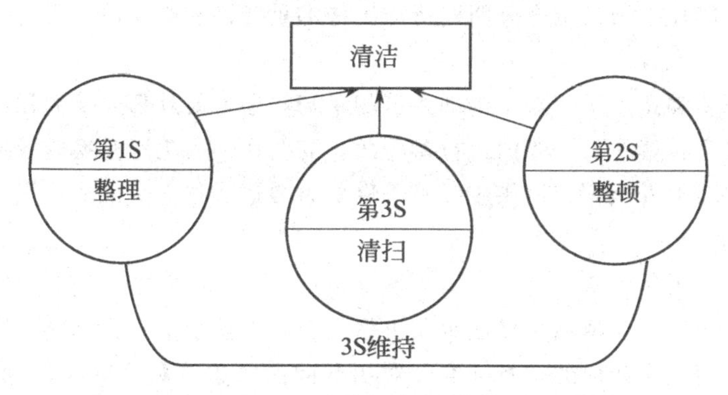

图7-7 清洁与3S活动图

清洁工作示意图如图7-8所示。

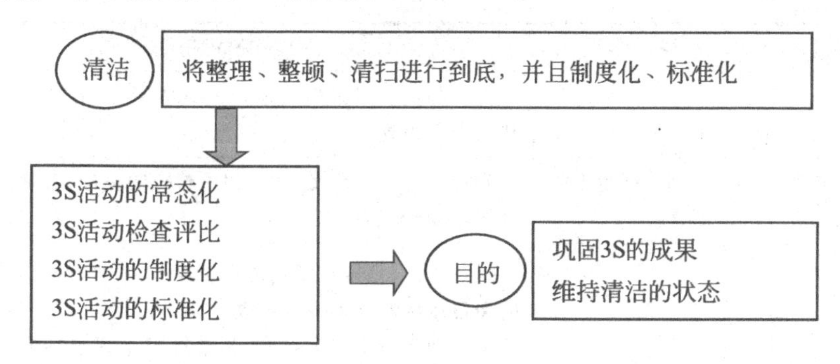

图7-8 清洁示意图

（2）明确员工责任区域

仔细观察工作的现场会发现如果有专人负责的工作，一般不会产生多大问题，出问题的往往是一些多人负责或者没人负责的场所。

对于5S管理也是同样，辛辛苦苦进行整理、整顿和清扫，突破重重阻力处理了历史遗漏问题，如果没有人负责管理和维持的话，那么来之不易的成果很快就会付之东流。因此无论5S实施还是5S成果的维持，都需要明确员工的具体责任区域。

公司里所有的区域或设备都应有明确的责任人，对区域或设备的划分尽量体现谁使用谁负责的原则，通常由区域或设备的使用者负责该区域的整理、整顿、清扫等工作，区域或设备没有负责人将无法将清洁工作进行落实，也无法保证现场的清洁。

对于管理人员和领导人员除了管理和监督各区域的清洁工作之外，当然自己还需要负责相应的清扫区域，不要要求全体人员全部参加，而作为领导和管理层的总经理和各部门负责人却置身事外，如果这样无法保持现场的清洁。

领导层和管理层只有亲自率先地进行整理、整顿和清扫工作，让全体员工看

到，这样才能让下属员工充分明白清洁工作的重要性和必要性，否则任何人都不会认真地予以配合。

这里还要强调就是，除了内部人员的参与，还需要外部人员的积极配合，如客户和供应商，客户到企业内进行参看的，需要在进入工厂前换鞋或换上指定的工作服，并戴上安全帽。而供应商对于供货时搬运货物而带来的垃圾，也需要及时进行清理。

（3）清洁工作检查

对于办公室卫生清洁工作应定期进行检查，保证清洁工作达到预期效果。在卫生检查前应制定相应的检查标准，对出现问题的单位和区域应进行及时整改。具体操作如表7-7所示。

表7-4　卫生检查工作

阶段	关键节点	实施说明
制定卫生检查制度与标准	召集相关负责人	行政部负责召集相关负责人对各岗位、各区域的卫生状况进行检查
	制定岗位卫生制度	制定卫生检查制度，明确卫生检查的标准，合理地划分区域，并明确责任人
卫生检查与评定处理	执行检查	①各岗位、各区域定期进行自检一次，对自查出不合格的岗位或区域立即进行整改 ②定期举行卫生大检查，按清洁卫生评定标准百分制考核 ③岗位卫生合格线为90分，不满90分者按规定处理，行政人员对检查结果进行详细记录
	编写卫生检查报告	行政部根据检查结果写出检查报告，涉及重大问题时，需报总经理对检查结果予以处理

为使卫生检查及其后期改进工作更具针对性，行政部可通过制作卫生检查表，明确检查项目，逐项对卫生情况进行检查，具体表单可参照表7-5。

表7-5　卫生状况检查表

检查项目	良好	一般	较差	缺点事实	改善项目
茶杯、烟缸					
门					
窗					
地板					
办公桌椅					

续表

检查项目	良好	一般	较差	缺点事实	改善项目
电话					
办公用品					
工作桌椅					
楼道					
卫生间					
其　他					

7.1.5 提升办公室素养管理

在生活中，我们会把随地吐痰、乱扔垃圾、大声喧哗等看成是没有素养的表现；在工作中，会把漫不经心、马马虎虎、不遵守规章制度看成是没有素养的表现。

那么什么是素养呢？通常我们把素养认为是员工在日常生活与工作中遵守规则，从而自然而然地形成良好的行为举止。素养的具体内容如图7-9所示。

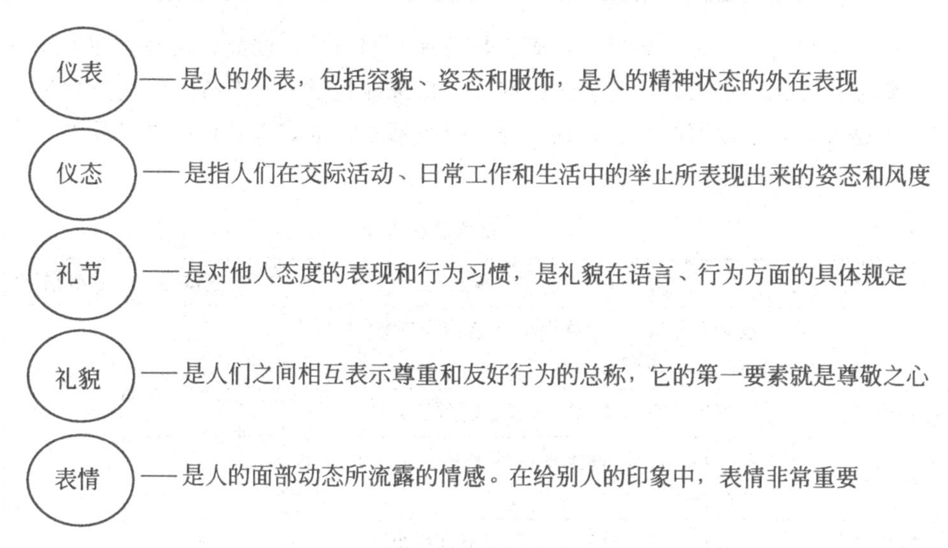

图7-9　素养的内容

素养体现到工作上的就是工作素养；体现在生活中的就是个人素质或者道德修养。个人无论在生活中还是工作中，都应该提高自己的素养，做到有礼节、懂礼貌、守规范，创造一个和谐的工作和生活环境。

企业对员工进行工作素养培养，必须制定相关的规章制度和行为礼仪规范，对员工进行培训教育，并持续地推行5S中的前4S，直到员工形成习惯，这样才

能提升员工的工作素养。

为了提高员工工作素养，企业可以通过美化绿化办公环境，使员工在欣赏美丽的绿色办公环境中，自觉产生爱护环境的心态，在潜移默化中改变原来不良的行为。为了美化环境，行政部应制定相应的绿化标准，并根据绿化标准对办公环境进行改造，保证办公环境一直处于绿色的氛围中。具体实施如表 7-6 所示。

表7-6　办公室绿化管理实施说明

步骤	关键点	实施说明
制定绿化养护工作标准	确定绿化管理项目	
	制定绿化工作标准	
绿化施工与养护	绿化施工	
	施工监控与验收	
	制订绿化养护计划	
	执行计划	
绿化检查与工作改进	绿化养护检查	
	绿化养护工作改进	

办公室绿化不应是一场运动，而应是一种长期习惯。因此，在绿化施工完成后，要加强绿化养护工作，定期进行巡查，保证绿化质量。巡查人员巡查过程中应根据巡查结果，填写绿化质量巡查表，行政部根据巡查表统计结果对养护工作进行改进。具体表单可参照表 7-7。

表7-7　绿化质量巡查表

巡查内容	标准	检查情况	整改情况
草坪养护	按计划修剪，保持草坪平整整洁及时清除草坪内垃圾修剪高度为 6 厘米		
除草	一季度至少除草两次达到立姿目视无杂草		
修剪	花、灌木、绿篱、球类植物等保持整洁及良好的形状和长势		
防病虫害	发现病虫及时喷药防护定期清理病虫害		
抗旱排涝	高温时，浇水时间安排在早晨或晚上雨季做好排涝工作		
防风、防汛工作	正常天气时，检查负责范围的情况发现险情及时修剪、加固在异常天气到来时，加强值班及时处理在异常天气中所发生的各种情况		

7.2 财产物资如何监管

做好企业财产物资的监管是行政部的一项重要工作。只有物资供应不中断，物资周转符合企业正常工作需要，企业财产利用率高，才能实现企业低成本运营。因此，作为企业“管家”，行政部应学会精打细算，做好固定资产和办公用品的管理工作。

7.2.1 规范办公用品的管理

办公用品管理主要围绕办公用品的采购、保管以及领用等开展工作。办公用品管理的重点在于规范化、制度化各个工作环节。

（1）办公用品的采购

行政人员首先需进行办公资源的申购，具体程序如图 7-10 所示。

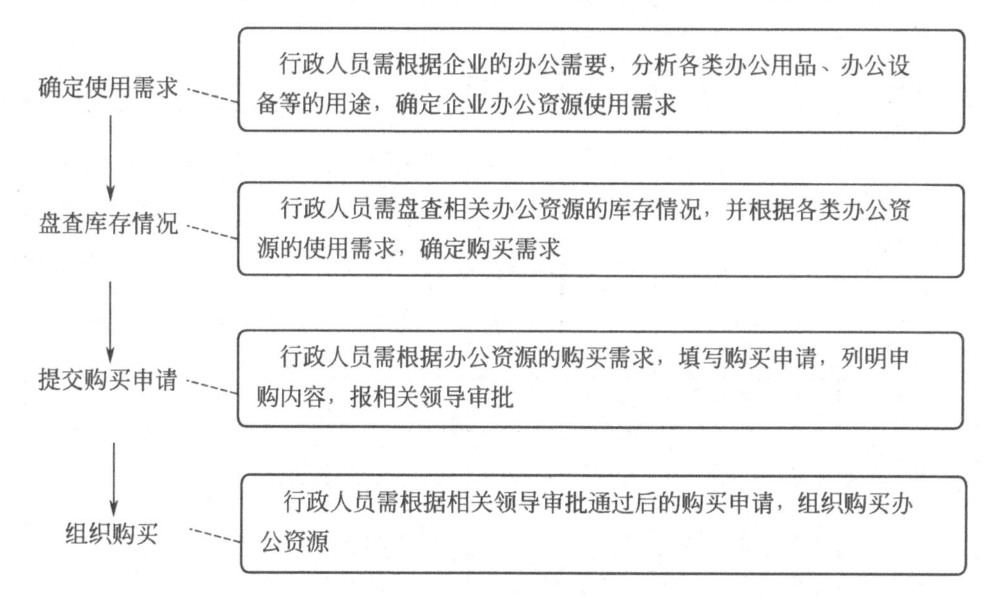

图7-10 办公资源申购程序

行政人员在提交购买申请时，应填写请购单。请购单内应明确用品名称、规格、数量、用途、估价等内容，具体可参照表 7-8。

在采购办公用品前，行政人员需根据企业的实际情况及办公用品的采购特点，选择合适的供应商，以确保办公资源及时供应。行政人员在选择办公资源供应商时，需考虑供应商的商品质量和交货准时性，以及供应商的服务和位置等因素。具体如表 7-9 所示。

表7-8 办公用品采购申请表

财管字第　　　　号　　填单日期：　　年　月　日

财产名称	规格	用途	单位	数　量	需用日期	估计价值		签注
打印机								
碎纸机								
装订机								
复印纸								
打印纸								
传真纸								
索引纸								
书报架								
账册								
账本								
中性笔								
中性笔替芯								
即时贴								
笔记本								
草稿纸								
劳保用品								
文件夹								
票据夹								
……								

财务部经理意见	行政部经理意见	采购部门负责人意见
日期：　年　月　日	日期：　年　月　日	日期：　年　月　日

部门主管：　　　　　　　　经理：　　　　　　　　经办人：

表7-9 采购供应商选择因素

因素	具体内容
供应商的商誉和条件	①在选购办公资源前，行政人员要了解各供应商的信誉情况，最好选择一家固定的信誉度较高的供应商进行长期合作 ②选择拥有自己的制造企业的供应商。供应商有自己的工厂有利于保证产品的工期、有利于补货、有利于小批量生产等
供应商品的质量和交货	①购买办公资源要仔细检查比较货品的质量，最好选择那些能够提高稳定质量，并且可以更换不合格物品的供货商，保证购买后能够满足需求 ②购买时要比较供应商的交货时间，确认其能否在需要时快速并按约定准时交货，以便保证物品供应，并减少库存占用费用和少占用资金
供应商的服务和位置	①购买办公资源要比较供货商所提供的服务是否方便，如哪些可以满足单位所需要全部办公用品和易耗品的供应；哪些能电话或传真订购；哪些能订货后最快交货；哪些不用每次付费而定期结算；哪些能退货等。行政人员最好选择在本地有服务机构的供应商，这样，有利于售前和售后服务，尤其是售后服务的开展 ②供货商的所在地点也很重要，这将方便联络和交货
供应商的安全可靠性	购买办公资源要比较供货商在送货整个过程中能否保证货品安全，同时仔细比较供货商卖货手续及相关发票、单据是否齐全

行政人员在确定供应商后，需组织同供应商进行洽谈并签订采购合同，订购办公资源，其中，不同规模企业的操作细节有所不同，具体表 7-10 所示。

表7-10 不同规模企业订购办公资源操作说明

企业规模	操作说明
小型企业	行政人员可将订购单直接发送给供应商
较大企业	所有物品订购由采购部统一进行，此时，行政人员需填写采购申请，详细说明需订购的货物，并交给采购部门实施采购

办公资源到货后，行政人员组织办公资源的接收，接收的具体程序如图 7-11所示。

（2）办公用品的保管

办公资源到库后，行政人员需对在库办公资源进行合理、妥善的保管，确保在库办公资源的安全。行政人员在对办公资源进行保管时，需主要完成三项工

数量核对：行政人员在收到提货通知后，应将订货单同供应商提供的交货单及货物进行数量核对，判断单、物是否一致，如发现不一致，需立即通知采购部门联系供应商进行处理

质量检验：行政人员在确定数量无误后，需对办公资源的质量进行检验，如发现不合格品，需立即通知采购部门联系供应商进行处理

物品入库：质量检验合格后，行政人员需组织办公资源的入库

更新库存台账：办公物资入库后，行政人员需根据其库存量更新库存台账

图7-11 办公资源验收程序

作，具体如下所示。

① 填写库存记录。在办公物资出入库时，行政人员需及时做好库存记录，以便及时记录办公物资的出入库及库存情况。行政人员在填写库存记录时，需注意如图 7-12 所示的要求。

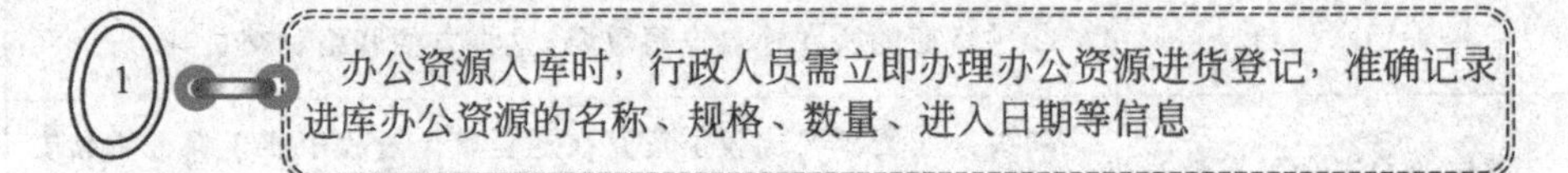

2 办公资源出库时，行政人员应实时做好出货记录，即需对出库办公资源的种类、数量及领取人信息进行准确记录

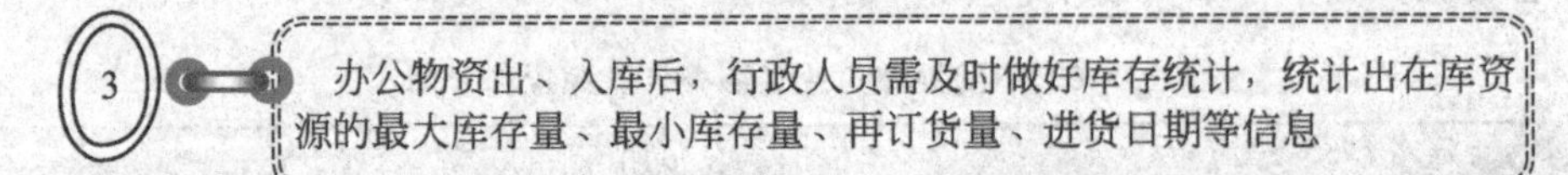

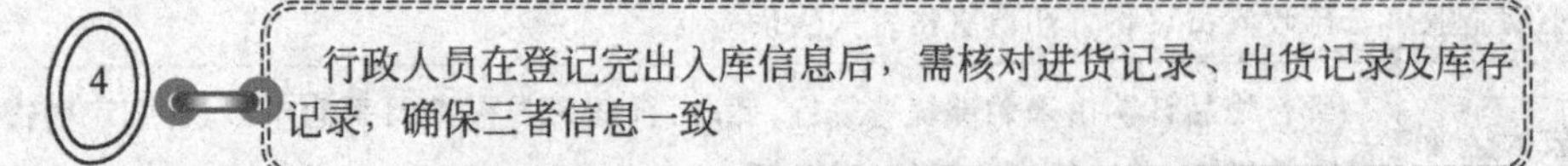

图7-12 库存记录填写要求

② 控制库存量。行政人员需对办公资源的库存数量进行有效控制，了解库存余额，并准确做出合理的进货决策。行政人员对库存量进行控制，即需对最大库存量、最小库存量、再订货量三个相关量进行确定和控制，库存量控制相关量的具体说明如表 7-11 所示。

表7-11 库存量控制相关量说明

名称	说 明
最大库存量	◎指物品应该存储的最大数量，通常由使用需求、存储费用空间及物品的保存期限决定
最小库存量	◎指物品应该储存的最小数量，其通常有物品的使用量、采购提前期等决定
再订货量	◎是企业事先制定的订货点，即当库存量达到此点后，企业需进行采购，而当库存量降至最小库存量时，所购物品刚好到达，其通常由办公资源使用量及采购到货时间确定

③ 做好在库资源维护。行政人员需定期做好与在库资源的清点、检查等维护工作，保证在库资源的质量及安全，其具体要求如图 7-13 所示。

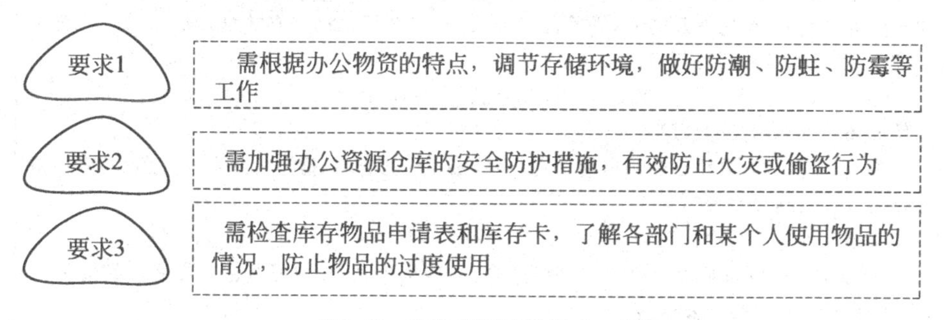

图7-13 在库资源维护要求一览图

(3) 办公用品的发放

办公资源调配安排完成后，行政人员可根据企业的相关制度规范要求发放办公资源，具体程序如图 7-14 所示。

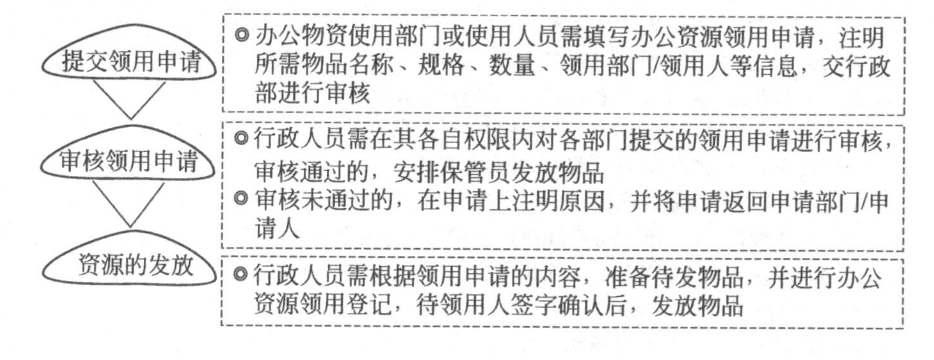

图7-14 办公资源发放程序

为了将办公用品管理的各个环节进行统一规范化管理，需要建立一个统筹全局的制度指导工作。具体可参考以下制度进行。

办公用品管理制度

第1章 总则

第1条 目的

为保证办公用品的有效使用和妥善保管、节约办公经费开支,特制定本规定。

第2条 办公用品的界定

本制度所称办公用品是指办公场所使用的低值易耗品。包括:各种纸张、笔墨、涂改液、计算器、文件夹、笔筒、胶水票据、办公桌椅、电话机、电脑、传真机、打印机、复印机、书籍报纸杂志等。

第2章 办公用品的购买

第3条 为节约成本,保证质量,由公司行政部统一负管理各部门的办公用品购置,各部门不得随意自行购置(除特殊情况外,但须事前汇报,事后说明)。

第4条 各部门预算计划内购置正常使用的办公用品,须先行报送《办公用品购置申请表》,经行政部核实,报总经理审批后,由行政部负责集中购置,然后分发到各部门。

第5条 为便于管理,原则上各部门每季度最后一个月________日～________日的集中一次申购办公用品,如有特殊需要,可另行上报,行政部必须在接到有效批示后________日内采购完毕,并及时发放到各部门。

第3章 办公用品的领用、核发

第6条 办公用品的领用

各部门应填写《办公用品领用申请书》。申请书一式两份,一份用于分发办公用品,另一份用于填写办公用品领用表。

第7条 办公用品的核发

1.行政部在接到各部门的申请书(两份)之后,仔细核对,并做好登记。然后再填写一份《办公用品分发通知书》交发送室。

2.发送室进行核对后,把申请所要全部用品备齐,分发给各部门。

3.用品分发后应做好登记,写明分发日期、品名与数量等。一份申请书连同分发通知书,转交办公用品管理人员记账存档;另一份用品分发通知书连同分发物品一起返回各部门。

第4章 办公用品的管理

第8条 员工个人办公用品的管理

1.公司为新员工到岗之前为其配置相关办公用品。

2.员工领用办公用品须至行政部填写《办公用品领用登记卡》。

3.员工应当自觉爱护公司财产,节约使用办公用品。

4.员工离职时,应将剩余办公用品一并交还行政部。

第9条 部门办公用品的管理

1.各部门负责人要对本部门办公用品的使用情况进行监督管理。

2.监督管理内容包括办公用品台账管理、核对办公用品请购单与实际使用情况等。

第10条 公共办公用品的管理

1.公司公共办公用品由行政部统一管理和维护。

2.集体宿舍的公物,须由行政部统一安排,任何人不经批准,不得擅自动用或取走。

3.员工在使用公共办公用品时,如发现机器故障应及时向行政部报告。

第11条 办公用品仓库管理

续表

1. 行政部安排专人对办公用品仓库进行管理，仓库管理人员必须清楚地掌握办公用品库存情况、经常整理与清扫仓库与防火防盗等的管理。 2. 办公用品仓库一年盘点________次，盘点工作由行政部负责组织实施。 3. 盘点工作要求做到账物一致，若出现不一致的情况，必须查出原因，然后调整台账，使账物相符。 **第5章 附则** 第12条 公司根据办公用品使用人追究损坏赔偿责任。 第13条 本规定由公司行政部负责解释。 第14条 本规定自颁布之日起实施。

7.2.2 加强固定资产的管理

（1）固定资产登记与盘点

固定资产编号工作完成后，行政人员需进行固定资产的登记工作，以便及时、准确记录企业固定资产的相关信息，其具体要求如图7-15所示。

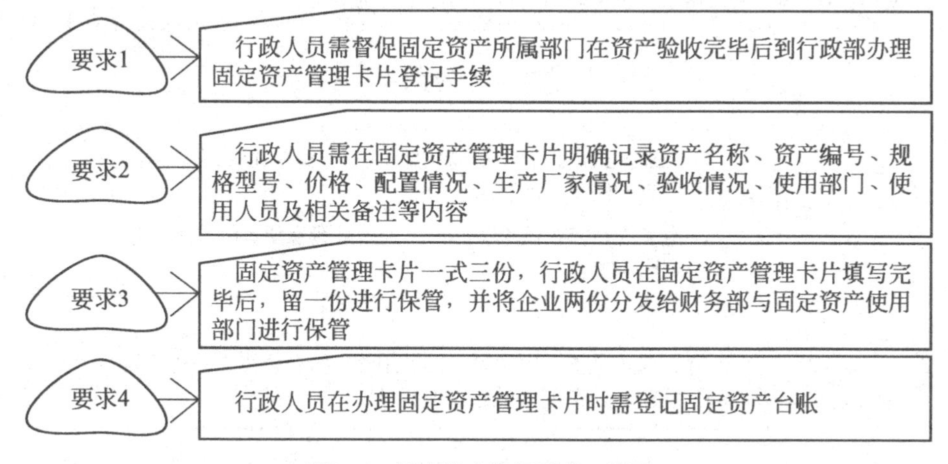

图7-15 固定资产登记要求一览图

行政人员需定期对企业的固定资产进行盘点，以准确掌握企业固定资产的投入与使用情况，以便加强资产管理，从而实现有效的资源整合。

① 固定资产盘点内容。固定资产的盘点内容需包括但不限于图7-16所示的八项。

② 固定资产盘点程序。行政人员组织各部门人员进行固定资产盘点，各部门人员为初盘人员，行政人员为复盘人员。盘点人员需严格按照图7-17所示的程序进行固定资产盘点工作，确保盘点结果准确。

在进行盘点工作时，可使用盘点表开展工作，盘点表具体可参考表7-12。

1 固定资产账目、管理卡片与实物的对应情况

2 固定资产原值、净值、已提折旧额及应提折旧与实提折旧的差额

3 已提足折旧、待报废和提前报废的资产数额

4 固定资产的损失额及待核销额

5 单独核算长期挂账的固定资产装修费用

6 盘亏、盘盈及账外购置的固定资产，并查明原因

7 借出固定资产相关手续的完善程度

8 未使用或不需用的固定资产的基本情况

图7-16　固定资产盘点内容一览图

做好盘点准备

- 盘点人员需参加固定资产盘点相关培训，以明确盘点内容、盘点方法及盘点要求
- 盘点人员需在盘点实施前，准备好盘点所需的设备、报表、台账等工具

初盘

- 初盘人员需对固定资产的使用情况进行盘点，并检查账、卡、物的对应情况，做好盘点记录、

复盘

- 复盘人员对固定资产进行复盘，做好复盘记录，并同初盘记录进行比对，如存在差异，盘点人员需对差异产生原因进行分析，并进行修正

盘点总结

- 盘点人员需汇总盘点结果，统计盘亏或盘盈情况，并进行必要的账务调整
- 盘点人员需编制盘点总结对盘点工作进行总结

图7-17　固定资产盘点程序图

表7-12 固定资产盘点表

盘点日期：　　年　月　日　至　　年　月　日

资产编号	资产基本信息			使用单位	购置日期	盘点数量	盘盈		盘亏		备注
	名称	规格	厂牌				数量	金额	数量	金额	
盘点部门及人员											
行政部人员											
财务部人员											
××部人员											
使用部门人员				保管人员：					部门主管：		

(2) 固定资产计价与折旧

① 固定资产计价

行政人员需对固定资产的价值进行准确计量，以确定固定资产的价值。企业中常见的固定资产计价方式有三类，具体如表7-13所示。

表7-13 固定资产计价方式一览表

方式	方式说明	适用范围
按原始价值计价	按取得该项资产时实际发生的耗费计价，是固定资产计价的基本计价标准	◎购入的固定资产 ◎自制或自建的固定资产 ◎增添零配件原有固定资产
按重置价值计价	在当前情况下，按重新购置同样新的固定资产所需付出的代价作为入账价值	◎调入的固定资产 ◎旧存的且无法确定原始价值的固定资产
按折余价值计价	按固定资产原值减去已提折旧的余额计价	◎在原有基础上进行改造或扩建的固定资产 ◎因损毁或拆除一部分内容的固定资产

② 固定资产折旧

行政人员需定期提取固定资产的折旧，以计算固定资产的损耗。在企业中，需要计提折旧的固定资产主要有四类，具体如图7-18所示。

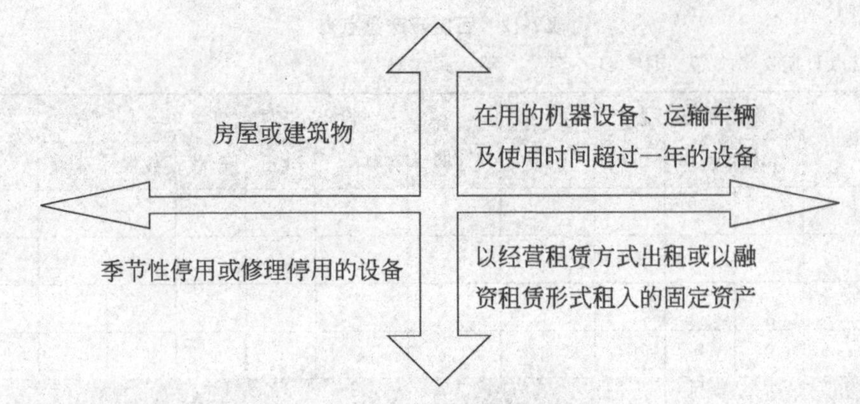

图7-18　折旧固定资产类别

行政人员在明确需要计提折旧的固定资产类别后，需根据固定资产有关的经济利益的预期实现方式选择固定资产折旧方法。企业中常见的固定资产折旧方法如表 7-14 所示。

表7-14　固定资产计提折旧方法一览表

方法名称	方法说明	计算公式	适用范围
年限平均法	指将固定资产应计提的折旧额均衡分摊到固定资产预定使用寿命内的方法	年折旧率$=\frac{1-预计净残值率}{预计使用年限}\times 100\%$ 月折旧率$=\frac{年折旧率}{12}$ 月折旧额＝固定资产原价×月折旧率	适用于房屋、建筑物等固定资产的折旧计算
工作量法	指根据实际工作量计算每期应提折旧的方法	单位工作量折旧额＝ $\frac{固定资产原价\times(1-预计净残值率)}{预计工作总量}$ 某项固定资产月折旧额＝该项固定资产当月工作量×单位工作量折旧额	适用于价值大但不经常使用或季节性使用的大型机器设备的折旧计算
年数总和法	将固定资产原值减去残值后的余额，乘以一个固定资产尚可使用寿命为分子、以预计使用寿命逐年数字之和为分母的逐年递减的分数计算每年折旧额的方法	年折旧率＝ $\frac{尚可使用年限}{预计使用寿命的年限总和}\times 100\%$ 月折旧率$=\frac{年折旧率}{12}$ 月折旧额＝(固定资产原价－预计净残值)×月折旧率	

续表

方法名称	方法说明	计算公式	适用范围
双倍余额递减法	指在不考虑固定资产预计净残值情况下，根据每期期初固定资产原价减去累计折旧后的金额和双倍的直线法折旧率计算固定资产折旧额的方法	$年折旧率=\frac{2}{预计使用寿命(年)}\times 100\%$ $月折旧率=\frac{年折旧率}{12}$ 月折旧额=每月月初固定资产账面净值×月折旧率	适用于技术进步快，产品更新较快的企业内的固定资产的折旧计算

管理人员在进行固定资产折旧统计时，应填写固定资产减损单，行政部汇总统计所有减损单，根据减损情况安排下一步的维修或报废处理，具体表单如表 7-15所示。

表7-15 固定资产减损单

资产编号： 时间： 年 月 日

<table>
<tr><td rowspan="2">名称</td><td>中文</td><td></td><td>规格</td><td></td><td>存放地点</td><td></td><td>使用年限</td><td></td></tr>
<tr><td>英文</td><td></td><td>厂牌</td><td></td><td>用 途</td><td></td><td>已使用年数</td><td></td></tr>
<tr><td colspan="2" rowspan="2">购置日期</td><td rowspan="2"></td><td rowspan="2">数量</td><td rowspan="2"></td><td rowspan="2">取得价值</td><td rowspan="2"></td><td>已提折旧</td><td rowspan="2"></td></tr>
<tr><td>账面残值</td></tr>
<tr><td rowspan="2">减损原因</td><td colspan="6" rowspan="2"></td><td>估计废品价值</td><td></td></tr>
<tr><td>处理费用</td><td></td></tr>
<tr><td rowspan="2">审计意见</td><td colspan="6" rowspan="2">签名(签章)：
时间： 年 月 日</td><td>实际损失额</td><td></td></tr>
<tr><td>抵押行库</td><td></td></tr>
<tr><td rowspan="2">处理办法</td><td colspan="6" rowspan="2"></td><td>保险单号码</td><td></td></tr>
<tr><td>月折旧额</td><td></td></tr>
</table>

续表

总经理		财务核准		系统总监	
资产管理部负责人		财务审核		使用部门负责人	
物资管理员：			使用人/保管人：		

注：本单一式四联，第一联财产管理部留存，第二联交会计科，第三联使用部门存查，第四联如减损财产缴库，则本联由物资管理员保管，如未能缴库，由财产管理部暂为保管。

（3）固定资产维修与报废

① 固定资产维修。固定资产的维修按其修理规模和性质的不同，一般分为经常性修理和大修理两类，具体内容如表7-16所示。

表7-16　固定资产维修分类表

维修类别	说明	特点
经常性修理	为维持固定资产性能，对固定资产进行维护保养性修理或对个别部分进行调整与拆换	◎修理范围小，成本支出少 ◎修理次数多，间隔时间短
大修理	对固定资产进行大范围的修理与更新	◎修理范围大，成本支出多 ◎修理次数少，间隔时间长

固定资产维修类别不同，其管理要求不同，具体如下所示。

a. 经常性维修的管理要求。固定资产经常性修理的管理要求如图7-19所示。

要求1	固定资产使用部门发现固定资产出现异常时，需填写固定资产维修申请表，明确待修资产名称、异常表现等内容，报行政部进行处理
要求2	行政部接到维修申请表后，需根据固定资产的维修期限，进行维修安排，具体如下所示： ◎在固定资产维修期内的，行政部联系供应商进行维修 ◎超过固定资产维修期的，行政部发送通知单，通知企业维修部进行维修
要求3	维修部接到通知后，需及时进行反馈并安排人员进行维修；如维修部无法维修，行政部需在行政部经理和财务部经理批准后，联系外部维修单位进行维修

图7-19　固定资产经常性维修要求一览图

b. 大修的具体要求。固定资产进行预订的大修状态时，行政部组织进行固定资产的大修，其具体要求如图7-20所示。

要求1
◎ 固定资产所属部门需及时提出固定资产大修申请交行政部审核
◎ 固定资产所属部门在提交大修申请表时，需对修理活动的财务预算、修理范围进行详细说明

要求2
◎ 行政人员对于固定资产所属部门提交的大修申请进行审核，审核内容如下
◎ 对于已到大修周期的，需根据实际情况进行修理鉴定，确认是否进行修理
◎ 对于已超过使用期限的，需进行经济性研，以确定大修的必要

要求3
◎行政部对各部门提交的大修申请进行审核后，需报财务部进行复核
◎财务部对大修申请表进行审核无误后交总经理批准

要求4
◎ 行政部根据总经理批准的大修申请，组织安排维修部及相关维修单位进行固定资产大修

图7-20 固定资产大修要求一览图

行政人员对符合保修条件的固定资产提出报修申请应填写报修申请表，具体表单如表7-17所示。

表7-17 固定资产报修申请表

填表日期：　　年　月　日

资产名称		资产编号	
规格型号		厂　　牌	
购置日期		是否在保修期内	□是　□否
现存放地点			
使用部门		故障日期	
故障情况说明			
报修部门	报修人情况说明： 签名： 时间：　年　月　日		
	部门经理意见： 签名： 时间：　年　月　日		

续表

行政部门	行政部经理意见： 签名： 时间：　年　月　日
财务部门	财务部经理意见： 签名： 时间：　年　月　日
总经理审批	总经理意见： 签名： 时间：　年　月　日

② 固定资产报废

固定资产报废是企业对不能继续使用的固定资产进行产权注销的行为，其适用条件如图 7-21 所示。

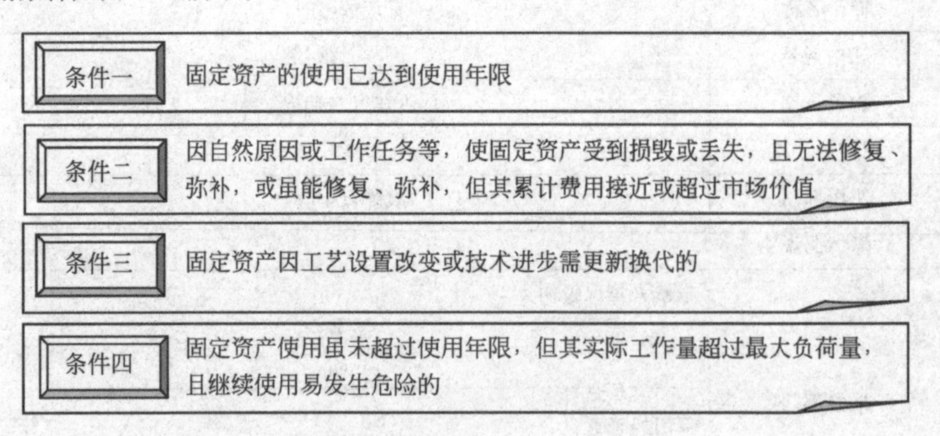

图7-21　固定资产报废条件

行政人员进行固定资产报废处理的程序如图 7-22 所示。

1．填写报废申请	固定资产所属部门需根据固定资产的实际情况及企业固定资产报废相关规定，填写固定资产报废申请表，注明报废资产的名称、数量、规格、单价等信息，报相关领导进行审批
2．审批报废申请	相关领导根据其各自的权限对固定资产报废申请进行审核，并在报废申请表上填写审批意见
3．统计报废资产信息	行政人员需整理审批通过后的报废申请表，统计报废资产的相关信息
4．制定处理方法	固定资产所属部门、财务部、行政部相关人员需根据固定资产的实际情况协商制定报废处理方法，并报相关领导审批
5．进行报废处理	固定资产报废处理方法审批通过后，行政部组织固定资产的报废处理
6．资产相关数据更新	固定资产处理完毕后，行政部需将固定资产的相关数据信息进行更新

图7-22　固定资产报废程序图

为统一规范化管理固定资产，行政部可以编制一个统筹全局的制度指导工作的开展，具体可参考以下制度。

固定资产管理制度

第1章　总则

第1条　目的

为了加强固定资产的管理，掌握固定资产的构成与使用情况，确保公司财产不受损失，依据国家相关法律法规，结合公司实际，制定本制度。

第2条　适用范围

本公司规定固定资产的标准：使用期限超过一年的建筑物、机器设备、运输车辆、仪器仪表，以及其他与生产经营活动有关的设备、器具、工具等；不属于生产经营活动的主要设备而单位价值在____元以上、使用期限超过____年的资产；或资产金额在____元以下，但公司认为有控管必要的资产。

第3条　管理部门

固定资产中办公设备和厂房归口管理部门为办公室；除此之外的固定资产归口管理部门为设备科；财务部负责固定资产的综合核算，全面掌握固定资产的增减变化情况，以及正确计提折旧等财务核算。

第2章　固定资产购置申请管理

第4条　需要添置固定资产的各部门、各单位，以签呈的形式上报。经权责领导批准后，由行政部依要求进行相应的采购作业、验收、入库工作。

第5条　各单位按月编制本单位固定资产购置计划。填制《固定资产购置申请表》，于每月____日前报行政部审批。

第6条　特殊情况确实需要计划外购置的，要填制《固定资产购置申请表》后并办理追报审批手续，追报手续与报批手续相同。

续表

第7条　各单位要严格按审批计划组织实施固定资产的购置工作。商用固定资产由公司固定资产采购部统一组织采购。

第8条　审批后的《固定资产购置申请表》均为一式三份，审批单位和申报单位各留一份。财务部门按审批结果拨付款项。

第3章　固定资产验收

第9条　房屋建筑物的验收

房屋建筑物经施工单位施工完成后，行政部门会同工程部门、使用部门共同验收。依据决算金额确定房产价值。并对与工程有关的各种合同、图纸等原始资料进行整理、归档，填制《工程项目登记表》。

第10条　购进的固定资产验收

固定资产到达使用单位后，行政部门会同购置经办部门和使用部门（必要时请有关技术部门）共同验收，属固定资产的还要对固定资产的外观、附件、备件、工具、技术资料进行核查、清点，填写《固定资产验收单》。购置经办部门、行政部门及技术部门在《固定资产验收单》上签字，凭《固定资产验收单》和正式发票到财务部门报账。行政部门进行登记、编号、建账。

第4章　固定资产编号、建账、建卡

第11条　固定资产编号

1. 行政部按照《××××固定资产分类代码》编号，并将编号牌（标签）钉（贴）在固定资产实物上。

2. 对已调出、售出、报废的固定资产，在销账后，为避免今后出现编号重复引起管理混乱，其编号不再重复使用。

第12条　固定资产建账

1. 固定资产入库后，依据入库单上的内容填写实物账。内容包括：日期、物品名称、规格型号、单位、数量、单价。

2. 行政部门根据《固定资产验收单》和有关凭证建立《固定资产台账》。

第13条　固定资产管理卡的建立

实物账建立后，根据入库单将资产情况详细填入《固定资产管理卡》。《固定资产管理卡》一式两份，经使用部门签字确认后，行政部门和使用部门各留存一份。

第5章　固定资产的领取、使用和保管

第14条　固定资产领取人的确定

固定资产的领取者必须是该资产的保管人，若该资产是共用，则必须明确保管人，由保管人领取。

第15条　固定资产的领取

保管人持出库单领取资产，出库单上要有上级领导、部门主管人员签字方可生效。保管人领取资产的同时，还应在《固定资产管理卡》上签字。

第16条　固定资产的使用和保管

1. 资产领出后，使用者即保管人应严格按该资产的操作说明使用和保管。

2. 附件、工具由资产管理部门登记后交使用部门使用保管，重要备件交库房保管，技术资料及说明书由资产管理部门归档，使用部门可留用复印件。

第6章　固定资产调拨、报修管理

第17条　固定资产调拨管理

续表

1. 固定资产的变动，具体实施要依据《固定资产调拨单》。资产调出单位负责人应先在调拨单上确认。没有调出和调入单位负责人核准的调拨单，固定资产不能调拨。 2. 调拨单以传真方式传送，调出、调入部门及双方所在单位的财务部门等4个部门各留存一份复印件。 3. 办事处需要固定资产调拨的，需求单位以签呈的形式上报分公司，呈总经理核准后，进行调拨。 4. 资产调拨时，固定资产保管卡应随调拨的固定资产，由调出单位转入调入单位。 第18条　固定资产保修管理 1. 由使用部门填写《固定资产报修单》，报本单位行政部门审批。维修后由行政部门和使用部门分别在《固定资产卡片》上做相应记录。 2. 固定资产维修审批权限： (1)开支在2000元(含)以下由使用部门自行维修。 (2)开支在2000元以上、5000元(含)以下由行政部与财务部审批。 (3)开支在5000元以上的必须报总经理审批。 3. 固定资产的维修，在保修期内由采购部门负责，保修期后由各使用部门与行政部门共同负责。 **第7章　固定资产盘点** 第19条　为加强固定资产的管理，确保账卡、账物、账账相符，应于每年终对固定资产全面实地清查盘点一次。 第20条　财务部每月对固定资产进行抽盘，并编写固定资产抽盘报告。 第21条　盘点工作由行政部、财务部组织，具体职能部门负责实施。 第22条　盘点应编制固定资产盘点清册，经盘点人员和使用部门负责人签字，对出现的盘盈、盘亏现象，分别由使用部门负责查明原因，并填写盘盈、盘亏清单，经管理部门、财务部会签。 第23条　盘盈的净收入和盘亏的净损失，报财务总监及总经理批准后，财务部负责作账务处理。 **第8章　固定资产的停用、报废、出售、出租、投资及抵押管理** 第24条　固定资产停用 1. 固定资产停用，使用部门要做好停用前的准备工作，并将行政部门和财务部门审核后的《固定资产停用报告表》报主管领导审批。 2. 停用后由行政部门和使用部门分别在《固定资产管理卡》上做相应记录。可移动的固定资产退至公司库房保管，没有做好停用准备工作和存在问题的固定资产，库房不予接收。退库后____日内向公司行政部门上报《闲置资产报告表》。 第25条　固定资产报废 1. 固定资产使用年限到期或在使用中出现无法修复的情况，可以申请报废。 2. 申请报废需填写《固定资产报废单》，报废单中写明报废原因、如何处置报废的固定资产及预计收入后，依权责核对权限，呈总经理批准。 3.《固定资产报废单》被批准后，申请报废固定资产的部门负责将被批准的报废单复印件送达财务部。 4. 根据被批准的《固定资产报废单》，行政部实施对报废固定资产的处置工作，并将结果记入《固定资产管理卡》。

续表

5. 处置工作完成后，行政部负责将报废固定资产的收入交财务部。 6. 报废《固定资产管理卡》，应由行政部负责完好保存2年后，方可销毁。 第26条　固定资产出售、出租、投资及抵押管理 1. 任何单位固定资产的出售、出租、投资及抵押必须报总经理审批。 2. 各单位出租、出售、投资及抵押固定资产，其手续同报废手续相同。 3. 各部门对固定资产实行转让、出售、出租、抵押或对外资产再投资，依财务支出权限核准后，方可执行，并提前告知行政部。 **第9章　固定资产的档案资料管理** 第27条　行政部固定资产管理人员要对固定资产资料妥善保管，防止损坏，入档资料要求纸张整洁，内容完整，字迹清楚。 第28条　原档案不齐全的要积极采取措施补齐，档案资料不许个人保存，借阅要遵守有关借阅规定，属公司保密资料未经主管领导批准，不得随意借阅，丢失档案资料要追究其责任。 **第10章　附则** 第29条　本制度由行政部负责解释。 第30条　本制度的自公布之日起执行。

7.3 出差管理如何管控

通过规范出差程序，规定出差标准，管理好出差，能有效提高出差管理工作的效率，明晰出差人员的义务，有效控制企业出差成本，同时保证出差人员享受应有的权利。

7.3.1 明确出差管理工作要点

(1) 出差管理关键点

对出差工作进行管理时，应从出差前、出差期间、出差归来三个阶段，抓住管理工作中的关键点进行管理，具体如表7-18所示。

表7-18　出差管理流程关键点说明

阶段	关键节点	说　　明
出差前	审核出差申请	行政人员需对申请表进行审核，具体的审核内容 ①申请表内容是否填写完整、规范（包括出差时间、地点、目的、目标等） ②相关领导是否已填写审批意见 ③差旅费用申请额是否在标准范围内

续表

阶段	关键节点	说明
出差前	出差票务管理	行政部统一负责员工出差相关票务的管理工作，即行政人员需统计出差人员的订票需求，并结合企业的相关规定，安排员工出差票务购买、分发等相关事宜。出差票务管理具体要求 ①出差人员需出差前提交购票申请至行政部，行政部需明确出差人员的出发时间、出发地点及出行工具 ②行政部需根据员工职级、出差目的地等信息，结合企业相关制度，对员工出差购票申请中的出行工具等信息进行审核 ③购票申请审核通过后，行政部需收取出差员工的身份证原件或收集员工身份信息，根据购票申请内容进行票务预订，且在预订成功后通知出差员工进行核对，并在核对无误后，安排出差员工签收所购车票、船票或飞机票 ④如遇特殊情况需员工个人订票的，员工个人需先垫付票务费用，并需在出差回公司后携车票、船票或飞机票原件同其他差旅费用一同进行差旅费用报销
出差期间	出差考勤	行政人员在进行出差员工考勤时，需按照如下程序进行： ①行政人员需根据企业的实际情况及员工出差的实际情况，选择合适的考勤方式 ②相关人员需做好出差员工考勤，并做好考勤相关记录 ③行政人员需整理分析员工考勤记录，并以考勤记录为依据，结合企业相关制度，进行差旅费用的报销 ④行政人员需将员工考勤记录交人力资源部作为员工薪资发放的依据
	对出差人员提供支援	员工在出差期间，如遇到相关问题而需支持的，行政人员需及时提供必要的支持，具体内容如下： ①如因客观原因导致出差人员乘坐相关交通工具的票务出现问题，行政人员需及时进行协调处理 ②如出差人员在出差期间需要相关档案资料或是需要传达相关资料的，行政人员需及时安排相关资料的传送、接收或转达 ③如出差人员在出差期间住宿出现问题，行政人员需进行协调处理 ④如出差人员在出差期间出现各类相关事故，行政人员需及时组织有效处理
出差归来	票据报销	行政人员审核报销票据后需进行员工出差差旅费用核算，具体核算程序如下： ①整理分析差旅费用报销单据 ②根据企业相关制度规定，确定可进行报销的费用项目 ③根据费用报销标准，核算各项费用报销额 ④核算各项费用报账额总和，确定差旅报销费用
	出差成果检验	行政人员需对员工的出差成果进行检验，具体的检验内容如下： ①出差人员是否按公司要求完成出差报告的编写 ②出差期间各种费用支付是否控制在预算范围内

（2）编制出差管理制度

为了规范企业员工出差管理，提高出差效率，行政部应编制出差管理制度。对企业出差审批、出差过程控制以及出差归来后的费用核算等进行规范化管理。具体可参考以下模板进行。

出差管理制度

第1章 总则

第1条 为规范公司员工出差管理，合理地控制企业成本、提高企业运作效率，特制定本制度。

第2条 出差类别

1. 近距离外出是指利用交通工具，以公司总部为中心，半径为×××千米范围内的外出。外出范围由总务主管与总经理协商决定。在必要时，近距离外出可变更为当日出差，或作住宿出差处理。

2. 当日出差，是指从公司出发后，当日可返回的出差。当日出差的地域范围由总务主管与总经理协商决定。但它不得与前条所述地域重复。地理偏僻或交通不便地区，可按住宿出差处理。

3. 住宿出差，是指出差到较远的地方，通常需要住宿。因出差内容和需要时间的差别，有些住宿出差也可以作为近距离外出或当日出差处理。

第3条 本公司员工出差均按照本制度执行。

第2章 审批手续及核准权限

第4条 出差申请程序

1. 公司员工因工作需要出差需依规定填写出差申请单，找好职务代理人，经相关领导批准，方能出差。

2. 员工因工作需要出差对未能具体确定公差天数，可写预估日期，否则以旷工论处。

3. 因公务紧急，未能履行出差审批手续的，出差前可以通话方式向上级主管人员请示，出差归来后补办手续。

4. 员工出差除中途患病及不可抗力之原因，并有证明者外，不得任意改变起程日期，或延长出差时间，但事后经总经理特准者，应到行政人事部补办相关手续。

第5条 出差核准权限

1. 普通员工，3天以内由部门主管核准，3天以上由总经理核准。

2. 部门主管级（含）以上管理人员，出差均须由总经理核准。

第3章 近距离外出及当日出差规定

第6条 从公司出发和归来时，须向上级主管报到。不能按期回公司时，需通过电话等方式与公司联系。

第7条 当日出差者完成出差任务，回公司后，应填写出差日报，提交给上级主管。

第8条 近距离外出，仅对交通费实报实销。当日出差，依不同职务支付出差补贴和交通费。

第9条 日常性的当日出差费，可依据“出差计划表”提出预算，并预付出差费。

第10条 当日出差如遇紧急情况或其他不可抗拒的原因，需在外住宿时，应提前与部门主管联系，并得到其批准，按住宿出差的有关规定支付住宿费。

续表

第4章 住宿出差
第11条 出差者必须每日自出差地向上级主管寄送出差日报(一式两份)。但出差时间为2天者,可回公司后提交。对不按规定邮送或提交出差日报者,停发相应的出差补贴,但经主管上司认为特殊情况除外。 第12条 出差者回公司后,应于3日以内填写出差费表,经部门经理签字后,提交给财务部,以作结算。如出差者回公司后遇公休日,原则上应在次日办理出差费结算。 第13条 对住宿出差者依不同职务支付铁路、船舶、飞机票费、补贴、住宿费和交通费。
第5章 差旅费管理
第14条 员工出差前,根据路途及时间预估费用,填写"支款凭证"连同"出差申请表"经由部门经理初审,呈请总经理核准后,向财务部门出差预支差旅费。 第15条 员工出差旅费,应据实提出收据,核发之,但如发现有虚报不实情况,除将所报费用追回外,并视情节之轻重,酌予惩处。
第6章 出差人员考勤管理
第16条 行政人事部部根据出差人员的"出差申请单"所注明的时间对出差人员进行考勤,在出差时间内均按正常出勤视之。 第17条 若出差人员提前回到公司,须于一个工作日内到行政人事部办理取消剩余时间手续;若实际出差时间超过了"出差申请单"所注明的时间,回公司后需补办超出时间的出差申请。凡未办理补办手续的,所超出时间一律按旷工论处。
第7章 附则
第18条 本办法自　　年　月　日起实施。

7.3.2 合理控制出差费用支出

(1) 差旅费标准

行政人员根据企业实际情况，对出差人员的交通费、住宿费、餐饮费、通信费、出差补贴以及其他费用等进行报销。报销的标准需根据企业的预算情况、员工职级、出差实际情况等划分标准。具体要求如表7-19所示。

表7-19 差旅费用标准制定依据

依据	具体说明
企业预算情况	行政人员根据企业的整体预算情况,制定差旅费用的总体标准
员工职级	行政人员需根据差旅费用的总体标准及员工的职级,制定各级员工差旅费用的基本标准
出差实际情况	行政人员需根据员工出差的距离、目的地的消费水平等因素,对各级员工的差旅费用中的交通费、住宿费、出差补贴等进行适当的调整

(2) 差旅费控制关键点

差旅费是企业员工因出差期间所产生的交通费用、住宿费用和杂运费等各项费用。差旅费控制的关键点如图7-23所示。

关键点1	强化对差旅事项的信息化管理，提高出差效率，降低出差频率
关键点2	实行费用指标的月度分解，将费用指标下达到各个部门，各个员工
关键点3	将差旅费报销标准细化到个人、部门，规范差旅费的使用
关键点4	合理安排出差次数和人数，减少不必要的出差，节省差旅费
关键点5	规范差旅费报销的审核审批程序，杜绝虚报、冒领差旅费情况的发生
关键点6	对各部门需出差人员进行分类，排出时间表，合理安排工作进度和其他事项

图7-23　差旅费控制关键点示意图

为了有效控制出差费用，使出差人员不花冤枉钱，减少后期与出差人员沟通中的冲突，行政部应编制管理制度，并对员工进行公布和宣传，要求所有出差人员学习该制度。具体出差费用管理制度可参考以下模板编制。

出差费用管理制度

第1章　总则

第1条　目的

为规范公司员工出差行为，提高工作效率，加强差旅费及有关费用开支的控制与管理，特制定本制度。

第2条　适用范围

本制度适用于公司员工出差的申请、审批，出差费用的预支和报销等相关事项的管理工作。

第3条　出差费用内容

出差费用包括：交通费、出差补贴、住宿费、伙食费、通信费、正当业务支用等。

第2章　出差申请、审批

第4条　出差申请

1. 出差员工填写，提出出差申请，注明出差的时间、地点、事由，派遣部门经理按照实际需要确定出差期限，行政部据此安排餐旅、住宿等相关事宜。

2. 出差人员应将“出差申请单”送行政部留存，以记录考勤。

第5条　出差审批

1. 当日出差，即当日即可往返的出差，由部门经理核准。

2. 国内远途出差，四天内往返的由部门经理核准，四天以上的由总经理核准。

续表

3. 部门经理以上人员出差以及国外出差，一律由总经理核准。

4. 员工不得因私事延长工作时间，否则其餐旅费不予报销。

5. 出差途中生病、遇意外或因工作情况需要延长差旅时间的，员工应向公司请示。

第3章　差旅费的预支确定

第6条　员工出差前可列出所需的差旅费用，交由行政部审核。

第7条　行政部可根据以往类似的出差情况，会同财务部对出差所需花费的项目进行核实。

第8条　财务部根据所核实的项目、出差的内容以及员工的级别，本着“宜多不宜少”的原则确定预支的费用。

第9条　出差员工必须依据批准后的出差申请表向财务进行预支，否则财务部有权拒绝借支。

第10条　出差员工若来不及办理出差手续，可由行政部总监出具证明，出差人员据此向财务部借支。

第4章　出差费用记录、报销

第11条　出差费用记录

出差人员执行出差计划的同时，做好出差记录，保管好出差费用的报销凭证。

第12条　出差费用报销

1. 出差人员返回公司后，应立即到行政部报到，办理相关手续。

2. 出差人员整理好一切报销单据，填写“费用报销审批单”经相关主管审核签名后交财务部，核销先前“支付凭证”的借款金额后按照报销标准（如下表所示）给予报销。

出差费用报销标准一览表

费用标准＼职别		总经理	副总经理	部门经理及主管	一般员工
交通费		实报	实报	软卧实报或者 报销飞机票价的____%	硬卧或软卧实报
每日住宿费		实报	实报	①经济特区____元以内 ②一般地区____元以内 ③境外地区____元以内	①经济特区____元以内 ②一般地区____元以内 ③境外地区____元以内
每日餐费	早餐	实报	实报	①经济特区____元以内 ②一般地区____元以内 ③境外地区____元以内	①经济特区____元以内 ②一般地区____元以内 ③境外地区____元以内
	午餐、晚餐	实报	实报	①经济特区____元以内 ②一般地区____元以内 ③境外地区____元以内	①经济特区____元以内 ②一般地区____元以内 ③境外地区____元以内
每日杂费		实报	实报	____元以内	____元以内
必要的业务开支		实报	实报	实报	实报

续表

注：超出报销标准的费用必须提交书面说明，写明理由，经副总经理签字后方可给予报销，否则超出部分由报销人自己承担。 3. 对于出差人员无法提供原始单据的，需填写“费用报销审批单”交公司总经理核准后方可报销。 4. 出差人员在回公司报到后____天内须到财务部报销一切费用，逾期将不予受理。 **第5章　附则** 第13条　本制度由行政部制订，解释权和修改权归行政部所有。 第14条　本制度由公司总经理审批通过后自发布之日起执行。

7.4 企业车辆怎么调控

企业活动离不开车辆，如何管理企业车辆的使用，如何让企业车辆能更好地服务于企业生产发展，如何让企业车辆能安全持续的使用，需要行政部对企业车辆进行规范化管理。

7.4.1 做好车辆日常管理

(1) 车辆手续办理

企业因业务需求需购入车辆时，应填具购入申请表，经审批通过后，方可进行购买，具体申请表如表7-20所示。

购进车辆后，行政部应指派专人到相应部门办理牌照申报、缴纳养路费和车辆保险费等手续，只有在手续齐全的情况下，车辆方可投入使用。

(2) 车辆保养与维修

在车辆运营的过程中，行政部应指派司机做好车辆的日常保养和维修工作，以保证车辆的安全性能、降低车辆的非正常能耗。

企业应克服“重使用、轻保养”的思想，做到“强制维护、预防为主”，及时对车辆进行定期保养，确保车辆处于良好的技术状态。车辆保养应依据车辆机件技术变化情况，确定保养的内容，具体如表7-21所示。

车辆完成保养工作后，应及时填具保养记录表，并将记录表存档保管，具体表单如表7-22所示。

当车辆出现问题时，应及时对车辆进行维修，保证车辆能安全使用。行政部对于车辆维修工作各阶段各关键节点的管理标准如表7-23所示。

车辆维修申请所用表单如表7-24所示。

表7-20　车辆购入申请表

<table>
<tr><td>车名及车型</td><td></td><td>拟购时间</td><td colspan="2"></td></tr>
<tr><td>排量(L)</td><td></td><td>产　地</td><td colspan="2"></td></tr>
<tr><td>数　量</td><td></td><td>颜　色</td><td colspan="2"></td></tr>
<tr><td>现有在用车辆情况</td><td></td><td>单价(万元)</td><td colspan="2"></td></tr>
<tr><td>采购理由</td><td colspan="4"></td></tr>
<tr><td>资金来源</td><td colspan="4"></td></tr>
<tr><td colspan="2">科室主管意见：
(盖章)
签名：
年　月　日</td><td colspan="2">部门经理意见：
(盖章)
签名：
年　月　日</td><td>行政经理意见：
(盖章)
签名：
年　月　日</td></tr>
<tr><td colspan="2">主管副总经理意见
(盖章)
签字：
年　月　日</td><td colspan="2">总经理意见
(盖章)
签字：
年　月　日</td><td></td></tr>
<tr><td>备注</td><td colspan="4"></td></tr>
</table>

表7-21　车辆保养的项目及保养内容

项目	概念	保养内容	实现标准
一级保养	指对车辆进行以紧固、润滑为中心的保养	检查、紧固车辆暴露在外边的螺栓、螺母，按规定加注润滑剂、润滑油，清洗空气滤清器，排除潜在问题、障碍	车容整洁、装备齐全，连接牢固，滤清畅通，不漏油，不漏水，不漏气，不漏电，油嘴齐全，润滑良好
二级保养	是以检查、调整为中心的保养作业	除一级保养的作业项目外，检查、调整发动机和电气设备的工作情况，拆洗机油盘和机油滤清器，检查调整转向、制动机构，拆洗前后轮毂轴承。添加润滑油，拆建轮胎，并进行换位等	维护车辆各零部件、机构和总成具有良好的工作性能，确保其在下次二级保养之间正常运行

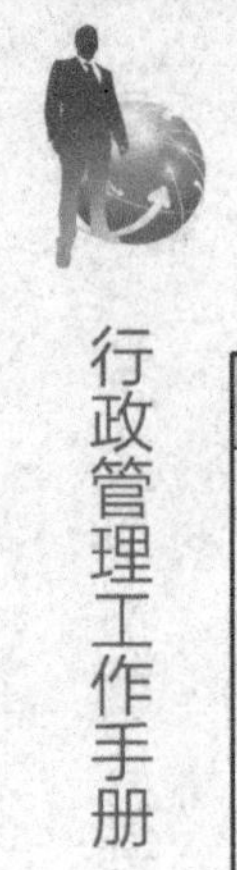

续表

项目	概念	保养内容	实现标准
三级保养	是指对车辆以总成解体清洗、检查、调整和消除隐患为中心的保养作业	除执行一级二级的全部保养项目之外要拆除发动机，清除积碳、结胶及冷却系统污垢；视需要对底盘总成进行解体清洗、检查、调整、消除隐患；对车架、车身进行检查或除锈、补漆等	巩固各总成、组合件的正常使用性能，确保正常运行

表7-22　车辆保养记录表

车号			引擎号		公司编号	
使用地区			主要使用人			
			驾驶人			
保养修理记录						
年		项目	金额	保养前路码表数	经手人(签章)	主管(签章)
月	日					
合计						
本月费用		汽油金额	保养金额	修理金额		合计

表7-23　车辆维修工作标准

阶段	节点	标准
车辆维修申请	提出车辆维修申请	①定期检查车辆情况，对损坏车辆提出车辆维修申请表 ②将维修申请表提交行政部审核，报行政经理审批
维修车辆	登记维修的车辆信息	登记维修车辆的牌号、型号、损坏情况、送修日期、责任人等
验收车辆	提车	①收到维修单位提车通知后，在规定时间内尽快将车提回 ②提车时注意车辆维修情况
	验收检查	对提回的维修车辆进行验收检查，确认车辆已维修完成

续表

阶段	节点	标准
维修结算登记	维修车辆费用结算	根据维修的实际情况和费用，与维修单位结算车辆维修费用
	维修的项目信息登记	登记维修车辆的牌号、维修项目、维修时间、维修费用等信息，将信息存档保存备查

表7-24 车辆维修申请表

日期： 年 月 日 编号：

车 号		型 号		购入时间	
里程数		申请人		责任人	
维修项目					
预算金额					
修理厂意见					
损坏原因					
审核意见	签字： 日期： 年 月 日				

主管： 复核： 管理员： 经办人：

(3) 车辆费用管理

行政部应受理车辆各项费用（如油费、过路费、保养维修费等）的稽核、报销、统计工作，将各项费用控制在预选范围内。具体标准可参照表7-25进行。

表7-25 车辆费用管理工作标准

阶段	节点	标 准
车辆费用申请	申请审核	①审核车辆费用使用申请表是否填写完整、正确，将不合格的退回相应人员重新填写 ②审核申请表内容，确保申请的费用在企业费用使用申请范围内

续表

阶段	节点	标　　准
车辆费用使用	登记	①根据经权限领导审批的车辆费用使用申请表，进行加油登记 ②登记内容包括车辆、费用内容、申请人、审批人、消费日期等
报销费用	预支费用审核	①审核账单小票的数额实际，无多报情况 ②将审核无误的加账单小票统计提交行政经理
	报销费用	①根据审批，给予报销费用 ②报销的费用由财务部支付

7.4.2 规范车辆调度和使用

(1) 车辆调度管理

车辆主管应根据车辆使用情况和申请情况，结合车辆申请的先后顺序及所涉及事务的轻重缓急程度进行车辆的调配。车辆调度应遵循一定的程序，具体如图7-24所示。

提前预约	用车部门或用车人应提前预约，次日用车当天预约，下午用车上午预约，活动用车提前三天预约，长途用车提前一周预约
预约登记	相关人员应及时做好车辆预约登记相关工作
制订用车计划	行政部根据用车部门或人员的用车时间、次数、人数编制用车计划，并转告当班司机关于用车的时间、地点、人数、行车路线等信息
解释相关问题	行政部对未能预约到车辆的人员或用车时间做了调整的人员进行详细解释，说明情况，避免误车、误事

图7-24　车辆调度程序

(2) 车辆使用管理

企业车辆的使用应限制在规定的范围内，一般企业车辆使用的范围如下。

① 公司员工在本地或短途外出开会、联系业务、接送客户。

② 接送公司宾客和来公司办事人员。

③ 其他紧急和特殊情况用车。

企业车辆使用应遵循一定程序进行，具体程序如图 7-25 所示。

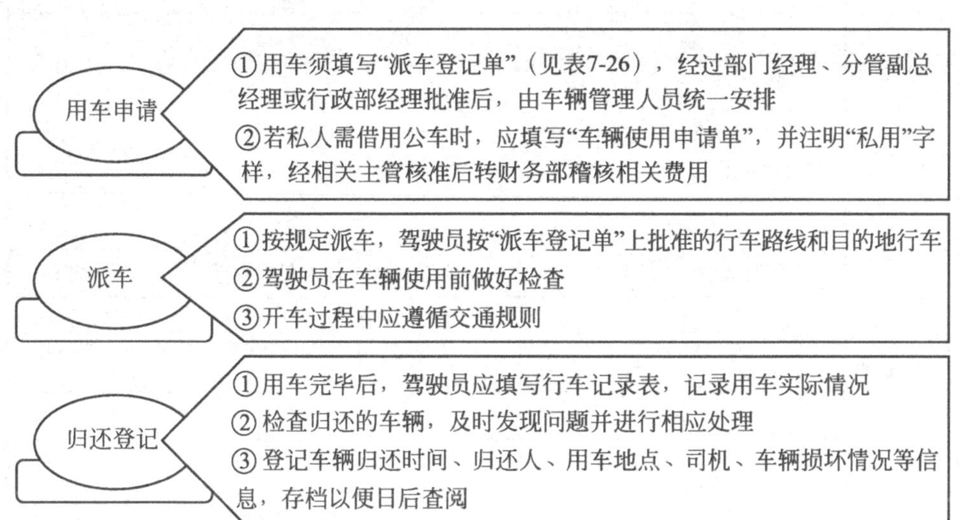

图7-25 车辆使用程序

用车申请时所需填写的派车登记单如表 7-26 所示。

表7-26 派车登记单

派车日期：　　年　月　日

<table>
<tr><td>使用部门</td><td colspan="5"></td></tr>
<tr><td>申请人</td><td colspan="3"></td><td>随行人数</td><td></td></tr>
<tr><td>派车时间</td><td colspan="5">到</td></tr>
<tr><td>行车线路</td><td colspan="5"></td></tr>
<tr><td>事　由</td><td colspan="5"></td></tr>
<tr><td>车号</td><td></td><td>行车里程</td><td></td><td>行车时数</td><td></td></tr>
<tr><td>使用部门</td><td colspan="2">主管签名：
申请人签名：</td><td>管理部门</td><td colspan="2">主管签名：
经办人签名：</td></tr>
</table>

驾驶员在行车完毕后须填写的行车记录表，具体如表 7-27 所示。

表7-27　行车记录表

司机姓名		用车编号		车牌号	
用车部门		用车人		随行人数	
行车时间					
事　由					
行车记录	所用时间	目　的　地	行车前里程数	行车后里程数	备　注
备　注					

审核：　　　　　　　　　　　　　　　复核：

7.4.3　加强车辆安全管理

(1) 司机安全管理

车辆主管人员应把安全教育工作放在首位，全面组织司机学习交通安全法规，教育所有司机树立“安全第一”的思想。同时，行政部应规范司机的行为，保证其安全行驶。

编制相关的制度，供司机安全培训使用是一个有效的方式，具体制度内容的编制可参考以下一公司的制度结合企业自身实际情况进行编制。

司机安全管理制度

第1章　总则

第1条　目的。

为加强公司所有司机的安全管理，建立和维护良好的交通秩序，确保车辆及人员安全，特制定本制度。

第2条　适用范围。

本制度适用于公司所有机动车驾驶员。

第3条　公司各部门积极参与安全管理和安全宣传活动，教育所属人员带头遵守交通安全法规和本制度，协助行政办公室安全管理科履行安全管理职责。

续表

第2章 行为规范
第4条 司机须遵守《中华人民共和国道路交通安全法》及有关交通安全管理的规章规则，安全驾车。 第5条 驾驶员应养成良好的生活习惯，自觉安排好休息时间，保证足够的休息，以较好的精力投入驾驶工作，严禁疲劳驾车。 第6条 司机驾车一定要遵守交通规则，文明开车，不准危险驾车(包括超速、紧跟、挣道，赛车等)。 第7条 司机要对自己所开车辆的各种证件的有效性进行经常性检查，出车时一定要保证证件齐全。 第8条 任何时间、任何地点，司机均不得将自己保管的车随便交给他人驾驶或者擅自将车辆交与他人代驾，严禁将车辆交由无证人员驾驶。 第9条 离开车辆时，司机应注意以下四项内容。 1. 离开车辆时，必须关好车窗，锁好车门。 2. 车内放有物品文件，司机离开时，应将其放在安全区域内。 3. 出车前，司机应做好出车准备，应确定路线和目的地，选择最佳行车路线。 4. 随车运送物品时，收车后需和相关人员报告。
第3章 安全教育
第10条 司机每月必须参加安全学习一次，学习时凭"安全学习记录卡"登记考核。全年累计3次不参加学习者，不予办理年审手续，并送有关部门处理。 第11条 司机因事不能按时参加学习的，事后一周内，自动到行政办安全管理科补课，无故不参加安全学习者，每次罚款30元。 第12条 凡违章肇事司机，由行政办安全管理科组织学习教育或上报公安交通管理部门参加轮训。被通知轮训学习的驾驶员，不得借故拒绝参加接受教育。 第13条 公司要对司机进行经常性的安全教育、业务知识和操作规程培训考试，考试不合格不得上车。
第4章 证照管理
第14条 驾驶公司所属各类车辆的司机，必须经行政办安全管理科审查批准，办理内部准驾证后方准驾驶公司车辆。无公司内部准驾证驾驶公司车辆的司机，视为违反公司安全管理规定，罚款50～200元。 第15条 驾驶证、行驶证、从业资格证书、准驾证和机动车号牌遗失等需补办，由当事人向安全部门申报，经审核属实后出具补办申请，到车辆管理机关办理。 第16条 凡公司所属司机，无违章、肇事，按时参加安全学习的凭"安全学习记录卡"到安全管理科办理年审相关手续。 第17条 职业道德水准低，驾驶技能差，事故频繁，不服从安全管理，全年3次以上不参加安全学习以及不再适宜从事驾驶工作的司机，安全管理科不予办理年审签章手续。
第5章 驾驶员行车规定
第18条 驾驶车辆时，司机须带驾驶证、行驶证、客运准驾证和公司安全管理科制发的内部准驾证，证件不齐或证件未按规定审验或审验不合格者，不准驾驶车辆。 第19条 出车前，司机要坚持"三检四勤"制，做到机油、刹车油、防冻液、轮胎气压、制动转向、喇叭、灯光的安全可靠，保证车辆处于良好的安全状态。

续表

第20条　严禁酒后开车，驾驶车辆时不准吸烟、饮食、闲谈或有其他妨碍安全行车的行为；不准穿拖鞋驾驶车辆，患有妨碍安全行车的疾病或过度疲劳时不准驾驶车辆。 第21条　不准超速行驶；严禁下坡空挡熄火滑行；不准直流供油；严禁将车交给没有驾驶资格或不符合跟车实习的人以及外单位人员驾驶。 第22条　不准驾驶与驾驶证、准驾资格不相符合的车辆；不准驾驶安全设备不符合规定或机件失灵的车辆；不准驾驶装载不符合规定的车辆；不准私自聘请不符合公司安全管理规定的人员驾驶车辆。 第23条　车门未关好不准行车，车未停稳不准开车门下客，防止车门、车顶伤人及其他意外事故发生。 第24条　驾驶员在开车前、行驶中、收车后必须做好安全力保工作，经常保持车容整洁，严格按照车辆保养规定，按期进行保养，使车辆长期保持良好技术状态。 **第6章　违章与事故处理** 第25条　违反交通规则，因司机故意或者是其本人重大过失，造成的人身伤害，其赔偿金额全部由当事人承担。 第26条　除认定司机是故意或者是其本人重大过失的情况下，违反交通规则，或发生交通事故时，其处理办法如下。 1. 违章停车、证件不全、超速驾车、酒后驾驶或违反交通规则等罚款，由司机负担全额罚金。 2. 私自出租，出借车辆，或将车辆交与无证人员驾驶所造成的损失，司机负有全部责任。 3. 因交通事故造成人身或车辆伤害时，如属公司车辆损害保险范围，当事人可免除责任，如车辆上非公司人员或不是因公司公务而乘车人员出现交通事故，司机负全部责任。 4. 公司车辆违章的罚金由司机与公司各承担一半。 第27条　酒后驾驶损坏车辆者，由司机负责维修费用，如发生交通事故，除负责维修费用外，按相关法律规定承担相应的刑事或民事责任。 **第7章　附则** 第28条　本制度没有规定的违章处罚，均按《中华人民共和国道路交通管理条例》《中华人民共和国道路交通事故处理办法》和公司有关规定执行。 第29条　本制度实施中的具体问题由行政办安全管理科解释。 第30条　本制度自发布之日起生效。

(2) 出车安全检查

为保证车辆的安全行驶，对车辆应坚持在出车前、行驶中和出车结束后进行检车，确保车辆能在路上安全行驶。具体检查内容如表7-28所示。

(3) 车辆事故管理

当车辆发生交通事故时，行政部应及时处理，将事故造成的伤害降到最低。具体处理标准如表7-29所示。

表7-28　出车检查标准

阶段	检查内容
出车前检查	①出车前检查，主要检查车辆的油、水、电系统是否畅通，有无跑漏；检查车辆的安全设施是否齐全；检查车辆的制动机件是否灵敏。 ②出现下列情形之一的，不得安排出车。 a. 油、电、水系统有故障时。 b. 制动设备性能不良时。 c. 安全设备不齐时。 d. 司机身体状况不好时。 e. 装运易燃物品安全防范设施未落实时。 ③企业建立由车辆主管、经验丰富的司机和维修人员组成的安全技术鉴定小组，对出车车辆进行出车前检查，及时排除故障，保证行驶安全。
行驶中检查	长途行驶至规定公里数后应停车检查主机和各零配件情况，及时排除故障
出车结束后检查	主要是回库检查制度，因特殊情况不能回库进行检查时，须经总经理批准，并确认车辆在外安全

表7-29　车辆事故处理标准

阶段	节点	标　　准
报告事故	报告事故	用车员工在车辆发生相撞、撞人或遭受意外事故等情况并造成人员伤亡时，应在事发后立即向企业行政人员报告肇事事故发生的时间、地点及事故情况
	上报	①行政人员在接到用车员工肇事报告后，立即将肇事情况向行政经理报告 ②在上报同时为赶赴现场做准备
事故现场处理	赶赴现场	根据行政经理对肇事事故作出的审批，及时赶赴现场
	急救人员	赶赴现场后，如有伤患人员，应先对伤患进行救治，并拨打急救电话
	勘察现场	①维护肇事现场秩序，以免破坏现场有关证据 ②勘察现场，收集肇事事故有关的车辆牌号、姓名、身份和联系方式等 ③勘察现场时应注意记录肇事地点、时间、气候、肇事原因、损害情形、伤亡人员姓名、地址、伤亡原因及救护方法、肇事现场图的绘制及摄影等
	寻找目击证人	尽量寻找目睹肇事的第三方目击证人，记录姓名及联系方式，作为肇事鉴定时的证人

续表

阶段	节点	标准
事故鉴定	协助鉴定事故	①协助交警部门勘察现场,提供现场勘察材料 ②组织车辆事故鉴定会,鉴定会由交警部门、企业车辆管理部门、用车(肇事)员工、目击证人等参加 ③根据交警部门的肇事事故报告或在交警部门的帮助下编制企业内部的事故鉴定报告 ④将事故鉴定报告上报行政经理审批
肇事处理	处理事故	①根据行政经理做出的事故鉴定审批意见,对肇事事故进行处理 ②对肇事员工依照企业车辆管理制度中肇事处理办法规定处理
	肇事赔偿	①车辆肇事责任判明后,肇事当事双方进行肇事赔偿 ②肇事责任属本企业员工的过失,应向保险公司申请保险赔偿,超过保险金额的,由肇事员工负担 ③肇事责任属企业员工与对方驾驶员或第三者共同过失的,按各方应付责任比例分担,损害赔偿依照前款办理

7.5 员工食宿如何管理

为员工安排食宿是企业为员工谋求的福利之一，如何让员工吃得香，睡得好，将精力投入到工作中，如何通过企业提供的食宿，留住员工的胃，进而留住员工的心，是行政后勤人员应该长期思考的问题。为达成这一目的，后勤人员应建立规范化工作流程和工作标准。

7.5.1 完善员工住宿管理

(1) 员工入住与退宿

为了规范宿舍管理，员工入住前应按要求办理入住申请。员工申请通过后，宿舍管理人员应及时安排员工入住。入住人员应按要求填具入住申请表。具体如表 7-30 所示。同时宿舍管理人员应收集住宿人员信息，制作住宿人员资料卡，具体如表 7-31 所示。若入住员工因自身原因或其他原因需要退宿时，经过审核通过后，管理人员应为员工办理退宿手续。员工入住与退宿实施说明如表 7-32 所示。

(2) 提供宿舍服务

宿舍管理人员应为入住员工提供宿舍服务，让入住员工能在工作之余放松自我，尽情享受生活。

表7-30 员工住宿申请表

编号：

姓名		部门	
入职时间		职称	
籍贯		性别	
出生年月		学历	
现住址			
申请理由			
本部门意见	签名： 日期： 年 月 日	行政部意见	签名： 日期： 年 月 日

表7-31 住宿人员资料卡

姓名		性别		室号	
出生年月		籍贯		最高学历	
部门		到职日期		入住日期	
直系亲属	姓名： 地址：		关系：		电话：
紧急联络人	姓名： 地址：		关系：		电话：
兴趣/特长					
宿舍检查记录	时间	总体评价			

表7-32 员工入住与退宿实施说明

阶段	节点	实施说明
住宿申请	提出住宿申请	①员工根据企业宿舍管理制度中的住宿申请条件及住宿申请表，填写住宿申请表 ②申请表内容包括员工姓名、部门、性别、住址、住宿申请原因等
	审核	对员工住宿申请表进行审核，审核内容包括申请原因、申请人资格、申请条件是否符合宿舍管理制度中住宿申请条件

续表

阶段	节点	实施说明
宿舍安排	查阅住宿登记表	①根据行政经理审批意见，确认住宿申请已通过 ②查阅企业宿舍住宿登记表，寻找出空余宿舍或床位
	办理入住手续	①登记通过住宿申请的员工姓名、性别、身份证号、工号、部门等信息 ②办理员工宿舍门卡、钥匙等，订购相应物品
宿舍入住	宿舍管理制度教育培训	安排入住员工进行宿舍管理制度教育，包括宿舍管理制度手册的发放、培训教育、考试等
退宿	退宿申请与审核	①审核员工退宿申请表，明确退宿原因、退宿时间等 ②将审核合格的退宿申请表交行政经理审批
	办理退宿手续	①确认退宿申请已经行政经理审批通过 ②登记退宿员工信息、宿舍号、退宿时间等 ③检查退宿应归还物品及宿舍物品齐全，无损坏，若有遗失或损坏情况，进行相应处理 ④在宿舍住宿登记表上进行住宿信息更新

行政部应充分发挥现有人员和服务设施的作用，组织常规性的服务活动，如给住宿人员提供理发、洗澡、缝洗衣服、购买日用品、办理暂住证等服务。同时活跃员工文化生活，电视机、阅览室、游戏室每天按规定时间开放，定期举行文娱活动等。

为了不断提高服务质量，行政部应定期收集员工意见和建议，制作意见表和统计表，然后根据宿舍服务意见表及反馈信息统计表，优化现有服务项目，开办新的服务项目，不断完善宿舍服务体系。

(3) 做好宿舍设施与安全

为了保证宿舍的安全，管理员应定期对宿舍设施进行检查，检查内容主要包括但不限于以下四个方面。

① 对宿舍门窗、照明、监控等设施设备的检查，对出现问题的设施设备应及时报修，防止盗窃事件的发生。

② 对宿舍消防设施设备进行检查，定期更换灭火器，定期进行安全隐患排查，防止火灾事件的发生。

③ 对宿舍输水管道、下水道、水龙头、蓄水池等设施设备进行检查，发现损坏的设备应及时报修，防止出现水资源浪费以及水患等情况。

④ 对宿舍的输电设备、输电线路、电视机、空调、插座等用电设施设备进行检查，防止出现触电事故。

同时，宿舍应定期进行安全教育，对宿舍管理人员进行安全专项培训，组织入住员工进行安全演练。

管理人员在检查时应认真填写安全检查表，保证每一项内容都检查到位，具体表单如表7-33所示。

表7-33 宿舍安全检查表

编号： 填写日期： 年 月 日

检验项目	待改善项目			其他	备注	复检
1. 消防	□无法使用	□道路阻塞				
2. 灭火道	□失效	□走道阻塞	□缺少			
3. 走道	□阻塞	□脏乱				
4. 门	□阻塞	□损坏				
5. 窗	□损坏	□不洁				
6. 地板	□不洁	□损坏				
7. 房间	□破损	□漏水				
8. 楼梯	□损坏	□阻塞	□脏乱			
9. 厕所	□漏水	□损坏				
10. 室内桌椅	□损坏	□脏乱				
11. 床具	□损坏	□污损				
12. 公共桌椅	□损坏	□脏乱				
13. 宿舍四周	□脏乱	□废弃未用				
14. 照明	□损坏	□不安全				
15. 高压线	□基础不稳	□保养不良				
16. 插座、开关	□损坏	□不安全				
17. 电线	□损坏	□不安全				
18. 给水	□漏水	□排水不良				
19. 仓库	□零乱	□防水防盗不良				
20. 废料	□未处理	□放置零乱				
21. 其他						

主管： 检查员：

(4) 员工宿舍管理制度建设

“无规矩不成方圆”。为了有效地对员工宿舍进行管理，行政部应加强员工宿舍管理制度的建设。

行政部可通过收集各企业优秀宿舍管理制度，结合本企业实际，拟定符合本

企业要求的宿舍管理制度。员工宿舍管理制度应对员工入住申请、宿舍卫生、宿舍设施、宿舍安全、宿舍纪律以及退宿等事项内容进行详细规定。

拟定完毕后的制度应报请主管领导和总经理审批，审批通过后，方可执行。具体制度可参考以下模板进行。

员工宿舍管理制度

第1章 总则

第1条 目的。

为保证员工拥有良好、清洁、整齐的住宿环境和秩序，保证员工得到充分的休息，以维护生产安全和提高工作效率，特制定本制度。

第2条 适用范围。

本制度适用于公司所有住宿员工。

第2章 住宿申请及宿舍管理

第3条 员工在市区内无适当住所或交通不便者，可填写“宿舍申请表”申请住宿。

第4条 凡患有传染病或有吸毒、赌博等不良行为者不得住宿。

第5条 宿舍管理人员职责。

1. 监督管理一切内务，分配清扫任务，保持室内及楼内整洁，维持秩序，保证水电煤气的使用安全。

2. 掌握住宿者如血型、紧急联络人等方面的资料，以备不时之需。

第6条 员工出入管理。

1. 未经批准的外来人员或车辆一律不准进入宿舍楼。

2. 进入宿舍楼的人员、车辆必须出示有效证件，并服从值班人员的管理。

3. 带行李、物品出宿舍大门的员工须自觉接受管理员的检查。

4. 凡外出的员工必须在____时前回宿舍。

第7条 人员来访管理。

1. 来访人员必须服从宿舍管理员的安排。

2. 来访人员需凭有效证件登记，经验证核实后方可进入。

3. 来访人员不得擅自进入非探访地段。

4. 来访接待时间为____至____。

第8条 员工宿舍卫生管理。

1. 宿舍房间内的清洁卫生工作由住宿员工负责，实行轮值制度（如遇加班，当天不能清扫房间者，可找同房间内另一人代替），每天的卫生值班员负责卫生清洁工作。

2. 办公室每周检查、评比一次。

3. 废弃物、垃圾等应集中倾倒于指定场所。

第3章 宿舍设施与安全管理

第9条 宿舍管理员设置专人日常巡检维修工作，一旦发现问题，应及时处理，确保员工的正常休息和住宿安全，保护公司财产。

第10条 对需维修的项目，由员工填写并找两至三家维修单位报价，并将各报价单整理后报行政部和总经理批准，按要求施工。

第11条 维修时，应尽量降低工本及其他费用的开支，施工时要亲临现场监工，验收时认真检查施工质量，凭验收单据办理付款手续。

续表

第 12 条 宿舍管理员每半月对员工宿舍的抽气扇、空调进行一次检验。检查空调的运行情况，要求声音正常，隔层网洁净。如发现机械故障，应立即通知工程部处理。

第 13 条 宿舍管理员每半月派专人检查水电设备。

第 14 条 宿舍管理员每月对各房的电表进行抄录、核实，同时检查各分路开关有无超载、过热现象，如果发现应及时处理。

第 15 条 宿舍管理员每月检查一次员工宿舍房间的电器使用情况，验看灯具、开关、插头和接线盒是否完好，室内有无乱接乱拉电线现象，电风扇是否转动正常，扇叶是否干净无尘。

第 16 条 宿舍管理员每月检查一次各宿舍楼的楼梯、走廊的灯具、开关，测试各房间的限电器是否完好，发现问题及时解决。

第 17 条 宿舍管理员每月准时抄录各宿舍楼的总水表，检查总阀及各分路水制，发现漏水及时处理。

第 18 条 宿舍管理员每季度检查一次各宿舍楼的总配电箱、柜、开关的接头、触点，检查其绝缘情况和设备卫生情况。

第 4 章 住宿人员管理

第 19 条 住宿人员职责。

1. 住宿人员应服从宿舍管理员的管理、派遣与监督。

2. 遵守宿舍卫生和安全管理要求。

第 20 条 住宿人员对所居住宿舍，不得随意改造或变更。

第 21 条 员工宿舍楼的一切设施属公司所有，员工必须从正门进入，不得爬阳台、翻越后墙，未经许可任何人不得把东西搬离宿舍楼。

第 22 条 员工所分锁匙只准本人使用，不得私配或转借他人。

第 23 条 员工不得将宿舍转租或出借他人使用，一经发现，即取消其居住资格。

第 24 条 对于宿舍内的器具设备(如电视机、玻璃镜、卫浴设备、门窗和床铺等)，住宿员工有责任维护其完好。如出现损坏，酌情由现住人员承担修理费或赔偿费，并视情节轻重给予纪律处分。

第 25 条 员工要自觉保持宿舍安静，不得大声喧哗，同事之间应和睦相处，不得争吵、打架和酗酒，晚上____时后停止一切娱乐活动(特殊情况除外)。

第 26 条 自觉节约水电，爱护公物，损坏(浪费)公物按价赔偿。

第 27 条 自觉将室内物品摆放整齐，不准在墙上乱钉、乱写乱画、张贴字画或悬挂物品。

第 28 条 保持生活环境的整洁卫生，不随地吐痰，乱丢果皮、纸屑和烟头等。要将车辆(含自行车)按指定的位置摆放整齐。

第 29 条 禁止在宿舍区内的走廊、通道及公共场所堆放杂物，养鸟和其他宠物。

第 30 条 注意安全，不要私自安装电器和拉接电源线，不准使用明火炉具(或电炉具)及超负荷用电。

第 31 条 员工必须负责所住房间的卫生，轮流值日，共同清洗室内厕所、洗手盆、阳台。下水道因卫生问题造成的堵塞由责任人承担维修费用，如无法明确责任则由所住房间的员工平均分摊。

第 5 章 取消住宿及退宿管理

第 32 条 住宿员工发现下列行为之一，即取消其住宿资格，并呈报其所在部门和行政办公室。

续表

1. 不服从管理员监督、管理。

2. 在宿舍内赌博、打麻将、斗殴和酗酒。

3. 蓄意破坏公用物品或设施。

4. 擅自在宿舍内接待异性客人或留宿他人，情节严重的。

5. 经常破坏宿舍安静、屡教不改。

6. 严重违反宿舍安全规定。

7. 有偷窃等不法行为。

第 33 条　员工离职（包括自动辞职、被免职、解职和退休等），应于离职之日起____日内迁离宿舍，不得借故拖延或要求任何补偿费或搬家费。

第 34 条　员工退宿时，必须到行政部办理相关手续。

第 6 章　附则

第 35 条　本制度由行政办公室负责制定和解释。

第 36 条　本制度报总经理审核批准后实行，修改时亦同。

7.5.2 健全员工餐饮管理

(1) 员工餐厅计划

为了规范化员工餐厅管理，保证餐厅工作能有条不紊地开展。行政部应制订餐厅计划，并按照员工餐厅计划进行餐厅管理。具体标准可如表 7-34 所示。

表7-34　员工餐厅计划工作标准

阶段	节点	标准
制订员工餐厅计划	预订餐厅管理计划	①根据以往或参照优秀企业的员工餐厅管理计划，行政人员对员工餐厅管理计划进行预订 ②预订计划包括员工餐厅管理计划的期限、内容、目标、范围等
	收集计划管理指标	①收集员工餐厅计划的管理指标 ②指标内容包括在计划期内餐厅食品加工、出售、营业额及质量要求，以及以企业为单位计划的食品指标和以价值形式反映的指标等
	制订餐厅管理计划	①根据汇总、分析的员工餐厅计划管理指标，运用餐厅管理计划制定的基本方法，结合企业实际情况，编制员工餐厅管理计划，提交上级领导 ②制订餐厅管理计划的基本方法有综合平衡法、定额法、比例法、动态法等
实施餐厅计划	记录计划实施过程	详细记录餐厅管理计划实施的过程，以便及时发现、分析和解决餐厅计划存在的问题

续表

阶段	节点	标准
优化与巩固餐厅计划	发现并解决存在的问题	①根据计划实施过程的记录，及时发现餐厅计划存在的问题 ②对问题进行分析，寻找相应的解决办法，并加以解决
	编制处理结果报告	编制问题处理结果报告，提交上级领导审核
	检查、巩固餐厅管理计划的实施	①定期或不定期对餐厅管理计划的实施情况及计划完成的进度进行检查 ②及时巩固计划实施达到的成果

(2) 员工餐厅食材管理

食材管理是餐厅管理中重要的环节之一。控制好食材，保证食材的安全，才能保证餐厅的安全，为员工提供美食奠定基础。具体工作标准如表7-35所示。

表7-35 餐厅食材管理工作标准

阶段	节点	标准
原材料管理标准确定	制定原材料管理标准	①收集、整理优秀的员工餐厅原材料管理标准 ②参考相关标准制定适合本企业的原材料管理标准，交上级领导审批
原材料需求统计	记录库存	在餐厅员工的配合下，记录原材料盘点库存结果
	汇总编制原材料采购清单	①根据原材料库存记录表及餐厅原材料需求统计表，汇总需采购的原材料，编制原材料采购清单 ②将采购清单交上级领导审批
原材料采购	安排采购	根据经上级领导审批的采购清单及企业采购管理制度，安排相应的采购部门或人员进行采购
	原材料验收入库	①检查采购的原材料质量是否符合标准，对于不符合质量标准的原材料及时安排相关人员进行处理 ②清点采购的原材料数量，确认正确无误 ③将验收完毕的原材料登记入库
原材料领用	办理领用手续	①审核领用单，确认领用符合实际 ②登记原材料领用的名称、数量、领用人、领用时间、使用目的等
	原材料盘点	①根据领用情况，及时更新原材料库存登记表 ②清点核对库存原材料与库存登记表数据一致

(3) 员工餐厅设备管理

设备是餐厅中的重要组成部分，企业应管理好餐厅内的设备，保证设备正常

运转，保障餐厅能正常运营。具体工作标准如表 7-36 所示。

表7-36 餐厅设备管理工作标准

阶段	节点	标准
明确机械设备分管任务	明确机械设备管理任务	根据餐厅机械设备管理制度及餐厅机械设备的使用情况，明确餐厅及相关部门对餐厅机械设备的管理任务
	统计登记机械设备分管表	①统计员工填写的餐厅机械设备分管表 ②整理、建立、登记各机械设备的分类、编号，明确机械设备明细，注明机械设备的编号、名称、标牌、使用人，实行分级归口管理
机械设备使用	组织机械设备使用培训	①组织餐厅机械设备的使用者进行操作培训 ②培训人员可安排有使用经验的人员或聘请外部人员
机械设备维护	审查	①审查、核对员工提交的餐厅机械设备维修/保养申请表，确保申请内容无误 ②核准报修的机械设备责任归属，即损坏责任为使用不当或正常损耗
	安排维修/保养	联系企业内部相关人员或外部专业维修人员对机械设备进行维修/保养
	记录归档	①维修/保养完成后，对维修/保养的机械设备编号、名称、使用人、责任归属、损坏部件、维修/保养时间等内容进行记录 ②将各项记录表编号存档

(4) 员工餐厅销售管理

规范餐厅销售管理，能有效控制成本，让员工能感受到“物美价廉”的感觉，增进对企业餐厅的认同感，从而进一步增进对公司的认同感。具体工作标准如表 7-37 所示。

表7-37 员工餐厅销售管理工作标准

阶段	节点	标准
销售方案制定	制定餐厅销售方案	①调查企业员工用餐情况及习惯，确定企业销售目标 ②根据调查结果及优秀的销售方案，制定适合本企业的有针对性的销售方案
销售方案实施	确定销售方法	根据销售方案及员工用餐习惯、员工人数等，采取相应的销售方法
	监督餐厅定期制定并公布食谱	①监督餐厅定期制定食谱，审查食谱符合员工用餐习惯及营养学 ②向员工公布食谱，以进行宣传

续表

阶段	节点	标准
销售改进	汇总、分析反馈信息	①汇总员工对食谱及餐厅销售的意见 ②分析反馈信息的价值，为销售方案的改进做准备及依据
	实施效果检验	①实施改进后的销售方案 ②收集、分析、检验改进后销售方案实施的效果
销售结算及分析	销售票证管理	①严格执行销售管理制度，实行销售票证统一管理办法 ②炊事人员就餐使用的票证与外部就餐票证应严格区分，不得混用，以防疏漏
	记账、结算	①及时清点出售饭菜后收回的票证，做到当餐确认无误 ②行政人员登记、结算餐厅销售票证，并进行核查 ③核查无误后在收报表内签章或加盖核对戳记，交上级领导审核
	汇总、分析、存档	①对销售情况进行分析，形成销售分析报告，为餐厅管理决策提供依据 ②将餐厅各项销售材料存档保存，以备查

（5）员工餐厅外包管理

有些企业，为了节省运营成本，会采用外包的方式管理员工餐厅。为了规范餐厅外包工作，保证外包餐厅合乎企业要求，应遵循一定标准开展外包工作，具体标准如表7-38所示。

表7-38　餐厅外包工作标准

阶段	节点	标准
餐厅外包招标	编制员工餐厅外包招标书	①根据员工餐厅外包文件，编制员工餐厅外包招标书 ②将招标书提交上级领导审批
外包商确定	外包商调查	①选取2家及以上参与投标且较能满足企业招标要求的外包商进行调查 ②调查内容包括外包商的餐厅外包经验、能力、所外包餐厅的卫生及饭菜品质、外包企业就餐员工的满意度、外包商目前承包的合同复印件等
外包试行	拟定外包试行合同	①行政部与外包商拟定外包试行合同 ②将外包试行合同交上级领导，并协商确定外包日期
	外包商监督评估	①对试行外包的外包商外包质量进行评估 ②评估内容包括企业就餐员工的满意度、食品来源、加工与制作过程、厨房工作人员卫生标准、餐厅清洁卫生等
	编制外包商试行报告	根据外包商试行的评估，编制外包商试行评估报告

续表

阶段	节点	标准
外包管理	签订外包合同	①外包商通过外包试行后，企业与外包商签订正式外包合同 ②合同内容与试行合同内容基本一致，只需对某些细节给予补充或更改
	外包监督	不定期对外包商的外包质量进行监督，保障企业员工利益

7.6 医务室如何管理

医务室是为了处理解决本企业员工发生的简单或常见的伤、病而设置的保健机构，一般企业都设有医务室。

7.6.1 规范医务室人员管理

医务室人员管理包括医务室人员上岗管理和医务室人员工作管理两部分。

（1）医务室人员上岗要求

医务室人员必须取得相应的资质和证书，熟悉本专业的技术规范和规章制度；具有良好的沟通能力和服务意识，有责任心和亲和力。

（2）医务室人员工作要求

医务室人员必须严格遵守医务人员道德规范，必须严格执行国家和行业标准，必须严格按照相应操作规范和程序进行医疗工作，防止医疗事故的发生。

7.6.2 规范医务室医药管理

为加强医务室基本药物质量，保证基本药物用药安全，医务室应从以下 3 方面加强药品管理工作，如表 7-39 所示。

表7-39 医务室药品管理

管理项目	管理要求
药品采购管理	◆药品必须由医务室统一采购，严禁医务室医生私自购药 ◆从正规医药公司购买药品，确保药品质量，严禁从非正规渠道购药 ◆药品采购中不得收回扣 ◆药品采购要及时，以保证药品的正常需求
药品保管	◆医务室应设立药品收发台账，详细登记药品的收发情况 ◆医务室应按药品的保存要求妥善保管药品，定期对药品的质量状况和保存情况进行检查；对过期的、变质的需报废药品另行保管，并按规定程序销毁

续表

管理项目	管理要求
药品价格管理	◆医务室必须编制药品价格明细表，并报综合部经理审定 ◆医务室必须按规定的药品价格核价，严禁乱核价

7.6.3 加强医务室服务管理

(1) 医务室服务项目

医务室作为企业内部专门负责卫生医疗服务的部门，主要承担以下服务项目，详情如图 7-26 所示。

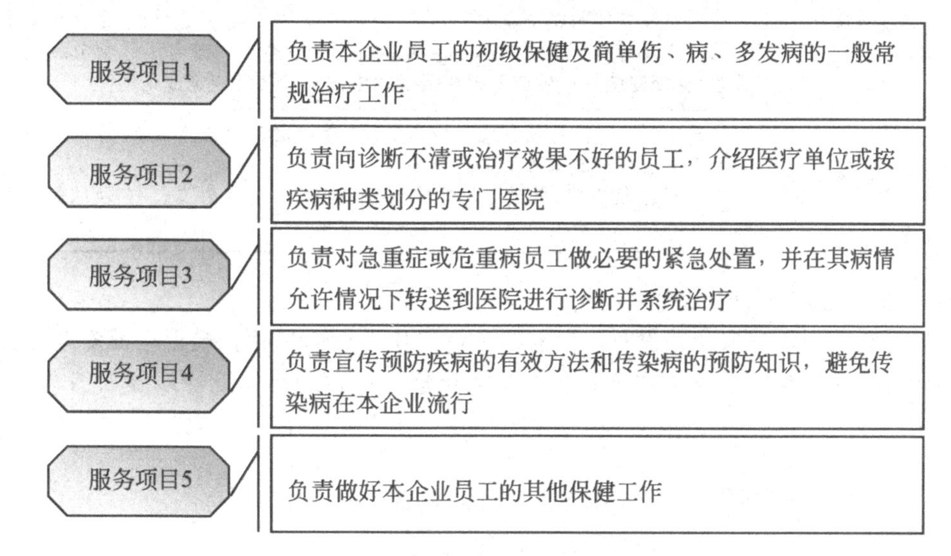

图7-26 医务室承担的医疗服务项目

(2) 医务室服务要求

医务室人员在服务过程中，必须做到接诊热情、诊断细心、治疗有效；工作有条不紊，忙而不乱；真正关心病人，想病人之所想。

7.7 企业文化如何建设

7.7.1 规划文化建设

(1) 确定企业文化建设规划内容

文化建设规划内容主要包括 4 个方面，即物质层文化、行为层文化、制度层文化以及核心层精神文化，具体说明如表 7-40 所示。

表7-40 文化建设规划内容一览表

文化建设规划内容	具体说明
物质层文化	◎物质层文化是产品和各种物质设施等构成的器物文化，是一种以物质形态加以表现的表层文化 ◎物质文化的内容包括企业生产的产品和提供的服务，企业的生产环境、企业容貌、企业建筑、企业广告、产品包装与设计等
行为层文化	◎行为层文化是指员工在生产经营及学习娱乐活动中产生的活动文化 ◎行为层文化包括企业行为的规范、企业人际关系的规范、公共关系的规范以及服务行为的规范
制度层文化	◎制度层文化主要包括企业领导体制、企业组织机构和企业管理制度三个方面 ◎企业领导体制是企业领导方式、领导结构、领导制度的总称；企业组织机构是企业为有效实现企业目标而筹划建立的企业内部各组成部分及其关系；管理制度是在生产管理实践活动中制定的各种规定或条例
核心层精神文化	◎核心层精神文化是企业经营过程中，受一定社会文化背景、意识形态影响而形成精神成果和文化观念 ◎包括企业精神、企业经营哲学、企业道德、企业价值观念、企业风貌等内容

（2）企业文化建设规划设计

总裁办在建立文化建设时，可根据企业文化建设的现状，规划建设多方位、多角度、多层次的企业文化体系。企业文化建设规划的具体设计步骤如图 7-27 所示。

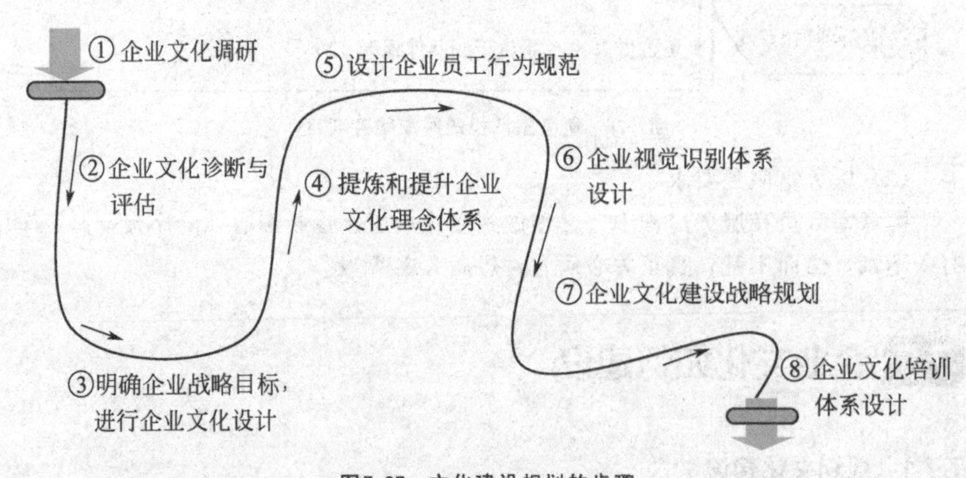

图7-27 文化建设规划的步骤

7.7.2 建设企业文化

（1）选择企业文化建设方法

文化建设是企业经营和长远的发展的保障。下面介绍几种文化建设的方法，供读者参考。具体如表 7-41 所示。

表7-41　文化建设方法一览表

方法	说　明
晨会、夕会、总结会	◆在每天的上班前和下班前用若干时间宣讲企业的价值观念
思想小结	◆定期让员工按照企业文化的内容对照自己的行为，自我评判是否做到了企业要求，又如何改进
张贴宣传企业文化的标语	◆给员工树立了一种形象化的行为标准和观念标志，通过典型员工可形象具体地明白"何为工作积极""何为工作主动""何为敬业精神""何为成本观念""何为效率高"，从而提升员工的行为
网站建设	◆网站上进行及时的方针、思想、文化宣传
权威宣讲	◆引入外部的权威进行宣讲是一种建设企业文化的好方法
外出参观学习	◆外出参观学习也是建设企业文化的好方法
故事	◆有关企业的故事在企业内部流传，会起到企业文化建设的作用
企业创业、发展史陈列室	◆陈列一切与企业发展相关的物品
文体活动	◆文体活动指唱歌、跳舞、体育比赛、国庆晚会、元旦晚会等，在这些活动中可以把企业文化的价值观贯穿进行
引进新人，引进新文化	◆引进新员工，必然会带来新的文化，新文化与旧文化融合就形成另一种新文化
开展互评活动	◆互评活动是员工对照企业文化要求当众评价同事工作状态，也当众评价自己做得如何，并由同事评价自己做得如何，通过互评运动，摆明矛盾，消除分歧，改正缺点，发扬优点，明辨是非，以达到工作状态的优化
领导人的榜样作用	◆在企业文化形成的过程当中，领导人的榜样作用有很大的影响
创办企业报刊	◆企业报刊是企业文化建设的重要组成部分，也是企业文化的重要载体。企业报刊更是向企业内部及外部所有与企业相关的公众和顾客宣传企业的窗口

（2）建设企业俱乐部

建设企业俱乐部，应从以下 4 方面入手，如图 7-28 所示。

企业应根据员工构成特色选择适当的活动项目。企业俱乐部常设的项目有：网吧、休闲吧、台球、乒乓球、电视、象棋、歌舞厅、健身器械等。但无论何种形式的问题活动，其组织工作都要从以下几方面考虑。

① 适应企业内部不同年龄、不同层次的层次需要，设计和安排文体活动

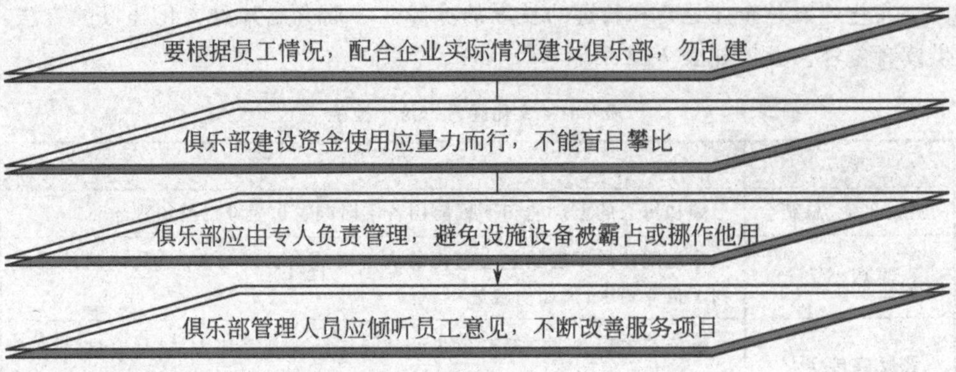

图7-28 俱乐部建设要求

项目。

② 结合场馆情况、季节变化，有计划、有步骤地开展娱乐活动。

③ 企业相关部门应从物质上、精神上对俱乐部给予一定支持。

④ 俱乐部活动项目应精心策划，周密安排，真正能够提高员工的身体素质，凝聚企业精神，反映企业风貌。

7.7.3 评估文化建设

通过文化建设评估，能让企业了解文化建设中各项工作的执行情况和薄弱环节。通过对文化建设的评估，可以帮企业改善各级部门文化建设不平衡的状况。因此，总裁办应结合企业实际情况，对企业的文化建设进行评估。

文化建设评估实施程序如下。

（1）组建评估小组

企业文化建设评估小组由总裁办组织构建，小组成员包括总裁办相关人员、行政部相关人员以及专家评估人员，总裁办相关人员为小组的领导组。

企业文化建设评估领导组的工作职责是负责对企业文化建设评估工作的领导，规划企业文化建设评估工作，指导评估各阶段的实施工作，对企业文化建设评估结果进行审核。

行政部门的工作职责是负责企业文化建设评估推进方案的制订、培训、实施以及监督、指导和数据资料的汇总、整理、上报等工作。

（2）明确评估内容体系

文件建设评估工作小组在对文化建设进行评估时，应明确企业文化建设评估体系。企业文化建设评估小组依据企业文化建设评估体系，运用定量评估与定性评估相结合的评估方法，对企业文化建设进行评估打分。

企业文化建设评估体系的内容包括企业文化建设工作评估、企业文化建设状

况评估以及企业文化建设效果评估三个部分。

（3）评估实施

① 企业文化建设自评。

企业文化建设自评时，应填写“企业文化建设自评表”，各职能部门结合实际情况及“企业文化建设自评表”的要求，完成所有问题的回答，并将自评表收集、汇总整理后上报文化建设评估小组。

② 问卷调查评估。

问卷调查评估工作是由总裁办相关人员安排时间，组织人员通过书面答卷或计算机在线答题的方式进行。各职能部门负责本部门员工参加问卷调查的人员抽取，并将人员名单汇总上报企业文化建设评估小组。

企业文化建设评估小组根据各职能部门参加问卷调查评估人员情况下发“问卷调查评估表”，各职能部门参评人员严格按照要求及时填写评估表。各职能部门负责人负责本部门员工问卷调查评估的审核和上报工作。企业文化建设评估小组对问卷进行复审。

（4）编制评估报告

企业文化建设评估小组汇总评估结果，并编制“企业文化建设评估报告”，经企业文化建设评估工作领导组审核后向企业总裁办提报。

（5）评估结果应用

企业文化建设评估工作小组通过此次评估结果，总结与交流经验。结合此次企业文化建设的评估结果制定并执行“企业文化建设完善计划”。

工作笔记

以人性化管理提升员工满意度

企业后勤管理虽名为管理，但其重点在于服务，企业后勤管理是建立在服务基础之上的管理。因此，企业后勤管理工作应以为企业、为业务、为员工服务作为主要出发点。海尔集团首席执行官张瑞敏曾说过这样一段话：“要让员工心里有企业，企业就必须时时惦记着员工；要让员工爱企业，企业首先要爱员工。”可见，要使员工安心工作、乐于工作，就要对员工的工作、生活进行全方位的体贴。但目前我们很多的企业一提到人性化管理，更多的是单向的人性化，一切以员工为考虑，认为企业后勤工作应该任劳任怨，员工不满意就是后勤工作没有做到位，一味要求后勤部门迎合员工的需求。这种人性化管理是不可取的，它忽视了企业人性化背后

的企业成本，忽视了后勤工作本身的重要性。因此，后勤服务不应是单向的输出，而应该是双向的沟通。让广大员工认同后勤工作，支持后勤工作才是后勤管理工作人性化的体现。

美国一著名网络公司的办公室原本按照规定，周末不允许使用空调。但由于一些工程师喜欢在周末加班，如果不开空调，室内温度太高，会影响工作的开展。于是工程师们纷纷开始要求后勤部门解除周末空调关闭的“禁令”。但是，后勤部门人员在听到这个要求后，面露难色。因为没有针对这一项的预算，周末开空调将会增加公司的运营成本。于是管理人员把后勤部门的难处直接反馈给了工程师，让工程师们自己想办法。后来，工程师们建议在每天工作日的低峰时间少使用一两小时的空调，把节约出来的时间用在周末使用。这个建议很快被后勤部门采纳，并进行了调整。于是，抱怨也随之平息。

企业后勤管理工作具有服务性、社会性和琐碎性的特点。从上述案例，我们可以看出，企业行政后勤人员要想开展工作，实现人性化管理，不应“埋头苦干”，而是应根据员工需求，结合公司实际，在充分沟通的基础上实现后勤服务。为了使后勤管理能更好地服务于员工、服务于企业，应做到以下几点。

① 加强企业“自我管理”，提倡让全体员工参与到后勤工作中，结合自身工作，对后勤工作提出意见和建议。

② 采用轮岗方式，让企业其他部门的员工认识后勤管理工作。通过参与实践，增进部门的沟通，不仅能让员工获得更多职业技能和经验，还能使不同部门的员工从不同角度了解后勤部门的实际情况，从而减少不必要的内耗。

③ 后勤工作人员应树立关爱员工的意识。通过长期的培训和教育，树立服务标兵，激励主动服务的行为，让后勤管理人员在思想和行动上树立为员工服务的自豪感。

④ 建立后勤服务反馈机制，加强直接沟通。通过开座谈会、设置意见箱等方式收集员工意见，实时关注了解企业员工对后勤工作的反馈和满意程度，进而提高后勤服务工作水平。同时建立意见整改时间表，保证反馈意见在规定时间内得到有效处理。

⑤ 运用科技手段，改进后勤管理模式。后勤服务单位可利用微信，开展后勤管理工作。如设置微信保修；开通微信订餐功能；建立微信投票，评价后勤服务等。通过移动互联网，使后勤服务逐步实现信息化、智能化、便捷化。